MW01688489

LOS MEJORES CÓCTELES DE NUEVA YORK

LOS MEJORES CÓCTELES DE NUEVA YORK

SALLY ANN BERK
FOTOS DE GEORGE G. WIESER, J.R.

KÖNEMANN

© 1995 Black Dog & Leventhal Publishers, Inc.

Quedan reservados todos los derechos. Ninguna parte de este libro debe ser reproducida en cualquier forma ya sea por medios electrónicos o mecánicos, esto incluye su almacenamiento en instalaciones de procesamiento de datos y sistemas de recuperación, sin permiso escrito del editor.

Este libro ha sido diseñado y producido por:
Black Dog & Leventhal Publishers, Inc.
151 W. 19th Street
New York, New York 10011

Título original: The New York Bartender's Guide

© 1997 para la edición española
Könemann Verlagsgesellschaft mbH, Bonner Str. 126, D-50968 Köln

Redacción y maquetación de la edición española:
Norma Editorial S.A.
Traducción del inglés: Aurea Torralba
Diseño de la cubierta: Peter Feierabend
Producción: Detlev Schaper
Impresión: Kossuth

Impreso en Hungary

ISBN 3-89508-548-0

CONTENIDO

Introducción	7
Montar un bar en casa	10
Una nota sobre los ingredientes	13
Glosario	14
Una nota sobre las recetas	16
Clave de los iconos	17
Medidas	18
Tabla de calorías	19
Vino	20
Cerveza	27
Recetas de la A a la Z	29
Índice de ingredientes	247

INTRODUCCIÓN

El Empire State Building, la estatua de la Libertad y el edificio Chrysler, clásicos con estilo y distinción, forman parte de Nueva York. Martini y Gimlet, Margarita y Manhattan son sus cócteles. Estos combinados también son eternas obras maestras, lujos con una tradición que exigen una realización precisa y adecuada. *Los mejores cócteles de Nueva York* le ofrece las indicaciones para preparar la copa perfecta en sus más de 1.300 recetas, con y sin alcohol, para elaborar cócteles tradicionales y originales, los clásicos permanentes y bebidas nuevas y populares.

Los mejores cócteles de Nueva York contiene todas las recetas de cócteles que usted pueda necesitar y los consejos, basados en la experiencia, de los más famosos barmans de Nueva York.
¿Por qué Nueva York? Porque, al fin y al cabo, si no puede encontrarlo en Nueva York ¡probablemente no existe! Aquí hemos reunido una selección de conocimientos de nuestros barmans favoritos, buenos consejos para cualquier persona que quiera aprenderlo todo sobre la elaboración de cócteles, la hospitalidad o, simplemente, la creación de un buen combinado.

COMBINADOS FAVORITOS

Nicholas Mellas, barman desde hace 26 años, Gallagher's Steak House: *"El cóctel que más me gusta preparar en cualquier ocasión es el clásico Martini seco con unas magníficas aceitunas. El Martini se beberá siempre."*

Billy Steel, barman desde hace 15 años, '21' Club, Hudson River Club, Mesa Grill: *"La copa más servida en el '21' era cualquier cosa con hielo, sobre todo Scotch. El cóctel que más me gusta hacer es un Martini clásico con un poco más de vermut de lo normal. En el '21' se hacen los cócteles como debe ser."*

Dale De Groff, barman desde hace 20 años, barman jefe en The Rainbow Room, The Rainbow Promenade Restaurant/Bar: *"Mirando Nueva York desde un piso 65, la gente no puede resistirse a pedir un Manhattan o un Martini."*

Peter Mellett, barman desde hace 15 años, Au Bar, Mesa Grill: *"He visto eclipsarse la popularidad de los viejos clásicos, los pedían sólo tipos de una cierta edad, para finalmente volver a estar en boga. Vi el resurgimiento del Martini a finales de los ochenta junto a sus variantes, como el Cosmopolitan, que se hizo famoso en el Odeon, aquí en Nueva York."*

EL BARMAN EN CASA

Peter Mellett: *"Hay mucha diferencia entre preparar un cóctel en casa a hacerlo en el trabajo. Pero, en cualquier caso, a la gente le encanta mirar a un barman en acción."*

Dale De Groff: *"Detrás de la barra tenemos una licuadora y hemos eliminado las mezclas. Es muy importante usar sólo zumos naturales en los cócteles, y en casa esto es fácil de conseguir."*

John Nathan, barman desde hace 10 años, Phoebe's: *"He tenido que usar todo tipo de cosas como cocteleras improvisadas en casa de amigos. A todo el mundo le gustan las bebidas bien agitadas, pero no suelen tener la coctelera adecuada. Es importante tener una buena coctelera en casa."*

TENDENCIAS Y CONSEJOS

Dale De Groff: *"Siendo barman jefe en el Rainbow Room puse en la pizarra de la casa bebidas de locales famosos del viejo Nueva York, y también incluí clásicos más modernos. Tuvimos mucha repercusión por esa lista, que creo fue responsable por la moda del cóctel 'retro'."*

John Nathan: *"El mejor consejo que puedo dar como barman es que se tiene que establecer contacto con el cliente inmediatamente."*

Peter Mellett: *"Las copas que se hacen con coctelera, Margarita, Martini, Gibson, son divertidas de preparar. Me he dado cuenta de que si una persona está bebiendo un cóctel de éstos, la mayoría de la clientela le sigue. Parece divertido beberlos."*

Sarah Fearon, barman desde hace cinco años, Hi-Life Bar and Grill: *"Toda fiesta necesita un anfitrión que se asegure de que todo va bien. Como barman te ves obligado a ser el anfitrión de una fiesta colosal cada noche. El primer paso para conseguirlo es lograr que tus clientes se sientan como invitados."*

NORMAS Y ANÉCDOTAS

Billy Steel: *"Los barmans del '21' llegaban vestidos con traje y corbata y con un maletín en el que llevaban su instrumental. No te dejaban pasar detrás de la barra hasta haber pasado por un aprendizaje de cinco meses, no importaba tu experiencia anterior. Esto es auténtica vieja escuela, donde el preparar un cóctel es un arte respetado."*

Nicholas Mellas: *"Una de las cosas más memorables que ocurrieron mientras trabajé de barman, fue cuando Joe Namath, que comía en el restaurante, vino al bar y empezó a hablar con unos chicos que comían allí con sus padres. Namath empezó a jugar al fútbol con los chicos usando los panecillos. Empezaron a pasarse los panecillos por todo el local, pero nadie protestó porque era Joe Namath. De repente, Namath salió del restaurante, regresó con una pelota que compró, la firmó y se la dio a los chicos. Es un hombre excelente."*

John Nathan: *"He llegado a la conclusión de que la manera más efectiva de vender un especial, sea una copa o una cerveza, es ponerlo en la pizarra bien a la vista. No importa lo que escribas, nuestros especiales se venden. El poder de sugestión es fenomenal."*

Billy Steel: *"La cosa más extraña que he tenido que hacer como barman fue en mi primer trabajo, en un bar de mafiosos, el Paul's Lounge. Hacía de intermediario entre los corredores y los clientes del bar. Éstos decidían sus apuestas y efectuaban los pagos a través de mí. Ser barman es algo más que servir una copa."*

John Nathan: *"Ser barman en Nueva York tiene sus propios desafíos. Actualmente tengo un problema con un carterista. Además del trabajo normal, me mantengo alerta para vigilar a este tipo que va robando bolsos en el bar. Ha llegado al punto que cuando entra ya lo presiento, y él me saluda como diciendo: 'Oh, esta vez me has cogido, será mejor que me vaya'. Y se larga hasta la próxima vez."*

MONTAR EL BAR EN CASA

Sally Ann Berk, barman amateur: *"Cuando llegué a Nueva York, viví en un estudio no mucho más grande que un vestidor. En la cocina apenas había sitio para la comida, los platos y demás cacharros, y menos aún para un bar bien provisto. Aún así, yo quería tener uno, y descubrí que la improvisación era la respuesta al problema.*

Bajo la única ventana del apartamento había un gran agujero en la pared, que debió ser el emplazamiento del aire acondicionado. Usé ese hueco como bar/bodega. Era perfecto."

EL BAR EN CASA: EQUIPO BÁSICO

Estos son los elementos esenciales para disfrutar de un bar en casa. Nada demasiado extravagante. Improvise y adapte su bar a los gustos de sus amigos e invitados.

CERVEZA, VINO Y LICORES

Bourbon
Brandy
Cerveza Lager (fría)
Ginebra
Jerez seco
Pernod
Ron blanco
Scotch
Tequila blanco
Triple Sec
Vermut, seco y dulce
Vino blanco seco, tipo Chardonnay (frío)
Vino tinto seco, tipo Cabernet Sauvignon
Vodka (helada)
Whisky blended o rye

PARA MEZCLAR (FRÍOS, USE ZUMOS NATURALES)

Cola
Ginger ale
Soda
Soda de lima-limón
Tónica
Zumo de arándanos
Zumo de lima
Zumo de limón
Zumo de naranja
Zumo de pomelo
Zumo de tomate

ADORNOS Y CONDIMENTOS

Aceitunas de cóctel
Angostura
Azúcar
Granadina
Guindas
Limas
Limones
Naranjas
Pimienta negra
Salsa Worcester
Tabasco

VASOS Y COPAS

Copa de cóctel
Copa de coñac
Copa de vino
Copa flauta
Vaso alto
Vaso bajo
Vaso de cerveza

UTENSILIOS

Abridor de botellas
Batidora
Coctelera
Colador
Copa medidora
Cubilete medidor (jigger)
Cuchara de bar
Cucharas medidoras
Cuchillo
Exprimidor
Sacacorchos
Vaso mezclador

EL BAR EN CASA: EQUIPO COMPLETO

Si tiene suficiente espacio, añada los siguientes elementos a los antes mencionados. Para las bebidas de mezclar y el hielo, quizá le interese adquirir una nevera pequeña para tenerla cerca de la barra. Es más cómodo y ahorra tiempo y espacio cuando esté ejerciendo de anfitrión.

CERVEZA, VINO Y LICORES

Aguardiente
Amaretto
Amer Picon
Aquavit
Armagnac
Bénédictine
Brandy de manzana, applejack
Calvados
Campari
Cerveza Ale (fría)
Cerveza Porter
Cerveza Stout
Champaña Brut
Chartreuse, verde y amarillo
Cointreau
Coñac
Crema de cacao, clara y oscura
Crema de Cassis
Crema de menta, blanca y verde
Crema de noyaux
Crema de plátano
Curaçao, azul y blanco
Drambuie
Dubonnet, blanco y tinto
Galliano
Grand Marnier
Grappa
Himbeergeist
Jägermeister
Jerez, fino y cream
Kirschwasser
Licor de crema irlandesa
Lillet
Madeira
Marrasquino
Oporto (ruby, tawny y vintage)
Peppermint
Pernod
Pimm's Cup no. 1
Poire
Punt e Mes
Rock and rye
Ron, añejo, blanco,
Demerara y dorado
Sake
Sambuca, blanco
Slivovitz
Sloe Gin
Southern Comfort
Tequila, oro y plata
Vodkas aromatizados (cítricos,
pimienta, grosella; helada)
Whiskey irlandés
Whisky canadiense
Whisky de malta
Wishniak

PARA MEZCLAR (FRÍOS)

Agua mineral
Bitter lemon soda
Café
Caldo de carne
Cerveza de jengibre
Crema de coco
Half-and-half
Néctar de guayaba
Néctar de melocotón
Sidra
Zumo de piña
Zumo de tomate y almeja

ADORNOS Y CONDIMENTOS

Apio
Canela molida
Canela en rama
Cebollitas de cóctel
Chocolate
Cilantro
Clavos
Frambuesas
Fresas
Huevos*
Jalapeños
Jarabe de almendra
Jarabe de azúcar
Jarabe de frambuesa
Jarabe de fruta de la pasión
Jarabe de tamarindo
Manzanas
Melocotones
Menta fresca
Miel
Nuez moscada
Orange bitter
Pepino
Peychaud's Bitter
Pimienta blanca
Pimienta de Jamaica
Piña
Plátanos
Rábano picante
Sal
Terrones de azúcar
Zumo de lima

---

* Nota del editor: Por favor, sea prudente cuando use huevos crudos en cualquiera de las recetas que incluye este libro. Se sabe que los huevos crudos pueden causar salmonelosis.

COPAS Y VASOS

Chupito
Copa de jerez
Copa de vino blanco
Copa de vino tinto
Copa Margarita
Copa sour
Jarra de cerveza
Pousse Café
Taza de ponche
Vaso de Irish Coffee

UTENSILIOS

Cierre para botella de champaña
Cubitera
Jarra
Mortero
Ponchera
Tenacillas para hielo

UNA NOTA SOBRE LOS INGREDIENTES

Hacer un buen cóctel no sólo depende de la técnica, sino de la calidad de los ingredientes. Puede ser muy tentador ahorrarse un poco de dinero en una marca de ginebra más barata, pero su Martini se resentirá. Un zumo de limón envasado puede ser más cómodo que tener que exprimirlo, pero el sabor del zumo natural es superior. Si tiene invitados, debe ofrecerles lo mejor.

Notará que muchas de las recetas de este libro incluyen zumos naturales. Una pequeña licuadora le facilitará la obtención de zumos naturales y no es un gasto desmesurado. Si tiene que usar zumos envasados, compre los "naturales", elaborados sin aditivos de azúcar o jarabes. Lea las etiquetas. Incluso el cóctel de zumo de arándanos se puede encontrar en muchos supermercados preparado con zumo de uva como edulcorante en lugar de azúcar o jarabe de maíz alto en fructosa. Compre los zumos envasados en botella de vidrio. Si compra zumos de cítricos, procure que sean los etiquetados como "no concentrado".

Cuando una receta incluya especias, úselas recién molidas. Tenga a mano en su cocina nuez moscada entera y ramas de canela. Puede usar un pequeño rallador de nuez moscada para ambas. La pimienta recién molida hace un Bloody Mary perfecto, y un Margarita sabe mejor si el borde del vaso está cubierto con sal gruesa.

Encontrar algunos de los ingredientes más exóticos puede suponer un reto, pero vale la pena. Si vive en una área urbana, puede encontrar ingredientes como el jarabe de tamarindo y el néctar de guayaba en establecimientos de alimentos mejicanos o caribeños. Muchas tiendas de alimentos naturales y de especialidades de gourmet acostumbran a tener ingredientes difíciles de encontrar. Puede usar catálogos de venta por correo o encargárselos a amigos que tengan acceso a una mayor variedad de productos y se los puedan enviar. Si no encuentra lo que busca, su tendero o su bodeguero estarán encantados de hacer un pedido especial para usted.

GLOSARIO

Aperitivo: Tradicionalmente es una copa servida antes de una comida para estimular el apetito, como un vino aromatizado o enriquecido al estilo vermut. Incluye el Byrrh, Dubonnet, Lillet, Campari, Pernod, Amer Picon y St. Raphael. El término aperitivo actualmente indica más la hora en que se toma que en qué consiste.

Bitter: Un realzador aromático hecho con bayas, raíces y hierbas, usado normalmente para dar un toque de suavidad al whisky (véase también la sección Cerveza).

Brandy: Licor envejecido en madera. Se obtiene por fermentación de frutas o por destilación de vino.

Cobbler: Un trago largo de vino o licor, servido en un vaso collins lleno de hielo picado y adornado con fruta fresca y hojas de menta. El cobbler tradicional se elabora con jerez, jarabe de piña y adornos de fruta fresca.

Collins: Vaso alto lleno de hielo, azúcar, un licor, zumo de cítricos y soda o sifón.

Cooler: Normalmente se sirve en un vaso alto o collins y consiste en una bebida carbonatada tipo ginger ale o soda, un vino o licor, y cáscara de lima o de naranja cortada en una espiral continua colocada sobre el borde del vaso.

Daisy: Es un cóctel tipo Margarita pero con más cantidad, hecho proporcionalmente con más alcohol, endulzado con jarabe de fruta y servido sobre hielo picado.

Dry: Seco. Es un término que, aplicado a vino, licor o cóctel, indica una carencia de dulzor. Por ejemplo, un Martini seco lleva sólo un poco de vermut, ya que es el vino enriquecido el que añade dulzor al cóctel.

Falernum: Un jarabe caribeño elaborado con frutas, azúcar de caña y especias, que se usa para endulzar combinados.

Fix: Combinado mezclado en el vaso en que se sirve. Puede llevar otro nombre para un trago largo. Siempre se toma con mucho hielo.

Fizz: Recibe su nombre de la botella sifón que añade "fizz" a una receta de azúcar, zumo de cítricos y, tradicionalmente, ginebra.

Flip: Copa fría y cremosa preparada con huevos, azúcar, zumo de cítricos y un licor. Recibe su nombre de la época colonial, cuando se usaba un flip para calentar los ingredientes.

Grog: Bebida basada en el ron, originariamente servida a marinos. La versión contemporánea consiste en ron, fruta y azúcar.

Half-and-half: Mezcla de nata líquida para café y leche.

Julep: Se hace con hielo picado, azúcar, hojas de menta y generalmente bourbon de Kentucky.

Liqueur: Bebida procesada de forma natural o manufacturada por la adición de un sabor a un licor destilado. El acento de sabor incluye, pero no se limita a, almendra, fresa, naranja, café, avellana, menta o chocolate.

Mist: Licor que se añade a un vaso largo lleno de hielo picado.

Mull: Combinados en que los ingredientes se calientan para facilitar su mezcla.

Neat: Este término significa servir un licor solo, sin hielo ni mezcladores.

Negus: Bebida dulce y caliente a base de vino, tradicionalmente elaborada con jerez u oporto.

On the rocks: Este término indica que el vino o licores se sirven con cubitos.

Pousse-Café: Elaborado con diversos licores y cordiales, cada uno con diferente densidad y color, de modo que al verterlos uno sobre otro, se asientan y flotan.

Rickey: Bebida consistente en zumo de lima o limón mezclado con ginebra u otro licor y soda, normalmente sin añadir edulcorantes.

Shooter: Combinado o chupito de algún licor tomado de un solo trago.

Sling: Trago largo elaborado con licores, zumo de limón, azúcar y rematado con soda, normalmente servido frío.

Sour: Trago corto, elaborado con zumo de lima o limón, azúcar y licores.

Spirit: Bebida elaborada por destilación de un líquido que contiene alcohol. El contenido de alcohol del líquido original no es importante puesto que el proceso de destilación le separa todo el alcohol. Los ingredientes aromáticos también pueden ser separados del líquido original junto con el alcohol. Estos componentes aromáticos son los que añaden al licor sus características distintivas.

Swizzle: Originalmente era un trago largo de ron con hielo picado que se removía con una cuchara larga o una varilla hasta que el vaso se helaba. Actualmente un "swizzle" es cualquier trago a base de licores y hielo picado removido con un agitador hasta que el vaso se enfría.

Toddy: Originalmente era una mezcla caliente de licores, azúcar y especias, como clavo y canela, cáscara de limón y agua, servido en vaso largo. Actualmente se puede servir frío, con cualquier combinación de licores, especias y hielo.

Variedad: Término aplicado en la clasificación del tipo de uva usada en la producción de vino. Variedades es el término para tipos de uva cuyo mosto o vino se mezcla junto. Vino de variedad significa que se elabora de una sola variedad de uva.

Vino aromatizado: Incluye el vermut, italiano o francés, la quina y otros vinos de aperitivo de varios países, cuyo contenido de alcohol es del 15 o 20%.

Vino enriquecido: Incluye el jerez, el oporto, el madeira, el Marsala, etc. El contenido de alcohol está entre el 14 y el 24%.

Whisky: Licor envejecido en madera, producido por destilación de malta fermentada. Son ejemplos el whisky canadiense, el whiskey irlandés, el whisky escocés o Scotch, el rye, de centeno, y el whiskey bourbon.

UNA NOTA SOBRE LAS RECETAS

Muchos de los cócteles se sirven tal cual en una copa de cóctel, pero puede tomarlos "on the rocks" si lo prefiere. Simplemente siga la receta y sírvala en un vaso bajo lleno de cubitos.

De estas recetas resultan cócteles generosos. Si quiere menos cantidad, divida las cantidades, comparta la copa con un amigo, o guarde el sobrante en la nevera.

Mucha gente adora la ginebra, otros no. En este libro los combinados a base de ginebra son muchos y variados, pero en la mayoría de las recetas puede sustituirla por vodka. Pese a que se perderá el aroma especial de la ginebra, obtendrá copas diferentes pero deliciosas.

Si le apetece un julep de menta pero no tiene bourbon, intente sustituirlo por otro tipo de whisky. También puede intentarlo con otras recetas de whisky. El whisky rye es un buen sustituto para el bourbon; el whisky canadiense para los blended o whiskeys americanos. Experimente, pero tenga en cuenta que el whisky incluido en la receta es el preferido y recomendado, a menos que se mencionen otros. No existe un sustituto aceptable para el Scotch.

El tequila es una categoría por sí mismo, pese a que algunos de los cócteles con tequila también funcionan con ron, y viceversa. Una vez más, experimente, invente sus propias especialidades. La elaboración de cócteles es una forma de arte en evolución.

CLAVE DE LOS ICONOS

Todas las recetas llevan al lado un icono que indica el tipo de vaso o copa más apropiado. Los iconos azules corresponden a bebidas con alcohol y los verdes a bebidas sin alcohol.

A continuación se da la clave de las copas y vasos representados por los iconos.

Copa balón

Jarra de cerveza

Copa de coñac

Copa flauta

Copa de cóctel

Taza de café

Vaso collins

Vaso bajo ancho

Vaso alto

Vaso bajo

Copa parfait

Jarra

Copa pony

Copa pousse café

Copa de vino tinto

Copa de jerez

Vaso de chupito

Copa sour

MEDIDAS

Licores

Antigua medida de botella	Sistema americano	Sistema métrico
Miniature	1,7 oz	50 ml
Half pint	6,8 oz	200 ml
Pint	16,9 oz	500 ml
Fifth	25,4 oz	750 ml
Quart	33,8 oz	1 l
Half gallon	59,2 oz	1,75 l

Vinos

Nombre	Sistema americano	Sistema métrico
Split	6,3 oz	187 ml
Tenth	12,7 oz	373 ml
Fifth	25,4 oz	750 ml
Quart	33,8 oz	1 l
Magnum	50,7 oz	1,5 l
Double Magnum	101,4 oz	3 l

Medidas de bar

Nombre	Sistema americano	Sistema métrico
1 cucharadita (cdta.)	1/8 oz	3,5 ml
1 cucharada (Cda.)	3/8 oz	10 ml
1 pony	1 oz	30 ml
1 jigger	1,5 oz	45 ml
1 copa de vino	4 oz	120 ml
1 split	6 oz	180 ml
1 taza	8 oz	240 ml

El sistema americano de medidas usado originalmente en este libro no se corresponde con exactitud al sistema métrico decimal común en otros países. Para mayor comodidad, en las recetas se indican cantidades redondeadas en mililitros. La siguiente lista le ofrece las equivalencias entre la cantidad expresada en partes, las cifras redondeadas y las exactas en mililitros.

Partes	Cantidad redondeada (ml)	Cantidad exacta (ml)
0,5	7,5	7,8125
1	15	15,625
1,5	22,5	23,4375
2	30	31,25
3	45	46,875
4	60	62,5
5	75	78,125
6	90	93,75
7	105	109,375
8	120	125
10	150	156,25
12	180	187,5
16	240	250
20	300	312,5
24	360	375
32	480	500
40	600	625
64	960	1000

TABLA DE CALORÍAS

	Cantidad	Calorías (kcal)	Julios (j)
Bebidas alcohólicas			
Cerveza			
Ale	0,2 l	95	397
Alt	0,33 l	145	607
Export	0,5 l	290	1.214
Pilsner	0,33 l	145	607
Sin alcohol	0,33 l	93	386
Sidra	0,25 l	95	397
Licores			
Brandy	2 cl	42	176
Chartreuse	2 cl	76	318
Coñac	2 cl	45	188
Crema de menta	2 cl	74	310
Curaçao	2 cl	81	339
Ginebra	2 cl	66	276
Licor de café (Kahlua)	2 cl	86	360
Ron	2 cl	75	314
Vodka	2 cl	46	193
Whiskey bourbon	4 cl	116	486
Whisky scotch	4 cl	101	423
Vinos			
Champaña Brut	0,1 l	67	281
Champaña Extra Dry	0,1 l	71	297
Jerez cream	5 cl	78	327
Jerez medium	5 cl	66	276
Jerez seco	5 cl	59	247
Vermut dulce	5 cl	86	360
Vermut seco	5 cl	57	239
Vino blanco dulce	0,25 l	170	712
Vino blanco seco	0,25 l	150	628
Vino tinto	0,25 l	170	712
Bebidas para mezclar			
Cola	0,2 l	89	373
Cola light	0,2 l	10	42
Ginger ale	0,2 l	57	239
Soda		0	0
Tónica	0,2 l	65	272
Zumo de lima	1 cda.	1	4
Zumo de limón	1 cda.	5	21
Zumo de naranja	0,1 l	46	193
Zumo de piña	0,2 l	100	418

GUÍA DE VINOS

El vino se está tornando cada vez más popular tanto en los bares como en casa. La gente ha renunciado a los vinos sin denominación o mezclados con sifón para lanzarse a probar una variedad completa de tintos, blancos, rosados y espumosos de diferentes países. Los vinos más populares del mundo son los de Francia, Italia, España, Portugal, Alemania, Estados Unidos (sobre todo California, Nueva York, Oregón, Washington y Texas), Argentina, Chile, Australia y Nueva Zelanda.

VINO TINTO

Beber vino no es tan complicado como puede parecer. Muchos han abandonado la vieja norma de beber blanco con el pescado y tinto con la carne. ¡Use su imaginación! Si llega a sus manos un tinto especiado que se complementa con un plato de salmón, adelante y bébalo. Fíjese en las características de una región concreta o de una variedad de uva y sea creativo. Una norma simple es: los vinos ligeros van mejor con los alimentos más delicados; los vinos con cuerpo van bien con comidas especiadas y fuertes. Aprenda usted mismo cómo responde su paladar a un vino dulce o a uno seco.

El vino blanco debe servirse a unos 12 °C; los vinos rosados y los tintos tipo Beaujolais a unos 15 °C. La clave es evitar enfriarlo tanto que el vino pierda su aroma y sabor. Los tintos deben servirse a temperatura ambiente y sus aromas se realzan si se saca el corcho y se deja el vino en la botella o en vasos antes de tomarlo. Esto hace que "respire". Cuando el vino se airea, los taninos o aromas astringentes se atenúan y suavizan. Por regla general, cuanto más añejo y mejor es un vino, tanto más importante es su aireo.

Seguidamente encontrará una explicación de cómo varios países clasifican sus vinos. Las clasificaciones más comunes son por región y por variedad, aunque pueden divergir según el país.

VINOS FRANCESES

Los vinos franceses se agrupan de acuerdo a su denominación, que indica el nombre de la ciudad o de su lugar de origen. Las principales regiones son: Burdeos, Loira, Ródano, Borgoña, Alsacia y Champagne. Los mejores vinos están clasificados por *Apellations d'Origine Contrôllées*, que es el término que usa el gobierno francés para garantizar el origen y la calidad de los vinos.

Burdeos

Burdeos es una región de unas 105.000 hectáreas que produce millones de botellas de vino cada año.

Burdeos tinto. Los vinateros de Burdeos mezclan uva Cabernet Sauvignon, Merlot, Cabernet Franc, Malbec y Petit Verdot en combinaciones que producen la mejor añada.

ZONAS MÁS IMPORTANTES:
Médoc / Haut Médoc
Pomerol
Margaux
St. Emilion
Graves

Burdeos blanco. Elaborados principalmente con uva Sauvignon Blanc.

ZONAS MÁS IMPORTANTES:
Graves
Entre-Deux-Mers
Sauternes / Barsac

Loira

La mayoría de sus vinos son blancos y se elaboran a partir de uva Chenin Blanc y Sauvignon Blanc, aunque algunos son rosados, tintos o con aguja.

ZONAS MÁS IMPORTANTES:
Sancerre
Vouvray
Muscadet
Pouilly-Fumé
Coteaux Du Layon
Chinon

Ródano

Famoso por sus tintos muy aromáticos, típicamente más consistentes y concentrados. Estos vinos contienen hasta trece tipos distintos de uva, siendo la más común la Syrah.

ZONAS MÁS IMPORTANTES:
Côte Rotie
Cornas
Condrieu
Côtes du Rhône
Hermitage
Châteauneuf-du-Pape
St. Joseph

Borgoña

Borgoña tinto: Los principales tipos de uva usados para elaborar estos vinos son Pinot Noir y Gamay.

ZONAS MÁS IMPORTANTES:
Côte de Nuits
Gevrey-Chambertin
Chambolle Musigny
Côte de Beaune
Beaujolais
Volnay
Mâconnais

Borgoña blanco: Elaborados sobre todo con uva Chardonnay y Aligoté.

ZONAS MÁS IMPORTANTES:
Chablis
Montrachet
Côte de Nuits
Meursault
Aloxe Corton
Mâconnais

Alsacia

Estos vinos se hacen a partir de uva Riesling y Gewürztraminer. Son vinos parecidos a los alemanes, pero más secos.

Champaña

Los vinateros de esta región mezclan tres uvas, Chardonnay, Pinot Noir y Pinot Meunier. El champaña envejece en botella en cavas de fermentación que ayudan a desarrollar su carácter y carbonación complejos. Su cuerpo y grado de sequedad varían según el productor. Cuando el vino se enfría correctamente, las burbujas del champaña son pequeñas y activas. “Brut” es muy, muy seco; “Extra Seco” es un poco más dulce; “Seco” es semi-dulce; y “Semi-seco” es dulce.

Brut Non-Vintage. Una mezcla de vinos envejecida dos o más años.

Brut Vintage. Elaborado con una añada excepcional, envejecido cinco o más años.

Champaña Rosé: El tinte rosado procede de una pequeña porción de mosto tinto añadido en el momento de la fermentación. Los rosés son normalmente más ricos y sabrosos que otros champañas.

VINOS ITALIANOS

Los vinos italianos toman su nombre tanto de la variedad de uva como de la ciudad más cercana a los viñedos. Las categorizaciones que siguen son, primero por región y, segundo, dentro de cada región, se indica la ciudad y la variedad.

Piamonte

Las viñas más plantadas en esta región son las Nebbiolo y la Barbera. Los vinos se etiquetan según variedad y lugar, como en Barbera d'Alba, Barbera d'Asti, Nebbiolo d'Alba, etc.

Barolo. Este vino tinto se elabora principalmente con Nebbiolo. Todos los Barolos deben pasar al menos dos años en barriles de castaño o roble.

Barbaresco. Se elabora a partir de viñas Nebbiolo, pero las variaciones en la tierra de este área crean vinos distintos.

Toscana

Chianti. La región se subdivide en siete distritos, y el vino se elabora a partir de distintos tipos de uva. La principal es la Sangiovese, seguida de la Canaiolo Nero; la blanca Trebbiano Tuscano, y Malvasia del Chianti.

Los tipos de Chianti incluyen un vino ligero en cuerpo y color, elaborado para consumir en seguida (Chianti); un vino de mejor calidad cuyos taninos se atenúan tras un año de envejecimiento (Chianti Vecchio); un vino de alta calidad con mayor contenido de alcohol, que necesita más tiempo para suavizarse (Chianti Classico); y el Chianti Riserva, comercializado tras dos años adicionales en barril.

Brunello de Montalcino. Variedad de vino tinto elaborado exclusivamente con una uva similar a la Sangiovese, llamada Brunello en la zona.

Vino Nobile de Montepulciano. Este vino es de la misma uva que el Chianti, pero requiere un mínimo de dos años de envejecimiento en roble. Si el vino se etiqueta como Riserva, ha envejecido como mínimo de tres a cuatro años.

Veneto

Valpolicella
Soave

Vinos blancos italianos (varias regiones)

Trentino
Alto Adige
Friuli

VINOS ALEMANES

La uva Riesling se extiende por el 20% de los viñedos. La uva Müeller-Thurgau es la base de la producción y constituye el 27% de la viña alemana. Esta uva madura antes que otras, produciendo vinos con cuerpo ligero y muy aromáticos. La uva Silvaner ocupa el 11% de los viñedos. La Gewürztraminer produce un vino muy especiado. La Ruländer, o Pinot de Borgoña, produce vinos con un sabor intenso y pleno aroma.

Los vinos alemanes van desde el muy seco hasta el muy dulce y están clasificados en la botella según una escala de seis niveles de maduración. Los vinos Kabinett son los más secos, y los Eiswein, cuyas uvas se cosechan después de una helada y se congelan, son los más dulces.

VINOS ESPAÑOLES

Las regiones vitivinícolas más importantes de España son la Rioja y Valdepeñas.

Rioja

Esta región tiene tres comarcas vinícolas. La Rioja Alta produce vinos de alta acidez. La Rioja Alavesa produce vinos afrutados. La Rioja Baja es la comarca más cálida y produce vinos de alto grado de alcohol. Los vinos de la Rioja son tradicionalmente mezclas de las cosechas de las tres comarcas. Las uvas tintas de Rioja son Tempranillo, Garnacha Tinta, Graciano y Mazuelo. La principal variedad de uva blanca es la Viura, que se mezcla con Garnacha Blanca y Malvasía.

Valdepeñas

Esta región central produce vinos menos delicados que los del norte, y son populares como vinos de mesa. La uva tinta más frecuente es la Cencibel, y la blanca es la Airen.

Jerez

España es conocida por su jerez, un vino enriquecido a través de los siglos. Jerez se ha hecho famosa por la producción de este licor, desde el más seco al más dulce.

VINOS PORTUGUESES

Portugal produce principalmente oporto y vinos de mesa.

Oporto

Oporto Vintage Este vino enriquecido tiene un profundo color rubí.

Oporto Ruby y Tawny. Son vinos de mezcla. El Oporto ruby tiene un brillante color rubí. El tawny es más pálido y normalmente más seco.

Late Bottled Vintage (LBV). LBV es un oporto tawny de una añada especialmente buena que permanece en barril y no procede de mezcla.

Vinos de mesa

Colares. Vino blanco seco.

Bucelas. Vino tinto seco.

Vinho verde. Blanco, tinto o rosado, siempre ligero.

Madeira

Esta isla portuguesa en el Atlántico sobre la costa norte de África da su nombre al vino. Los vinos de Madeira van del muy seco al muy dulce.

VINOS DE ESTADOS UNIDOS

Las regiones vinícolas más importantes de América son California, el noroeste y Nueva York. Hay, naturalmente, algunos vinateros menos conocidos en Texas, Idaho, Nuevo México y Virginia, entre otros. El identificador básico de los vinos americanos es el tipo de uva.

Tintos

Pinot Noir. Los Pinot Noir más delicados son ligeros en color. Oregón se está dando a conocer rápidamente por sus Pinot Noir. Esta uva es la versión americana del Borgoña tinto.

Merlot. Este vino tiene un marcado aroma a roble procedente de su crianza en barril.

Cabernet Sauvignon. Estos vinos tienen las mismas características que los Burdeos tintos franceses, ya que se elaboran a partir del mismo tipo de uva.

Zinfandel. Parecido a los vinos franceses del Ródano. Es un buen vino de mesa.

Vinos blancos

Sauvignon Blanc. Elaborado a partir del mismo tipo de uva que el Burdeos blanco francés.

Chardonnay. Dependiendo del proceso de fermentación, este tipo de vino tiene distinto grado de alcohol. Se elabora con la misma uva que el Borgoña blanco francés.

Gewürztraminer. Es un vino ligeramente dulce y especiado.

Vinos rosados. Los vinos que contienen cualquier coloración roja se clasifican como tintos. La coloración procede de la piel de las uvas durante la fermentación. Los vinos sólo se producen como blancos o tintos, y entre los tintos la gama va desde los rosados hasta los tintos negros.

Vinos espumosos

Estos vinos se elaboran como el champaña francés, pero legalmente no pueden recibir esta denominación. Los vinos espumosos de California tienen un acento más afrutado que los champaña franceses.

VINOS ARGENTINOS

Las tres regiones vinícolas más importantes son Mendoza, San Juan y Río Negro. Las variedades usadas para elaborar tintos de mesa son Criolla, Malbec, Cabernet Sauvignon, Barbera, Petite Syrah, Pinot Noir, Tempranillo, Merlot, Sangiovese y Lambrusco. Los blancos de mesa se elaboran con Criolla, Sémillon, Sauvignon Blanc, Pinot Blanc, Riesling, Chardonnay y Trebbiano. Los vinos enriquecidos y de postre se elaboran con Malvasía, Moscatel de Alejandría y Pedro Ximénez. Los vinos de mayor producción en la zona mezclan uva Criolla, Malbec y Barbera.

VINOS CHILENOS

Las regiones vitivinícolas más importantes de Chile se dividen en tres provincias:

Atacama y Coquimbo. Los vinos de estas provincias norteñas son principalmente vinos enriquecidos dulces con alto contenido de alcohol.

De Aconcagua a Talca. Estas provincias centrales producen el mejor vino de mesa de Chile.

De Maule a Bío Bío. De las provincias del sur procede el grueso de la producción vinícola del país.

Los productores de vino tinto usan sobre todo Cabernet Sauvignon, Malbec, Cabernet Franc, Merlot, Pinot Noir y Petit Verdot. Las variedades de uva blanca más comunes son Sauvignon Blanc, Sémillon, Pinot Blanc, Chardonnay, Trebbiano, Riesling, y la variedad autóctona chilena Loca Blanca.

VINOS AUSTRALIANOS

Los vinos australianos se elaboran principalmente en el sur de Australia: Nueva Gales del Sur, Victoria, Australia Occidental y Tasmania. Muchas variedades de uva son silvestres, pero si un vino está etiquetado según variedad debe contener un mínimo de 80% de la uva especificada.

Para la producción de tinto de mesa y vino enriquecido la viña más plantada es la Shiraz. Cabernet Sauvignon, Merlot y Pinot Noir también se usan en la elaboración de tintos. Las variedades de vino blanco incluyen: Sémillon, Chardonnay, Riesling del Rin, Sultana y Moscatel Gordo Blanco, Traminer, Doradillo, Palomino y Pedro Ximénez.

VINOS NEOZELANDESES

North Island y South Island son las dos grandes islas que componen Nueva Zelanda. Las principales zonas vinícolas son Marlborough, en la isla del sur, y Poverty y Hawkes Bays, en la isla del norte. Las variedades de uva blanca suponen más del 80% del total de los viñedos plantados en Nueva Zelanda. También se encuentran: Riesling-Sylvaner, Chardonnay, Gewürztraminer, Sauvignon Blanc y Riesling del Rin. Las variedades tintas incluyen Pinot Noir, Cabernet Sauvignon, Pinotage (un híbrido de Pinot Noir y Cinsaut) y Shiraz.

CERVEZA

La cerveza tiene muchas variedades y estilos, elaborada por productores autóctonos y extranjeros así como por un creciente número de pequeñas destilerías. La cerveza es una bebida fermentada a partir de cebada malteada y otros cereales ricos en almidón y adquiere su sabor amargo del lúpulo. Durante la fermentación la levadura se hunde y por eso se denomina bebida de fermentación baja. La cerveza es un nombre genérico para las bebidas malteadas. Los distintos tipos de cerveza son los siguientes:

Ale. Áspera y fuerte, con características afrutadas, más amarga que otras cervezas. La ale es del tipo fermentación alta porque se elabora a alta temperatura y esto hace que la levadura flote.

CERVEZA

Bitter. Generalmente más ácida y de color bronce. Es una ale bien lupulada.

Bockbier. Se elabora a partir de cerveza fuerte, más dulce y oscura que la cerveza corriente.

Dry Beer. Esta cerveza se filtra en frío, y no deja regusto.

Lager. Es una cerveza de cuerpo ligero, brillante, clara y espumosa, elaborada con malta, lúpulo, agua, y en algunos casos con cereales como arroz y maíz. La mezcla se fermenta y reposa ("lager") para que madure y coja gas. Todas las cervezas americanas son Lager.

Licor de malta. Es una bebida de malta que se elabora como la cerveza pero suele tener mayor contenido de alcohol. Su color es pálido y claro.

Pilsner. Término usado para cervezas de color claro. Todas son brillantes, ligeras y lager (reposadas).

Porter. Es una variante de la stout pero tiene menos alcohol, un sabor agridulce y color oscuro.

Stout. Una ale muy oscura, ligeramente amarga y malteada. Se le añade cebada tostada para dar sabor y color.

Las recetas están por orden alfabético. Las referencias a los ingredientes se encuentran en el índice. Las cantidades se indican en partes proporcionales y, entre paréntesis, en mililitros.
Los iconos que aparecen junto a cada receta indican el vaso o la copa más adecuado para servir la bebida. Los iconos azules representan cócteles con alcohol, los verdes, sin alcohol.

A

ABBEY

3 partes de ginebra (45 ml)
3 partes de Lillet (45 ml)
2 partes de zumo de naranja (30 ml)
2 chorritos de orange bitter
1 guinda o piel de naranja

Mezclar todos los ingredientes, excepto la guinda o la piel de naranja, en la coctelera. Colar sobre hielo picado. Adornar con la guinda o la piel de naranja.

ACAPULCO

4 partes de ron blanco (60 ml)
1 parte de Cointreau o de Triple Sec (15 ml)
1 parte de zumo natural de lima (15 ml)
1 cdta. de azúcar
1 clara de huevo
1 ramita de menta fresca

Agitar bien el ron, el Cointreau, el zumo de lima, el azúcar y la clara de huevo en la coctelera llena hasta la mitad con cubitos. Colar en un vaso con cubitos. Adornar con la menta.

ACAPULCO CLAM DIGGER

3 partes de Tequila (45 ml)
6 partes de zumo de tomate (90 ml)
6 partes de jugo de almeja (90 ml)
3/4 Cda. de rábano picante
Tabasco, al gusto
Salsa Worcester, al gusto
1 chorro de zumo natural de limón
1 rodaja de lima o de limón

Mezclar todos los ingredientes en un vaso con hielo picado. Adornar con una rodaja de lima o limón.

NOTA: Los iconos azules corresponden a bebidas con alcohol. Los verdes, a bebidas sin alcohol.

ADONIS

6 partes de jerez seco (90 ml)
2 partes de vermut dulce (30 ml)
1 chorrito de orange bitter
Piel de naranja

Mezclar el jerez, el vermut y el orange bitter en la coctelera con hielo. Colar en un vaso helado. Adornar con una espiral de piel de naranja.

AFFINITY

2 partes de vermut seco (30 ml)
2 partes de vermut dulce (30 ml)
2 partes de Scotch (30 ml)
3-6 chorritos de angostura

Remover todos los ingredientes en el vaso mezclador y colar en una copa de cóctel helada.

AFTER DINNER COCKTAIL

2 partes de brandy de albaricoque (30 ml)
2 partes de Triple Sec o Cointreau (30 ml)
Zumo de 1 lima
1 rodaja de lima

Verter el licor, el Triple Sec y el zumo en la coctelera. Colar en una copa de cóctel y adornar con la rodaja de lima.

A.J.

3 partes de applejack o Calvados (45 ml)
2 partes de zumo de pomelo (30 ml)

Mezclar los ingredientes en la coctelera y colar en una copa de cóctel helada.

ALABAMA SLAMMER

2 partes de Amaretto (30 ml)
2 partes de Southern Comfort (30 ml)
1 parte de Sloe Gin (15 ml)
1 chorro de zumo natural de limón

Mezclar todos los ingredientes, menos el zumo, en un vaso alto con hielo. Añadir el zumo de limón.

ALABAMA SLAMMER

Mezclar todos los ingredientes, excepto la soda, en la coctelera con hielo picado. Colar en un vaso alto con cubitos y acabar de llenarlo con soda.

ALASKA

4 partes de ginebra (60 ml)
1 parte de Chartreuse verde (15 ml)
3 chorritos de orange bitter
1 espiral de piel de limón

Remover todos los ingredientes, excepto la espiral de limón, en el vaso mezclador con hielo. Colar en una copa de cóctel y adornar con la espiral.

ALBERMARLE FIZZ

4 partes de ginebra (60 ml)
1 parte de zumo natural de limón (15 ml)
1 cdta. de jarabe de frambuesa
1 chorro de Framboise
Soda

ALEXANDER

2 partes de ginebra (30 ml)
2 partes de crema de cacao (30 ml)
2 partes de half-and-half (30 ml)
Nuez moscada, recién rallada

Mezclar bien todos los ingredientes, excepto la nuez moscada, en la coctelera con hielo picado. Colar en una copa de cóctel helada y espolvorear con nuez moscada recién rallada.

ALEXANDER'S SISTER

3 partes de ginebra (45 ml)
2 partes de crema de menta (blanca o verde) (30 ml)
2 partes de half-and-half (30 ml)
Nuez moscada, recién rallada

Agitar bien todos los ingredientes, excepto la nuez moscada, en la coctelera con hielo picado. Colar sobre una copa de cóctel helada y espolvorear con nuez moscada recién rallada.

ALGONQUIN

3 partes de whiskey American Blended (45 ml)
1 parte de vermut seco (15 ml)
2 partes de zumo de piña (30 ml)

Mezclar todos los ingredientes en la coctelera con cubitos y agitar bien. Colar en una copa de cóctel helada.

ALGONQUIN BLOODY MARY

4 partes de vodka (60 ml)
8 partes de zumo de tomate (120 ml)
Sal al gusto
Pimienta recién molida, al gusto
Zumo de media lima
1 1/2 cdta. de Worcester
6-8 chorritos de tabasco
1 rodaja de lima

Mezclar todos los ingredientes, excepto la rodaja de lima, en la coctelera llena de hielo. Agitar con rapidez (unas 9 o 10 veces, para que el zumo de tomate no se corte). Colar en un vaso alto con hielo. Adornar con la rodaja de lima.

ALHAMBRA ROYALE

3 partes de coñac (45 ml)
Chocolate caliente (1 taza)
1 piel de naranja entera
Nata montada (opcional)

Llenar una taza casi hasta arriba con chocolate caliente. Enrollar y colocar dentro la piel de naranja. Calentar coñac al baño maría, encenderlo y verterlo con cuidado mientras aún flamee. Mezclar. Puede coronarlo con nata batida.

ALLEGHENY

3 partes de bourbon (45 ml)
2 partes de vermut seco (30 ml)
1 Cda. de brandy aromatizado con moras
2 cdta. de zumo de limón
1 espiral de piel de limón

Mezclar todos los ingredientes con hielo en la coctelera, excepto la piel de limón. Colar en una copa de cóctel helada. Adornar con la espiral de limón.

ALLEN COCKTAIL

3 partes de ginebra (45 ml)
1 parte de licor de marrasquino (15 ml)
1 1/2 cdta. de zumo de limón

Agitar bien los ingredientes y hielo en la coctelera. Colar en una copa de cóctel.

ALLIES

2 partes de ginebra (30 ml)
2 partes de vermut seco (30 ml)
3/4 cdta. de Kümmel o Jägermeister

Mezclar todos los ingredientes con hielo picado en la coctelera. Servir en un vaso bajo helado.

ALMOND COCKTAIL

4 partes de ginebra (60 ml)
2 partes de vermut seco (30 ml)
1 parte de brandy de melocotón (15 ml)
1 cdta. de Kirsch
1 parte de almíbar (15 ml)
6 láminas de almendra

Calentar la ginebra en el vaso mezclador. Añadir el brandy de melocotón, el almíbar y las láminas de almendra. Enfriar la mezcla. Verter en vasos de whisky helados llenos de cubitos. Añadir los ingredientes restantes y mezclar bien.

ALLEGHENY

ALOHA

3 partes de licor de crema de ron (45 ml)
2 partes de ron añejo (30 ml)
1 parte de zumo natural de lima (15 ml)
4 partes de zumo de piña (60 ml)
4 partes de zumo natural de naranja (60 ml)
2 partes de jarabe de coco (30 ml)
1 bolita de helado de vainilla
1 trozo de piña

Mezclar todos los ingredientes, excepto la piña natural, en la batidora, evitando que la mezcla quede demasiado líquida. Verter en un vaso alto helado y adornar con la piña.

AMARETTO AND CREAM

4 partes de Amaretto (60 ml)
4 partes de nata ligera o de Half-and-half (60 ml)

Mezclar todos los ingredientes en la coctelera con hielo picado y agitar bien. Colar en una copa de cóctel helada.

AMARETTO COFFEE

1 taza de café caliente (250 ml)
3 partes de amaretto (45 ml)
Nata montada (opcional)
Cilantro

Verter el amaretto en el café caliente y mezclar. Coronar con nata montada y espolvorear con cilantro.

AMARETTO MIST

4 partes de amaretto (60 ml)
1 espiral de piel de limón

Llenar un vaso bajo con hielo picado. Verter el amaretto y adornar con la espiral de limón.

AMARETTO SOUR

4 partes de amaretto (60 ml)
2 partes de zumo natural de limón (30 ml)
1 rodaja de naranja

Agitar bien en la coctelera el amaretto y el zumo de limón. Colar en una copa sour helada. Adornar con la rodaja de naranja.

AMARETTO STINGER

4 partes amaretto (60 ml)
2 partes de crema de menta blanca (30 ml)

Agitar bien los ingredientes en la coctelera. Colar en una copa de cóctel helada llena de hielo picado.

AMBROSIA

3 partes de brandy (45 ml)
3 partes de brandy de manzana (45 ml)
1/2 cdta. de jarabe de frambuesa
Champaña frío o cava
Frambuesas

Verter los dos licores y el jarabe en la coctelera con hielo picado. Agitar bien. Colar en una copa de vino blanco y acabar de llenarla con champaña. Añadir unas frambuesas.

AMERICAN BEAUTY

3 partes de brandy (45 ml)
2 partes de vermut seco (30 ml)
2 partes de zumo natural de naranja (30 ml)
2-3 chorritos de granadina
2-3 chorritos de crema de menta blanca
1 parte de oporto (15 ml)

Agitar todos los ingredientes, excepto el oporto, en la coctelera con hielo picado. Colar en una copa de cóctel helada y acabar de llenarla con el oporto.

AMERICAN FLYER

3 partes de ron blanco (45 ml)
1 Cda. de zumo natural de lima
1/2 cdta. de almíbar
Champaña o cava

Mezclar el ron, el zumo y el almíbar en la coctelera con hielo picado. Agitar bien. Colar en una copa de vino blanco helada y acabar de llenarla con champaña.

AMERICAN ROSE

3 partes de brandy (45 ml)
1 cdta. de granadina
1/2 melocotón, pelado y triturado
1/2 cdta. de Pernod
Champaña o cava
1 rodajita de melocotón

Mezclar todo menos el champaña y la rodajita, en la coctelera. Verter en una copa de vino blanco helada y acabar de llenarla con champaña, removiendo despacio. Adornar con el melocotón.

AMERICANO

3 partes de vermut dulce (45 ml)
3 partes de Campari (45 ml)
Soda
Piel de limón

Verter el vermut y el Campari en un vaso alto helado lleno de cubitos. Acabar de llenar con soda y remover. Adornar con la piel de limón.

AMARETTO SOUR,

AMER PICON COCKTAIL

4 partes de Amer Picon (60 ml)
2 partes de zumo natural de lima (30 ml)
1 cdta. de granadina

Verter todos los ingredientes en la coctelera con hielo picado y agitar bien. Colar en una copa de cóctel helada.

ANATOLE COFFEE

1 parte de coñac (15 ml)
1 parte de licor de café (15 ml)
1 parte de Frangélico (15 ml)
12 partes de café frío (180 ml)
Nata montada
Virutas de chocolate

Mezclar todos los ingredientes, excepto la nata y el chocolate, con un poco de hielo picado en una batidora. Verter en una copa de vino blanco helada. Coronar con nata montada y virutas de chocolate.

ANCHORS AWEIGH

3 partes de bourbon (45 ml)
2 cdta. de Triple Sec
2 cdta. de brandy de melocotón
2 cdta. de Kirsch
2 Cda. de half-and-half

Mezclar todos los ingredientes, en coctelera o batidora, con hielo picado. Servir en un vaso bajo helado.

ANDALUSIA

4 partes de jerez seco (60 ml)
2 partes de brandy (30 ml)
2 partes de ron blanco (30 ml)
1/4 de cdta. de angostura

Mezclar todos los ingredientes en el vaso mezclador con cubitos y agitar bien. Colar en una copa de cóctel helada.

ANGEL FACE

3 partes de ginebra (45 ml)
1 parte de brandy de albaricoque (15 ml)
1 parte de brandy de manzana (15 ml)

Mezclar todos los ingredientes en la coctelera con hielo picado y agitar bien. Colar en una copa de cóctel helada.

ANGEL'S DELIGHT

1/2 parte de granadina (7,5 ml)
1/2 parte de Triple Sec (7,5 ml)
1/2 parte de Sloe Gin (7,5 ml)
1/2 parte de half-and-half (7,5 ml)

Verter los ingredientes en el vaso en el orden mencionado, procurando que cada uno flote sobre el otro sin mezclarse.

ANGEL'S KISS

1/2 parte de crema de cacao blanca (7,5 ml)
1/2 parte de Sloe Gin (7,5 ml)
1/2 parte de brandy (7,5 ml)
1/2 parte de half-and-half (7,5 ml)

Verter los ingredientes en el vaso en el orden mencionado, procurando que cada uno flote sobre el otro sin mezclarse.

ANGEL'S TIT

1/2 parte de crema de cacao blanca (7,5 ml)
1/2 parte de licor de marrasquino (7,5 ml)
1/2 parte de half-and-half (7,5 ml)
Guinda

Verter los ingredientes en el vaso en el orden dado, procurando que cada uno flote sobre el otro sin mezclarse. Enfriar durante 1/2 hora antes de servir. Adornar con la guinda.

ANGLER'S COCKTAIL

4 partes de ginebra (60 ml)
3 chorritos de angostura
3 chorritos de orange bitter
3 chorritos de granadina

Mezclar todos los ingredientes en la coctelera con hielo picado y agitar bien. Colar en un vaso bajo lleno de cubitos.

ANKLE BREAKER

4 partes de ron de 80% vol. alcohol (60 ml)
2 partes de brandy de cereza (30 ml)
2 partes de zumo natural de lima (30 ml)
1 cdta. de almíbar (opcional)

Mezclar todos los ingredientes en la coctelera con hielo picado y agitar bien. Colar en un vaso bajo helado.

ANNABELLE SPECIAL

4 partes de Bénédictine (60 ml)
1/2 parte de vermut seco (7,5 ml)
1/2 parte de zumo natural de lima (7,5 ml)

Mezclar todos los ingredientes en el vaso mezclador con hielo picado y agitar bien. Colar en una copa de cóctel helada.

ANNA'S BANANA

4 partes de vodka (60 ml)
2 partes de zumo natural de lima (30 ml)
1 plátano pequeño, pelado y cortado en láminas finas
1 cdta. de miel (o jarabe de almendra)
Rodaja de lima

Poner todos los ingredientes, menos la rodaja de lima, en una batidora con hielo picado (125 ml). Mezclar a velocidad media unos 10-15 segundos. Verter en una copa de vino blanco helada y adornar con la lima.

ANTIBES

4 partes de ginebra (60 ml)
1 1/2 partes de Bénédictine (22,5 ml)
5 partes de zumo de pomelo (75 ml)
Rodaja de naranja

Agitar bien todos los ingredientes, menos la rodaja de naranja, en el vaso mezclador con hielo picado. Verter en un vaso bajo helado y adornar con la naranja.

APERITIVO

4 partes de ginebra (60 ml)
3 partes de Sambuca blanco (45 ml)
3-5 chorritos de orange bitter

Mezclar los ingredientes con hielo picado y agitar bien. Colar en una copa de cóctel helada.

APPETIZER

6 partes de vino tipo Dubonnet (90 ml)
Zumo de 1 naranja, recién exprimido

Mezclar el vino y el zumo en el vaso mezclador con hielo picado y agitar bien. Colar en una copa de cóctel helada.

APPLE ANNIE FRUIT PUNCH

1 l de brandy de manzana
6 partes de licor de frambuesa (90 ml)
20 partes de zumo natural de naranja (300 ml)
16 partes de zumo natural de pomelo (240 ml)
4 partes de zumo natural de limón (60 ml)
1 l de ginger ale
1 l de soda o soda de lima-limón
1 naranja, en rodajas finas
1 manzana, en rodajas finas
1 limón, en rodajas finas
12-15 frambuesas

Mezclar bien los licores de manzana y frambuesa y los zumos en una ponchera. Añadir un bloque de hielo y aderezar con la fruta fresca.
Añadir las sodas en el momento antes de servir y remover otra vez.
Para 20 personas.

APPLE BLOSSOM

4 partes de brandy (60 ml)
3 partes de zumo de piña (45 ml)
1 cdta. de zumo de limón
Rodaja de limón

Agitar bien todos los ingredientes, menos la rodaja de limón, en el vaso mezclador. Verter en un vaso bajo helado lleno de cubitos y adornar con el limón.

APPLE BLOW FIZZ

6 partes de brandy de manzana o applejack (90 ml)
1 cdta. de almíbar
1/2 cdta. de zumo natural de limón
1 clara de huevo
Soda

Agitar bien todos los ingredientes, menos la soda, en la coctelera con hielo picado. Colar en un vaso alto helado lleno de cubitos y acabar de llenar con soda.

APPLE BRANDY COCKTAIL

4 partes de brandy de manzana (60 ml)
1 cdta. de granadina
1 cdta. de zumo de limón

Mezclar todos los ingredientes en la coctelera con hielo picado y agitar bien. Colar en una copa de cóctel helada.

APPLE BRANDY COOLER

4 partes de brandy (60 ml)
2 partes de ron blanco (30 ml)
2 partes de ron añejo (30 ml)
8 partes de zumo de manzana (120 ml)
1 cdta. de almíbar
1 parte de zumo natural de lima (15 ml)
1 rodaja de lima

Mezclar y agitar bien todos los ingredientes, menos el ron añejo y la rodaja de lima, en la coctelera con hielo picado. Verter en un vaso collins helado Acabar de llenar con el ron añejo y adornar con la lima.

APPLE BRANDY HIGHBALL

4 partes de brandy de manzana (60 ml)
Soda
1 espiral de piel de limón

Verter el brandy en un vaso alto lleno de cubitos. Acabar de llenar con soda. Añadir la espiral de limón y mezclar bien.

APPLE CART

2 partes de brandy de manzana (30 ml)
1 1/2 partes de Cointreau (22, 5 ml)
1 parte de zumo natural de limón (15 ml)

Mezclar todos los ingredientes en el vaso mezclador y agitar bien. Verter en un vaso bajo helado lleno de cubitos.

APPLE DAIQUIRI

4 partes de ron blanco (60 ml)
1 1/2 partes de Calvados (22,5 ml)
1 parte de zumo de limón (15 ml)
1 cdta. de almíbar (al gusto)
1 rodaja de manzana

Mezclar y agitar bien todos los ingredientes, menos la manzana, en la coctelera con hielo picado. Colar en una copa de cóctel helada y adornar con la rodaja de manzana.

APPLE DUBONNET

4 partes de brandy de manzana (60 ml)
3 partes de Dubonnet tinto (45 ml)
1 rodaja de limón

Mezclar y agitar bien todos los ingredientes, menos el limón, en la coctelera con hielo picado. Colar en un vaso bajo helado y adornar con la rodaja de limón.

APPLE FIZZ

4 partes de brandy de manzana (60 ml)
8 partes de zumo de manzana (120 ml)
1/2 cdta. de zumo natural de lima
Soda
1 rodaja de lima

Verter todos los ingredientes en un vaso alto helado lleno de cubitos. Remover despacio y adornar con la lima.

APPLE FRAZZLE

8 partes de zumo de manzana (120 ml)
1 cdta. de almíbar
1/2 cdta. de zumo natural de limón
Soda

Mezclar y agitar bien todos los ingredientes, menos la soda, en la coctelera con hielo picado. Colar en un vaso alto helado lleno de cubitos y acabar de llenar con soda.

APPLE PIE

4 partes de ron blanco (60 ml)
1 1/2 partes de brandy de manzana (22,5 ml)
1 parte de vermut dulce (15 ml)
1 cdta. de zumo de limón
1 chorrito de brandy de albaricoque
1 chorrito de granadina

Mezclar todos los ingredientes en la coctelera con hielo picado y agitar bien. Colar en una copa de cóctel helada. (Nota: En esta receta también puede usarse la batidora. Mezclar unos 10 segundos a velocidad media.)

APPLE RUM RICKEY

2 partes de brandy de manzana (30 ml)
1 parte de ron blanco (15 ml)
Soda
1 espiral de piel de lima

En la coctelera, mezclar el ron y el brandy con hielo picado. Agitar bien. Colar en un vaso alto helado lleno de cubitos. Acabar de llenar con soda y la espiral de lima.

APPLE SWIZZLE

4 partes de brandy de manzana (60 ml)
3 partes de ron blanco (45 ml)
1 parte de zumo natural de lima (15 ml)
1 cdta. de almíbar
2-3 chorritos de angostura

Mezclar todos los ingredientes en el vaso mezclador lleno de hielo picado. Servir en un vaso bajo helado.

APPLEJACK COLLINS

4 partes de applejack o brandy de manzana (60 ml)
2 partes de zumo natural de limón (30 ml)
1/2 cdta. de azúcar
3-5 chorritos de orange bitter
Soda
1 rodaja de limón

Verter hielo picado y todos los ingredientes, menos la soda y la rodaja, en la batidora. Mezclar a velocidad media unos 10 segundos. Verter en un vaso collins y acabar de llenar con soda. Remover despacio. Adornar con la rodaja de limón.

APPLEJACK DAISY

4 partes de applejack o brandy de manzana (60 ml)
2 partes de zumo natural de lima (30 ml)
1/2 cdta. de azúcar
1/2 cdta. de granadina
1 rodaja de limón
1 guinda

Mezclar y agitar bien todos los ingredientes, menos el limón y la guinda, en la coctelera con hielo picado. Colar en una copa de cóctel helada y adornar con las frutas.

APPLEJACK MANHATTAN

4 partes de applejack o brandy de manzana (60 ml)
1 parte de vermut dulce (15 ml)
1 chorrito de orange bitter
1 guinda

Mezclar todos los ingredientes líquidos en el vaso mezclador lleno de hielo picado y agitar bien. Colar en una copa de cóctel helada. Adornar con los bitters y la guinda.

APPLEJACK SOUR

4 partes de applejack o brandy de manzana (60 ml)
2 partes de zumo natural de limón (30 ml)
1/2 cdta. de azúcar
1 rodaja de limón

Mezclar y agitar bien todos los ingredientes, menos la rodaja de limón, en la coctelera con hielo picado. Colar en una copa de cóctel helada y adornar con la rodaja de limón.

APRICOT COCKTAIL

2 partes de brandy de albaricoque (30 ml)
1 Cda. de vodka u otro licor neutro
1 Cda. de zumo natural de limón
1 Cda. de zumo natural de naranja

Mezclar todos los ingredientes en la coctelera con hielo picado y agitar bien. Colar en una copa de cóctel helada.

APRICOT FIZZ

4 partes de brandy de albaricoque (60 ml)
2 partes de zumo natural de limón (30 ml)
1 cdta. de almíbar
Soda
1 espiral de piel de limón

Mezclar y remover bien todos los ingredientes, menos la soda y la espiral de limón, en el vaso mezclador lleno de hielo picado. Colar en un vaso alto helado lleno de cubitos. Acabar de llenar con soda y remover otra vez. Adornar con la espiral de limón.

APRICOT LADY

3 partes de ron blanco (45 ml)
2 partes de brandy de albaricoque (30 ml)
1/2 cdta. de Triple Sec
1 Cda. de zumo natural de lima
1 clara de huevo
1 rodaja de naranja

Mezclar y agitar bien todos los ingredientes, menos la naranja, en la coctelera con hielo picado. Colar en un vaso bajo lleno de cubitos y adornar con la rodaja de naranja.

APRICOT SHAKE

6 partes de néctar de albaricoque (90 ml)
4 partes de zumo de piña (60 ml)
2 partes de zumo natural de lima (30 ml)
2 partes de jarabe de cereza (30 ml)

Mezclar todos los ingredientes con hielo picado en la batidora hasta que esté cremoso. Verter en un vaso collins helado.

APRICOT SOUR

4 partes de brandy de albaricoque (60 ml)
2 partes de zumo natural de limón (30 ml)
1/2 cdta. de azúcar
1 rodaja de limón

Mezclar y agitar bien todos los ingredientes, menos la rodaja de limón, en la coctelera con hielo picado. Colar en una copa de cóctel helada y adornar con el limón.

APRICOT SPARKLER

4 partes de néctar de albaricoque (60 ml)
2 partes de zumo natural de limón (30 ml)
Soda
1 espiral de piel de limón

Mezclar y agitar bien todos los ingredientes, menos la soda, en el vaso mezclador con hielo picado. Colar en un vaso alto helado lleno de cubitos. Acabar de llenar con soda y remover otra vez. Adornar con la espiral de limón.

AQUEDUCT COCKTAIL

4 partes de vodka (60 ml)
1 1/2 cdta. de Curaçao blanco
1 cdta. de brandy de albaricoque
1 cdta. de zumo natural de lima
1 cdta. de zumo natural de limón
1 espiral de piel de limón

Mezclar y agitar bien todos los ingredientes, menos la espiral de limón, en la coctelera con hielo picado. Colar en una copa de cóctel helada y adornar con la espiral.

ARAWAK CUP

4 partes de ron añejo (60 ml)
1 parte de zumo de piña (15 ml)
1 parte de jarabe de fruta de la pasión (15 ml)
1 parte de zumo natural de lima (15 ml)
1 cdta. de jarabe de almendra
1 trozo de piña

Mezclar y agitar bien todos los ingredientes, menos la piña natural, en la coctelera con hielo picado. Colar en una copa de cóctel helada y adornar con la piña.

ARTILLERY COCKTAIL

4 partes de ginebra (60 ml)
1 parte de vermut dulce (15 ml)

Mezclar el vermut y la ginebra en la coctelera con hielo picado. Agitar bien. Colar en una copa de cóctel helada.

ARTILLERY PUNCH

1 l de bourbon o whisky rye
1 l de vino tinto
500 ml de ron añejo
250 ml de brandy de albaricoque
250 ml de ginebra
1 l de té negro cargado
500 ml de zumo natural de naranja
125 ml de zumo natural de limón
125 ml de zumo natural de lima
1/4 de taza de azúcar
1 limón, en rodajas finas
1 lima, en rodajas finas

Mezclar todos los ingredientes, menos las rodajas de fruta, y enfriar en la nevera una hora como mínimo. Antes de servir, verter en una ponchera, añadir un bloque de hielo y aderezar con rodajas de lima y limón. Para 30 ó 35 personas.

ARUBA

4 partes de ginebra (60 ml)
1 parte de Curaçao blanco (15 ml)
2 partes de zumo natural de limón (30 ml)
1/2 clara de huevo
1 cdta. de jarabe de almendra

Mezclar todos los ingredientes en la coctelera con hielo picado y agitar bien. Colar en una copa de cóctel helada.

AVIATION

4 partes de ginebra (60 ml)
1 parte de zumo natural de limón (15 ml)
1/2 cdta. de licor de marrasquino
1/2 cdta. de brandy de albaricoque

Mezclar todos los ingredientes en la coctelera con hielo picado y agitar bien. Colar en una copa de cóctel helada.

AZTEC PUNCH

2 l de tequila blanco
2 l de zumo de pomelo
125 ml de Curaçao blanco
1 l de té negro cargado, frío
125 ml de zumo natural de limón
80 ml de jarabe de almendra
15 ml de orange bitter
2 cdtas. de canela molida

Mezclar bien todos los ingredientes en una ponchera. Añadir un bloque de hielo. Para 40 personas.

B

BABBIE'S SPECIAL COCKTAIL

4 partes de brandy de albaricoque (60 ml)
2 partes de half-and-half (30 ml)
1 cdta. de ginebra

Mezclar todos los ingredientes en la coctelera con hielo picado y agitar bien. Colar en una copa de cóctel helada.

BABY BELLINI

Sidra espumosa, fría
4 partes de néctar de melocotón (60 ml)
2 partes de zumo natural de limón (30 ml)

Verter los zumos de fruta en una copa flauta. Mezclar bien. Añadir sidra hasta arriba y remover otra vez despacio.

BACHELOR'S BAIT

4 partes de ginebra (60 ml)
3 chorritos de orange bitter
3/4 de cdta. de granadina
1 clara de huevo

Mezclar todos los ingredientes en la coctelera con hielo picado y agitar bien. Colar en una copa de cóctel helada.

BAHAMA MAMA

2 partes de ron añejo (30 ml)
2 partes de ron blanco (30 ml)
2 partes de ron dorado (30 ml)
2 partes de licor de coco (30 ml)
4 partes de zumo natural de naranja (60 ml)
4 partes de zumo de piña (60 ml)
1 parte de zumo natural de limón(15 ml)
2 chorritos de granadina
1 guinda
1 rodaja de naranja

Poner todos los ingredientes líquidos y cubitos en la coctelera. Agitar bien. Verter en un vaso collins y adornar con la fruta.

BAIRN

4 partes de Scotch (60 ml)
2 partes de Cointreau (30 ml)
3-5 chorritos de orange bitters

Mezclar todos los ingredientes en la coctelera con hielo picado y agitar bien. Colar en una copa de cóctel helada.

BALI HAI

4 partes de ron blanco (60 ml)
2 partes de aguardiente (30 ml)
4 partes de zumo natural de limón (60 ml)
4 partes de zumo natural de lima (60 ml)
1 cdta. de jarabe de almendra
1 cdta. de granadina
Champaña o cava

Mezclar todos los ingredientes, menos el champaña, en la coctelera con hielo picado. Agitar bien. Verter en un vaso collins helado y acabar de llenarlo con champaña.

BALLYLICKEY BELT

4 partes de whiskey irlandés (60 ml)
3/4 de cdta. de miel
Soda fría
1 espiral de piel de limón

Mezclar la miel con un poco de agua en un vaso bajo helado hasta que se disuelva. Añadir el whiskey y los cubitos. Acabar de llenarlo con soda y remover despacio. Adornar con la espiral de piel de limón.

BALMORAL COCKTAIL

4 partes de Scotch (60 ml)
1 parte de Dubonnet tinto (15 ml)
1 parte de Dubonnet blanco (15 ml)
3 chorritos de angostura

Mezclar todos los ingredientes en el vaso mezclador con hielo picado y agitar bien. Colar en una copa de cóctel helada.

BALTIMORE BRACER

3 partes de brandy (45 ml)
2 partes de anisette o Pernod (30 ml)
1 clara de huevo

Mezclar todos los ingredientes en la coctelera con hielo picado. Agitar enérgicamente. Colar en una copa de cóctel helada.

BALTIMORE EGGNOG

4 partes de brandy (60 ml)
2 partes de ron añejo (30 ml)
2 partes de Madeira (30 ml)
12 partes de half-and-half (180 ml)
1 huevo
1 cdta. de azúcar
Nuez moscada, recién rallada

Poner todos los ingredientes, menos la nuez moscada, con hielo picado en una batidora. Mezclar a velocidad media unos 10 segundos. Verter en un vaso collins helado y espolvorear con nuez moscada.

BAMBOO COCKTAIL

4 partes de jerez seco (60 ml)
1 parte de vermut seco (15 ml)
1 chorrito de orange bitter

Mezclar todos los ingredientes con cubitos en una copa de cóctel helada.

BANANA DAIQUIRI

4 partes de ron blanco (60 ml)
1 parte de Triple Sec (15 ml)
1 parte de zumo natural de lima (15 ml)
1 parte de half-and-half (15 ml)
1 cdta. de azúcar
1/4 de plátano en rodajas
1 rodaja de lima

Poner todos los ingredientes, menos la rodaja de lima, en una batidora con media taza de hielo picado. Mezclar a velocidad mínima hasta que se unan. Verter en una copa de vino blanco helada y adornar con la rodaja de lima.

BANANA ITALIANO

3 partes de Galliano (45 ml)
2 partes de crema de plátano (30 ml)
2 partes de half-and-half (30 ml)

Poner todos los ingredientes en la batidora con hielo picado. Mezclar hasta que se unan. Colar en una copa de cóctel helada.

BANANA MILK SHAKE

4 partes de ron blanco (60 ml)
2 partes de licor de plátano (30 ml)
4 partes de half-and-half (60 ml)
1 chorrito de granadina
1 rodaja de plátano
Nuez moscada, recién rallada

Mezclar los ingredientes líquidos en la coctelera con hielo picado y agitar bien. Colar en una copa de cóctel helada Adornar con el plátano y espolvorear con nuez moscada.

BANANA RUM FRAPPÉ

2 partes de ron blanco (30 ml)
1 parte de licor de plátano (15 ml)
1 parte de zumo natural de naranja (15 ml)
1 rodaja de plátano

Poner todos los ingredientes, menos la rodaja de plátano, con hielo picado en una batidora. Mezclar al máximo unos 10 segundos o hasta que se unan.

BANFF COCKTAIL

4 partes de whisky de Canadá (60 ml)
1 parte de Grand Marnier (15 ml)
1 parte de kirschwasser (15 ml)
1 chorrito de angostura

Mezclar todos los ingredientes en la coctelera con hielo picado y agitar bien. Colar en una copa de cóctel helada.

BANSHEE

4 partes de crema de plátano (60 ml)
2 partes de crema de cacao blanca (30 ml)
1 parte de half-and-half (15 ml)

Mezclar todos los ingredientes en la coctelera con hielo picado y agitar bien. Colar en una copa de cóctel helada.

BARBADOS PLANTER'S PUNCH

6 partes de ron dorado (90 ml)
2 partes de zumo natural de lima (30 ml)
1/2 cdta. de azúcar
1 chorrito de orange bitters
Soda
1 rodaja de plátano
1 rodaja de naranja
1 guinda
Nuez moscada, recién rallada

Mezclar todos los ingredientes, menos las frutas y la nuez moscada, con hielo picado en la coctelera. Agitar bien. Verter en un vaso collins helado. Adornar con la fruta y la nuez moscada.

BARBARELLA

4 partes de Cointreau (60 ml)
2 partes de Sambuca blanco (30 ml)

Mezclar todos los ingredientes en la coctelera con hielo picado y agitar bien. Colar en un vaso bajo helado.

BARBARY COAST

2 partes de ron blanco (30 ml)
1 parte de ginebra (15 ml)
1 parte de Scotch (15 ml)
1 parte de crema de cacao blanca (15 ml)
1 parte de half-and-half (15 ml)

Mezclar todos los ingredientes en la coctelera con hielo picado y agitar bien. Colar en una copa de cóctel helada.

BARNUM

4 partes de ginebra (60 ml)
1 parte de brandy de albaricoque (15 ml)
3-5 chorritos de angostura
3-5 chorritos de zumo natural de limón

Mezclar todos los ingredientes en la coctelera con hielo picado y agitar bien. Colar en una copa de cóctel helada.

BARTON SPECIAL

4 partes de brandy de manzana o Calvados (60 ml)
2 partes de ginebra (30 ml)
2 partes de Scotch (30 ml)
1 espiral de piel de limón

Mezclar y agitar bien todos los ingredientes, menos la piel de limón, en la coctelera con hielo picado.
Colar en un vaso bajo helado lleno de cubitos. Adornar con la espiral de piel de limón.

BATIDA DE PIÑA

6 partes de ron blanco (90 ml)
2/3 de taza de piña natural triturada (si se usa piña enlatada, que sea la envasada con su zumo natural)
1/2 cdta. de azúcar
1 ramita de menta fresca

Poner todos los ingredientes en la batidora con hielo picado, excepto la menta. Mezclar a velocidad máxima hasta que se unan sin que quede aguado. Verter en un vaso bajo grande helado. Adornar con la menta.

BAYARD FIZZ

4 partes de ginebra (60 ml)
1 Cda. de licor de marrasquino
1 Cda. de zumo natural de lima
1 cdta. de jarabe de frambuesa
Soda
Frambuesas frescas

Mezclar todos los ingredientes, menos la soda y las frambuesas, en la coctelera con cubitos y agitar bien. Colar en un vaso alto helado lleno de cubitos, acabar de llenarlo con soda y adornar con las frambuesas.

BEACHCOMBER

BEACHBUM

4 partes de ron blanco (60 ml)
1 1/2 partes de Triple Sec (22,5 ml)
1 1/2 partes de zumo natural de lima (22,5 ml)
1 chorrito de granadina

Mojar con una rodaja de lima el borde de una copa de cóctel helada y pasarlo por azúcar. Mezclar todos los ingredientes en la coctelera y agitar bien. Colar en la copa.

BEACHCOMBER

10 partes de néctar de guayaba (150 ml)
2 partes de jarabe de frambuesa (30 ml)
4 partes de partes de zumo natural de lima (60 ml)

Mezclar todos los ingredientes en la coctelera con hielo picado. Agitar bien y verter en un vaso collins helado.

BEACHCOMBER'S GOLD

4 partes de ron blanco (60 ml)
1 parte de vermut seco (15 ml)
1 parte de vermut dulce (15 ml)

Mezclar todos los ingredientes en la coctelera con hielo picado y agitar bien. Colar en una copa de cóctel helada llena de hielo picado.

BEADLESTONE

4 partes de Scotch (60 ml)
3 partes de vermut seco (45 ml)

Remover los ingredientes en el vaso mezclador lleno de cubitos y colar en una copa de cóctel helada.

BEAUTY SPOT

4 partes de ginebra (60 ml)
1 parte de vermut seco (15 ml)
1 parte de vermut dulce (15 ml)
2 cdta. de zumo natural de naranja
2 chorritos de granadina

Rociar el fondo de una copa de cóctel helada con granadina. Mezclar todos los ingredientes en la coctelera con hielo picado y agitar bien. Colar en la copa.

BEER BUSTER

1 botella de cerveza helada
4 partes de vodka helada (60 ml)
Tabasco, al gusto

Verter todos los ingredientes en una jarra de cerveza helada y remover despacio.

BEE'S KISS

4 partes de ron blanco (60 ml)
1 cdta. de miel
1 cdta. de half-and-half

Mezclar todos los ingredientes en la coctelera con hielo picado y agitar enérgicamente. Colar en una copa de cóctel helada llena de cubitos.

BEE'S KNEES

BEE'S KNEES

4 partes de ron dorado (60 ml)
1 parte de zumo natural de naranja (15 ml)
1 parte de zumo natural de lima (15 ml)
1/2 cdta. de azúcar
3-5 chorritos de Curaçao blanco
Piel de naranja

Mezclar todos los ingredientes, menos la piel de naranja, en la coctelera con hielo picado y agitar bien. Colar en una copa de cóctel helada y adornar con la piel de naranja.

BELLINI

Champaña helado (o cava)
4 partes de néctar de melocotón (60 ml)
1 parte de zumo natural de limón (15 ml)

Verter los zumos en una copa flauta helada. Remover bien. Añadir champaña hasta arriba. Remover otra vez despacio.

BELMONT

4 partes de ginebra (60 ml)
1 parte de jarabe de frambuesa (15 ml)
1 1/2 partes de half-and-half (22,5 ml)

Remover todos los ingredientes con hielo picado en el vaso mezclador. Colar en una copa de cóctel helada.

BELLINI

BELMONT STAKES

4 partes de vodka (60 ml)
2 partes de ron dorado (30 ml)
1 parte de licor de fresa (15 ml)
1 parte de zumo natural de lima (15 ml)
1 cdta. de granadina
1 rodaja de lima
1 rodaja de naranja

Mezclar todos los ingredientes líquidos en la coctelera con hielo picado y agitar bien. Colar en una copa de cóctel helada y adornar con la fruta.

BENNETT

4 partes de ginebra (60 ml)
1 parte de zumo natural de lima (15 ml)
1/2 cdta. de azúcar
3 chorritos de angostura

Mezclar todos los ingredientes en la coctelera con hielo picado y agitar bien. Colar en una copa de cóctel helada.

BELMONT STAKES

BENTLEY COCKTAIL

4 partes de brandy de manzana o Calvados (60 ml)
2 partes de Dubonnet tinto (30 ml)
1 espiral de piel de limón

Mezclar todos los ingredientes líquidos en el vaso mezclador con hielo picado. Colar en una copa de cóctel helada y adornar con la espiral de limón.

BERMUDA BOUQUET

4 partes de ginebra (60 ml)
2 partes de brandy de albaricoque (30 ml)
1 parte de zumo natural de limón (15 ml)
1 parte de zumo natural de naranja (15 ml)
1 cdta. de azúcar
1 cdta. de granadina
1 cdta. de Cointreau
1 espiral de piel de naranja

Mezclar y agitar bien todos los ingredientes, menos la piel de naranja, en la coctelera con cubitos y agitar bien. Verter en un vaso alto helado. Añadir más hielo si es necesario. Adornar con la espiral de naranja.

BERMUDA HIGHBALL

3 partes de ginebra (45 ml)
2 partes de brandy (30 ml)
2 partes de vermut seco (30 ml)
Soda
1 espiral de piel de limón

Verter los licores en un vaso alto helado lleno de cubitos. Remover bien. Acabar de llenar con soda, añadir la espiral de piel de limón y remover despacio otra vez.

BERMUDA ROSE

4 partes de ginebra (60 ml)
1 Cda. de zumo natural de lima
2 cdtas. de brandy de albaricoque
2 cdtas. de granadina

Agitar bien todos los ingredientes en la coctelera con hielo picado. Colar en un vaso bajo helado lleno de cubitos.

BERTA'S SPECIAL

4 partes de tequila (60 ml)
1 cdta. de miel
1 clara de huevo
5-7 chorritos de orange bitter
Zumo de una lima
Soda
1 rodaja de lima

Mezclar todos los ingredientes, menos la soda y la rodaja de lima, en la coctelera. Agitar enérgicamente. Verter en un vaso collins helado lleno de cubitos y acabar de llenarlo con soda. Adornar con la rodaja de lima.

BETSY ROSS

3 partes de brandy (45 ml)
3 partes de oporto (45 ml)
1/2 cdta. de azúcar
1 yema de huevo
3-5 chorritos de Triple Sec
3-5 chorritos de angostura
Nuez moscada, recién rallada

Mezclar y agitar enérgicamente todos los ingredientes, menos la nuez moscada, en la coctelera con hielo picado. Colar en una copa de cóctel helada y espolvorear con nuez moscada.

BETWEEN THE SHEETS

4 partes de brandy o coñac (60 ml)
3 partes de ron blanco (45 ml)
1 parte de Curaçao blanco (15 ml)
1 parte de zumo natural de limón (15 ml)

Mezclar todos los ingredientes en la coctelera con hielo picado y agitar bien. Colar en una copa de cóctel helada.

BEVERLY HILLS

4 partes de Triple Sec (60 ml)
2 partes de coñac (30 ml)
1 parte de licor de café (15 ml)

Mezclar todos los ingredientes en la coctelera con hielo picado y agitar bien. Colar en una copa de cóctel helada.

BIFFY COCKTAIL

4 partes de ginebra (60 ml)
2 partes de ponche sueco (30 ml)
2 partes de zumo natural de limón (30 ml)

Mezclar todos los ingredientes en la coctelera y agitar bien. Colar en un vaso bajo helado.

BIG APPLE

4 partes de brandy de manzana (60 ml)
1 parte de amaretto (15 ml)
6 partes de zumo de manzana (90 ml)
1 Cda. de puré de manzana
Canela molida

Poner todos los ingredientes, menos la canela, en la batidora con hielo. Mezclar a velocidad media hasta que se unan. Verter en una copa parfait helada y espolvorear con canela.

BIJOU COCKTAIL

3 partes de ginebra (45 ml)
2 partes de Chartreuse verde (30 ml)
2 partes de vermut dulce (30 ml)
1 chorrito de orange bitter
Piel de limón (opcional)
1 guinda (opcional)

Remover los ingredientes líquidos en el vaso mezclador con hielo picado. Colar en una copa de cóctel helada. Adornar con la piel de limón y/o la guinda.

BIG APPLE

BILLY TAYLOR

4 partes de ginebra (60 ml)
3 partes de zumo natural de lima (45 ml)
1/2 cdta. de azúcar
Soda

Mezclar todos los ingredientes, menos la soda, en la coctelera con hielo picado y agitar bien. Colar en un vaso collins helado lleno de cubitos. Acabar de llenarlo con soda y remover otra vez despacio.

BIRD OF PARADISE COOLER

4 partes de ginebra (60 ml)
2 partes de zumo natural de limón (30 ml)
1 cdta. de azúcar
1 cdta. de granadina
1 clara de huevo
Soda

Mezclar todos los ingredientes, menos la soda, en la coctelera con hielo picado y agitar enérgicamente. Colar en un vaso alto helado lleno de cubitos, acabar de llenarlo con soda y remover despacio.

BLACK DOG

BISCAYNE COCKTAIL

4 partes de ginebra (60 ml)
2 partes de ron blanco (30 ml)
2 partes de zumo de manzana (30 ml)
2 partes de zumo natural de lima (30 ml)
1 rodaja de lima

Mezclar todos los ingredientes líquidos en la coctelera con hielo picado y agitar bien. Colar en una copa de cóctel helada y adornar con la lima.

BISHOP

4 partes de zumo natural de naranja (60 ml)
4 partes de zumo natural de limón (60 ml)
1 cdta. de azúcar
Cabernet Sauvignon u otro vino tinto con cuerpo
1 rodaja de naranja
1 rodaja de limón

Remover los zumos y el azúcar en el vaso mezclador. Colar en un vaso alto helado lleno de cubitos y acabar de llenarlo con vino tinto. Remover otra vez y adornar con los cítricos.

BITE OF THE APPLE

10 partes de zumo de manzana (150 ml)
2 partes de zumo natural de lima (30 ml)
1 parte de jarabe de almendra (15 ml)
1 Cda. de puré de manzana sin azúcar
Canela molida

Mezclar y agitar bien todos los ingredientes, menos la canela, en una batidora con hielo. Mezclar a velocidad media hasta que se unan. Verter en un vaso de cerveza helado y espolvorear con canela.

BITTERSWEET COCKTAIL

3 partes de vermut seco (45 ml)
3 partes de vermut dulce (45 ml)
3 chorritos de angostura
3 chorritos de orange bitter
1 espiral de piel de naranja

Mezclar y agitar bien todos los ingredientes, menos la espiral, en la coctelera con hielo picado. Agitar bien y colar en un vaso bajo helado lleno de cubitos. Adornar con la espiral de naranja.

BLACK AND TAN

Ginger ale helado
Cerveza de jengibre helada
1 rodaja de lima

Verter partes iguales de cada bebida en un vaso de cerveza helado. No remover. Adornar con la lima.

BLACK DEVIL

4 partes de ron blanco (60 ml)
1 parte de vermut seco (15 ml)
1 aceituna negra sin hueso

Remover el vermut y el ron en el vaso mezclador con hielo picado. Colar en una copa de cóctel helada y adornar con la aceituna.

BLACK DOG

6 partes de bourbon (90 ml)
2 partes de vermut seco (30 ml)
1 parte de brandy de mora (15 ml)

Mezclar todos los ingredientes en el vaso mezclador con hielo picado y remover bien. Colar en un vaso bajo lleno de cubitos.

BLACK HAWK

4 partes de whisky blended (60 ml)
2 partes de Sloe Gin (30 ml)

Mezclar todos los ingredientes en el vaso mezclador con hielo picado y agitar bien. Colar en una copa de cóctel helada.

BLACK JACK

4 partes de brandy (60 ml)
1 parte de kirschwasser (15 ml)
3 partes de café frío (45 ml)
1 espiral de piel de limón

Remover todos los ingredientes líquidos en el vaso mezclador con hielo picado. Colar en un vaso bajo helado lleno de cubitos. Adornar con la espiral de limón.

BLACK MAGIC

4 partes de vodka (60 ml)
2 partes de licor de café (30 ml)
1-2 chorritos de zumo natural de limón

Mezclar todos los ingredientes en el vaso mezclador. Colar en un vaso bajo helado lleno de cubitos.

BLACK MARIA

4 partes de licor de café (60 ml)
4 partes de ron blanco (60 ml)
8 partes de café frío (120 ml)
1 cdta. de azúcar

Remover los ingredientes en una copa de coñac grande. Añadir hielo picado.

BLACK RUSSIAN

4 partes de vodka (60 ml)
2 partes de licor de café (30 ml)

Servir en un vaso bajo helado lleno de cubitos. Remover.

BLACK STRIPE

6 partes de ron añejo (90 ml)
2 cdtas. de melaza
8 partes de agua hirviendo (120 ml)
1 espiral de piel de limón
Canela en rama
Nuez moscada, recién rallada

Disolver la melaza en la taza con un poco de agua hirviendo.
Añadir la rama de canela, la espiral de limón y el resto del agua.
Verter el ron encima y flambear unos segundos. Remover para apagar las llamas. Espolvorear con nuez moscada.

BLACK JACK

BLACK STRIPE

BLACKTHORN

4 partes de whiskey irlandés (60 ml)
3 partes de vermut seco (45 ml)
3-5 chorritos de Pernod
3-5 chorritos de angostura

Mezclar todos los ingredientes en el vaso mezclador con hielo picado. Servir en un vaso bajo helado.

BLACK VELVET

250 ml de Champaña o cava helado
250 ml de cerveza stout o dark porter helados

Verter lentamente ambos ingredientes al mismo tiempo en un vaso alto helado. No remover.

BLANCHE

2 partes de anisette o Pernod (30 ml)
2 partes de Cointreau (30 ml)
1 parte de Curaçao blanco (15 ml)

Mezclar todos los ingredientes en la coctelera con hielo picado y agitar bien. Colar en una copa de cóctel helada.

BLENDED COMFORT

4 partes de bourbon (60 ml)
2 partes de Southern Comfort (30 ml)
1 parte de vermut seco (15 ml)
2 partes de zumo natural de limón (30 ml)
1/2 cdta. de azúcar
Rodajas de melocotón

Poner todos los ingredientes, menos el melocotón, en la batidora con hielo picado. Mezclar a velocidad mínima hasta que se unan. Verter en un vaso collins helado lleno de cubitos. Adornar con melocotón.

BLINKER

4 partes de whisky rye (60 ml)
5 partes de zumo de pomelo (75 ml)
1 cdta. de granadina

Mezclar todos los ingredientes en la coctelera con hielo picado y agitar bien. Colar en un vaso alto helado.

BLIZZARD

6 partes de bourbon (90 ml)
2 partes de zumo de arándanos (30 ml)
1 Cda. de zumo natural de limón
1 Cda. de azúcar

Agitar bien todos los ingredientes en la coctelera con hielo picado. Servir en un vaso alto helado.

BLOOD AND SAND

2 partes de Scotch (30 ml)
1 parte de kirschwasser (15 ml)
1 parte de vermut dulce (15 ml)
1 parte de zumo natural de naranja (15 ml)

Agitar todos los ingredientes en la coctelera con hielo picado. Colar en una copa de cóctel helada.

BLOODHOUND

4 partes de ginebra (60 ml)
2 partes de vermut seco (30 ml)
2 partes de vermut dulce (30 ml)
3 fresas, sin los rabos y partidas por la mitad

Poner todos los ingredientes en la batidora con hielo picado. Mezclar a velocidad mínima hasta que se unan sin que quede aguado. Servir en una copa de cóctel helada.

BLOODY BREW

4 partes de vodka (60 ml)
6 partes de cerveza (90 ml)
8 partes de zumo de tomate (120 ml)
Sal, al gusto
1 banderilla

Mezclar todos los ingredientes, excepto la banderilla, en un vaso alto helado lleno de hielo. Adornar con la banderilla.

BLOODY BULL

4 partes de vodka (60 ml)
8 partes de zumo de tomate (120 ml)
8 partes de caldo de carne frío (120 ml)
1 parte de zumo de lima (15 ml)
Tabasco, al gusto
Pimienta recién molida, al gusto
1 rodaja de lima

Mezclar y agitar bien todos los ingredientes, menos la pimienta y la rodaja de lima en la coctelera con hielo picado. Colar en un vaso alto helado, lleno de cubitos. Espolvorear con pimienta y adornar con la lima.

BLOODY MARY

4 partes de vodka (60 ml)
12 partes de zumo de tomate (180 ml)
1/2 cdta. de zumo natural de limón
1/2 cdta. de salsa Worcester
1/2 cdta. de rábano picante
Tabasco, al gusto
Pimienta recién molida, al gusto
Sal, al gusto
1 rodaja de lima

Poner todos los ingredientes, menos la rodaja de lima, en la coctelera con hielo picado. Agitar suavemente. Colar en un vaso alto helado y adornar con la lima. Añadir las especias, al gusto.

BLUE ANGEL

2 partes de brandy (30 ml)
1 parte de Curaçao azul (15 ml)
1 parte de licor de vainilla (15 ml)
1 parte de half-and-half (15 ml)
1 chorrito de zumo de limón

Mezclar todos los ingredientes en la coctelera con hielo picado y agitar bien. Colar en una copa de cóctel helada.

BLUE BLAZER FOR TWO

10 partes de Scotch o whisky blended (150 ml)
10 partes de agua hirviendo (150 ml)
2 cdtas. de azúcar
2 pieles de limón

Calentar las tazas llenándolas con agua hirviendo y dejarlas así unos 5 minutos. Vaciarlas.
Verter el Scotch en una taza y el agua hirviendo en la otra. Encender el whisky. Mientras el whisky flamea, mezclarlo con el agua vertiéndolo con cuidado de una taza a la otra.
Apagar las llamas y servir en dos tazas. Añadir 1 cdta. de azúcar y piel de limón en cada una.
Con un poco de práctica puede ser una ceremonia impresionante, por su aspecto de fuego líquido.

BLUE DEVIL

4 partes de ginebra (60 ml)
1 parte de zumo natural de lima (15 ml)
1 Cda. de licor de marrasquino
1 cdta. de Curaçao azul

Mezclar todos los ingredientes en la coctelera con hielo picado y agitar bien. Colar en una copa de cóctel helada.

BLOODY MARY

BLUE HAWAIIAN

BLUE GRASS COCKTAIL

4 partes de bourbon (60 ml)
2 partes de zumo de piña (30 ml)
2 partes de zumo natural de limón (30 ml)
1 cdta. de licor de marrasquino

Mezclar todos los ingredientes en la coctelera con hielo picado y agitar bien. Colar en una copa de cóctel helada.

BLUE HAWAIIAN

4 partes de ron blanco (60 ml)
4 partes de Curaçao azul (60 ml)
4 partes de crema de coco (60 ml)
8 partes de zumo de piña (120 ml)
1 trozo de piña
Guinda

Poner todos los ingredientes líquidos en la batidora con hielo picado y mezclar a velocidad máxima unos 10 segundos. Verter en un vaso alto helado y adornar con la piña y la guinda.

BLUE LADY

5 partes de Curaçao azul (75 ml)
2 partes de crema de cacao blanca (30 ml)
2 partes de half-and-half (30 ml)

Mezclar todos los ingredientes en la coctelera con hielo picado. Agitar bien y colar en una copa de cóctel helada.

BLUE LAGOON

4 partes de vodka (60 ml)
2 partes de Curaçao azul (30 ml)
4 partes de zumo de piña (60 ml)
3-5 chorritos de Triple Sec
1 trozo de piña

Mezclar y agitar bien todos los ingredientes, menos la piña natural, en la coctelera con hielo picado.
Colar en una copa de cóctel helada y adornar con la piña.

BLUE MARGARITA

4 partes de tequila blanco (60 ml)
2 partes de Curaçao azul (30 ml)
1 Cda. de Triple Sec
3 partes de zumo natural de lima (45 ml)
2 cdta. de sal gruesa
1 rodaja de lima

Extender la sal en un plato. Frotar el borde de una copa de cóctel con la rodaja de lima y pasarlo por la sal de modo que quede cubierto. Guardar la lima para adornar. Mezclar todos los ingredientes líquidos en la coctelera con hielo picado y agitar bien. Colar en la copa de cóctel salada y adornar con la lima.

BLUE MONDAY

4 partes de vodka (60 ml)
2 partes de Cointreau (30 ml)
1 parte de Curaçao azul (15 ml)

Mezclar todos los ingredientes en el vaso mezclador con hielo picado. Colar en una copa de cóctel helada.

BLUE LAGOON

BLUE MARGARITA

BLUE MOON

4 partes de ginebra (60 ml)
1 parte de Curaçao azul (15 ml)
1 espiral de piel de limón

Remover los ingredientes líquidos y hielo en el vaso mezclador. Colar en una copa de cóctel helada y adornar con la espiral de limón.

BLUE MOUNTAIN

4 partes de ron añejo (60 ml)
2 partes de vodka (30 ml)
2 partes de licor de café (30 ml)
8 partes de zumo natural de naranja (120 ml)

Mezclar todos los ingredientes en la coctelera con hielo picado y agitar bien. Colar en un vaso bajo helado.

BLUE SHARK

4 partes de vodka (60 ml)
4 partes de tequila blanco (60 ml)
Varios chorritos de Curaçao azul

Mezclar todos los ingredientes en la coctelera con hielo picado. Agitar bien y colar en un vaso bajo helado.

BLUEBERRY SHAKE

1/2 taza de arándanos
1 Cda. de azúcar
1 taza de leche

Poner todos los ingredientes en la batidora con hielo picado y mezclar hasta que se unan. Verter en un vaso collins helado y adornar con arándanos.
Nota: También pueden usarse fresas.

BOBBY BURNS

4 partes de Scotch (60 ml)
2 partes de vermut dulce (30 ml)
1 cdta. de Bénédictine
1 espiral de piel de limón

Remover los ingredientes líquidos con hielo picado en el vaso mezclador. Colar en una copa de cóctel helada y adornar con la espiral de limón.

BOB DANBY

6 partes de Dubonnet tinto (90 ml)
3 partes de brandy (45 ml)

Remover los dos ingredientes con cubitos en el vaso mezclador. Colar en una copa de cóctel helada.

BOCCIE BALL

4 partes de amaretto (60 ml)
Zumo natural de naranja
1 rodaja de naranja

Verter el amaretto y el zumo de naranja en un vaso alto helado lleno de cubitos. Remover. Adornar con la rodaja de naranja.

BOILERMAKER

250 ml de cerveza
3 partes de whisky de su elección (45 ml)

Verter el whisky en un vaso de chupito. Dejarlo caer dentro de la jarra de cerveza.

BOLERO

4 partes de ron blanco (60 ml)
1 parte de Calvados o brandy de manzana (15 ml)
1 parte de vermut dulce (15 ml)
1 chorrito de angostura

Remover bien los ingredientes y el hielo picado en el vaso mezclador. Colar en un vaso bajo helado lleno de cubitos.

BOMBAY COCKTAIL

4 partes de brandy (60 ml)
1 parte de vermut seco (15 ml)
1 parte de vermut dulce (15 ml)
1/2 cdta. de Triple Sec
1 chorrito de Pernod

Remover los ingredientes y el hielo picado en el vaso mezclador. Colar en una copa de cóctel helada.

BOMBAY PUNCH

1 l de brandy
1 l de jerez seco
8 partes de Triple Sec (120 ml)
8 partes de licor de marrasquino (120 ml)
4 partes de kirschwasser (60 ml)
4 botellas (de 750 ml) de champaña o cava, frío
1/2 taza de azúcar
Zumo de 12 limones
Zumo de 6 limas
2 l de soda
Fruta fresca de temporada

Remover los zumos de fruta y el azúcar en una ponchera grande hasta que se disuelva el azúcar. Añadir los ingredientes líquidos restantes y remover bien. Añadir un bloque de hielo. Adornar con rodajas de fruta de temporada.
Para 25 personas.

BOILERMAKER

BONGO COLA

4 partes de ron dorado (60 ml)
2 partes de licor de café (30 ml)
4 partes de zumo de piña (60 ml)
1 chorrito de kirschwasser
1 chorrito de zumo natural de limón
Cola
Guinda

Mezclar y agitar bien todos los ingredientes, menos la cola y la guinda, en la coctelera con hielo picado. Verter en un vaso collins helado lleno de cubitos. Acabar de llenar con cola, remover despacio y adornar con la guinda.

BONNIE PRINCE

4 partes de ginebra (60 ml)
1 parte de vino blanco (15 ml)
1/2 parte de Drambuie (7,5 ml)
Piel de naranja

Mezclar y agitar bien todos los ingredientes, menos la piel de naranja, en la coctelera. Colar en una copa de cóctel helada y adornar con la naranja.

BOOMERANG

4 partes de ginebra (60 ml)
1 parte de vermut seco (15 ml)
1 chorrito de angostura
1 chorrito de licor de marrasquino
1 espiral de piel de limón

Remover los ingredientes líquidos y cubitos en el vaso mezclador. Colar en una copa de cóctel helada y añadir la espiral de limón.

BORINQUEN

4 partes de ron blanco (60 ml)
2 partes de zumo natural de lima (30 ml)
2 partes de zumo natural de naranja (30 ml)
1 Cda. de jarabe de fruta de la pasión
1 cdta. de ron de 80% vol. alcohol

Poner todos los ingredientes en la batidora con hielo picado. Mezclar a velocidad mínima unos 10 segundos. Servir en un vaso bajo helado.

BOSSA NOVA

4 partes de ron añejo (60 ml)
3 partes de Galliano (45 ml)
2 partes de brandy de albaricoque (30 ml)
8 partes de zumo de fruta de la pasión (120 ml)

Poner todos los ingredientes en la batidora con cubitos. Mezclar a velocidad mínima unos 15 segundos. Servir en un vaso alto helado.

BOSOM CARESSER

4 partes de brandy (60 ml)
2 partes de Madeira (30 ml)
2 partes de Triple Sec (30 ml)
1 cdta. de granadina
1 yema de huevo

Mezclar enérgicamente todos los ingredientes en la coctelera. Colar en una copa de vino tinto helada.

BOSTON COCKTAIL

3 partes de ginebra (45 ml)
2 partes de brandy de albaricoque (30 ml)
1 cdta. de zumo natural de limón
1 cdta. de granadina

Mezclar todos los ingredientes en la coctelera con hielo picado y agitar bien. Colar en una copa de cóctel helada.

BOSTON COOLER

4 partes de ron blanco (60 ml)
1 parte de zumo natural de limón (15 ml)
1/2 cdta. de azúcar
Soda
1 espiral de piel de limón

Mezclar el ron, el zumo de limón y el azúcar en la coctelera con hielo picado. Agitar bien. Colar en un vaso alto helado lleno de cubitos. Remover. Añadir soda y la espiral de limón.

BOSTON SIDECAR

3 partes de ron blanco (45 ml)
1 parte de brandy (15 ml)
1 parte de Triple Sec (15 ml)
1 parte de zumo natural de limón (15 ml)

Mezclar todos los ingredientes en la coctelera con cubitos. Agitar bien. Colar en una copa de cóctel helada.

BOSTON SOUR

4 partes de whisky (60 ml)
2 partes de zumo natural de limón (30 ml)
1 cdta. de azúcar
1 clara de huevo
1 rodaja de limón
1 guinda

Mezclar y agitar enérgicamente todos los ingredientes, menos la fruta, en la coctelera con hielo picado. Colar en una copa sour helada y adornar con la guinda y el limón.

BOURBON À LA CRÈME

4 partes de bourbon (60 ml)
1 parte de crema de cacao oscura (15 ml)
3 ramas de vainilla

Mezclar todos los ingredientes con hielo picado en la coctelera. Enfriar en la nevera al menos una hora. Volver a agitar y colar en una copa de cóctel helada.

BOURBON AND BRANCH

6 partes de bourbon (90 ml)
4 partes de agua mineral (60 ml)

Verter el bourbon y el agua en un vaso alto con cubitos. No enfriar el vaso. Esta bebida también se puede servir a temperatura ambiente.

BOURBON COBBLER

4 partes de bourbon (60 ml)
2 partes de Southern Comfort (30 ml)
1 cdta. de brandy de melocotón
2 cdta. de zumo natural de limón
1/2 cdta. de azúcar
Soda
1 rodaja de melocotón

Mezclar todos los ingredientes, menos la soda y la rodaja de melocotón, en la coctelera con hielo picado y agitar bien. Colar en un vaso alto helado lleno de cubitos y acabar de llenarlo con soda. Remover y adornar con melocotón.

BOURBON COLLINS

4 partes de bourbon (60 ml)
1 parte de zumo natural de lima (15 ml)
1/2 cdta. de azúcar
Soda
1 espiral de piel de lima

Mezclar todos los ingredientes, menos la soda y la espiral de lima, en la coctelera y agitar bien. Colar en un vaso collins helado lleno de cubitos, acabar de llenarlo con soda y adornar con la espiral de lima.

BOURBON COBBLER

BOURBON COOLER

6 partes de bourbon (90 ml)
1 parte de granadina (15 ml)
1/2 cdta. de azúcar
3-5 chorritos de peppermint
3-5 chorritos de orange bitter
Soda
1 trozo de piña

Mezclar todos los ingredientes, menos la soda y la piña, en la coctelera con hielo picado. Agitar bien.
Verter en un vaso collins helado y acabar de llenar con soda. Remover y adornar con la piña.

BOURBON DAISY

4 partes de bourbon (60 ml)
2 partes de zumo natural de limón (30 ml)
2 cdtas. de granadina
2 cdtas. de Southern Comfort
Soda
1 rodaja de naranja

Mezclar el bourbon, el zumo de limón y la granadina con hielo picado en la coctelera. Agitar bien.
Verter en un vaso alto helado y acabar de llenar con soda. Añadir encima Southern Comfort y adornar con la naranja.

BOURBON MILK PUNCH

4 partes de bourbon (60 ml)
6 partes de leche (90 ml)
1 cdta. de miel
1 chorrito de extracto de vainilla
Nuez moscada, recién rallada

Mezclar y agitar bien todos los ingredientes, menos la nuez moscada, en la coctelera con hielo picado. Colar en un vaso bajo helado y espolvorear con nuez moscada.

BOURBON SATIN

3 partes de bourbon (45 ml)
2 partes de crema de cacao blanca (30 ml)
2 partes de half-and-half (30 ml)

Mezclar todos los ingredientes en la coctelera con hielo picado y agitar bien. Colar en una copa de cóctel helada.

BOURBON SIDECAR

4 partes de bourbon (60 ml)
2 partes de Triple Sec (30 ml)
1 parte de zumo natural de limón (15 ml)

Mezclar todos los ingredientes con hielo picado en la coctelera y agitar bien. Colar en una copa de cóctel helada.

BOURBON SLOE GIN FIZZ

4 partes de bourbon (60 ml)
2 partes de Sloe Gin (30 ml)
1 cdta. de zumo natural de limón
1 cdta. de almíbar
Soda
1 rodaja de limón
1 guinda

Verter todos los ingredientes, excepto la soda y la fruta, en un vaso collins helado. Añadir un poco de hielo picado y remover. Añadir tres cubitos, acabar de llenar con soda y adornar con la fruta.

BOURBON SOUR

4 partes de bourbon (60 ml)
2 partes de zumo natural de limón (30 ml)
1/2 cdta. de azúcar
1 rodaja de naranja

Mezclar y agitar bien todos los ingredientes, menos la naranja, en la coctelera con hielo picado. Colar en una copa sour helada y adornar con la rodaja de naranja.

BRANDIED APRICOT

4 partes de brandy (60 ml)
1 parte de brandy de albaricoque (15 ml)
1 parte de zumo natural de limón (15 ml)
1 rodaja de albaricoque

Mezclar todos los ingredientes, menos el albaricoque, en la coctelera con hielo picado. Agitar bien y colar en una copa de cóctel helada. Adornar con el albaricoque.

BRANDIED MADEIRA

3 partes de brandy (45 ml)
3 partes de Madeira (45 ml)
1 parte de vermut seco (15 ml)
1 espiral de piel de limón

Remover los ingredientes líquidos en el vaso mezclador. Verter en una copa de cóctel y adornar con la espiral de limón.

BRANDIED PORT

2 partes de brandy (30 ml)
2 partes de oporto tawny (30 ml)
1 parte de licor de marrasquino (15 ml)
2 partes de zumo natural de limón (30 ml)
1 rodaja de naranja

Mezclar y agitar bien todos los ingredientes, menos la naranja, en la coctelera con hielo picado. Colar en una copa de cóctel helada y adornar con la naranja.

BRANDY ALEXANDER

3 partes de brandy (45 ml)
3 partes de crema de cacao oscura (45 ml)
3 partes de half-and-half (45 ml)

Agitar todos los ingredientes en la coctelera con hielo picado. Colar en una copa de cóctel helada.

BRANDY BUCK

4 partes de brandy (60 ml)
1 parte de crema de menta blanca (15 ml)
1 parte de zumo natural de limón (15 ml)
Soda
Granos de uva sin pepitas

Mezclar todos los ingredientes, menos la soda y las uvas, en la coctelera con hielo picado. Agitar bien. Verter en un vaso alto helado, acabar de llenarlo con soda y remover. Adornar con las uvas.

BRANDY CASSIS

4 partes de brandy (60 ml)
1 parte de crema de cassis (15 ml)
1 parte de zumo natural de limón (15 ml)
1 espiral de limón

Remover bien todos los ingredientes, menos la piel de limón, en el vaso mezclador con hielo picado. Colar en una copa de cóctel helada y adornar con la espiral de limón.

BRANDY COBBLER

4 partes de brandy (60 ml)
1 cdta. de azúcar
6 partes de soda (90 ml)
1 guinda
1 rodaja de limón

Disolver el azúcar con soda en un vaso bajo helado. Añadir hielo picado hasta que el vaso esté casi lleno. Añadir el brandy y remover bien. Adornar con la guinda y la naranja.

BRANDY COCKTAIL

4 partes de brandy (60 ml)
1/2 cdta. de azúcar
2 chorritos de angostura
1 espiral de piel de limón

Poner los ingredientes líquidos en el vaso mezclador y remover hasta que se disuelva el azúcar. Verter en la coctelera llena de hielo picado y agitar bien. Colar en una copa de cóctel helada y adornar con la espiral de limón.

BRANDY CRUSTA

4 partes de brandy (60 ml)
1 1/2 partes de Cointreau (22,5 ml)
2 cdta. de licor de marrasquino
1 parte de zumo natural de limón (15 ml)
1 Cda. de azúcar
1 rodaja de limón

Decorar el borde de una copa de cóctel helada con azúcar frotándole la rodaja de limón y cubriéndolo con azúcar.
Mezclar todos los ingredientes líquidos y hielo picado en la coctelera.
Agitar bien y colar en la copa decorada con azúcar.

BRANDY ALEXANDER

BRANDY DAISY

4 partes de brandy (60 ml)
1 parte de zumo natural de limón (15 ml)
1 cdta. de granadina
1/2 cdta. de azúcar
1 guinda

Mezclar y agitar bien todos los ingredientes, menos la guinda, en la coctelera con hielo picado. Colar en un vaso bajo helado y adornar con la guinda.

BRANDY FIX

6 partes de brandy (90 ml)
1/2 cdta. de azúcar
2 partes de zumo natural de limón (30 ml)
1 chorro de agua mineral

Remover el zumo de limón, el azúcar y el agua en un vaso alto helado. Acabar de llenarlo con hielo picado y brandy. Remover.

BRANDY FIZZ

4 partes de brandy (60 ml)
1/2 cdta. de azúcar
1 parte de zumo natural de limón (15 ml)
Soda

Mezclar y agitar bien todos los ingredientes, menos la soda, en la coctelera con hielo picado. Colar en una copa sour helada llena de cubitos y acabar de llenar con soda.

BRANDY FLIP

4 partes de brandy (60 ml)
1 Cda. de half-and-half
1/2 cdta. de azúcar
1 huevo
Nuez moscada, recién rallada

Mezclar todos los ingredientes, menos la nuez moscada, en la coctelera con hielo picado. Agitar enérgicamente. Colar en una copa sour helada y espolvorear con nuez moscada.

BRANDY GUMP

6 partes de brandy (90 ml)
1 parte de zumo natural de limón (15 ml)
1/2 cdta. de granadina

Mezclar todos los ingredientes en la coctelera con hielo picado. Agitar bien y colar en una copa de cóctel helada.

BRANDY MANHATTAN

4 partes de brandy (60 ml)
1 parte de vermut dulce (15 ml)
1 chorrito de angostura
1 guinda

Remover todos los ingredientes, menos la guinda, en el vaso mezclador con hielo picado. Remover y colar en una copa de cóctel helada. Adornar con la guinda.

BRANDY MELBA

4 partes de brandy (60 ml)
1 parte de brandy de melocotón (15 ml)
1 parte de licor de frambuesa (15 ml)
1 parte de zumo natural de limón (15 ml)
3-5 chorritos orange bitter
1 rodaja de melocotón

Mezclar y agitar bien todos los ingredientes, menos la rodaja de melocotón, en la coctelera con hielo picado. Colar en una copa de cóctel helada y adornar con el melocotón.

BRANDY MILK PUNCH

4 partes de brandy (60 ml)
12 partes de leche (180 ml)
1 cdta. de azúcar
Nuez moscada, recién rallada

Mezclar todos los ingredientes, menos la nuez moscada, en la coctelera con hielo picado. Agitar bien y verter en un vaso bajo grande helado y espolvorear con la nuez moscada.

BRANDY OLD FASHIONED

6 partes de brandy (90 ml)
3-5 chorritos de angostura
1 terrón de azúcar
1 chorro de agua
1 espiral de piel de limón

Disolver el azúcar con la angostura y un chorro de agua en un vaso bajo helado. Añadir el brandy y cubitos. Remover y adornar con la piel de limón.

BRANDY SANGAREE

5 partes de brandy (75 ml)
1/2 cdta. de azúcar
1 chorro de agua
Nuez moscada, recién rallada

Disolver el azúcar con un poco de agua en un vaso bajo grande helado. Añadir cubitos y el brandy y remover bien. Espolvorear con nuez moscada.

BRANDY SOUR

5 partes de brandy (75 ml)
2 partes de zumo natural de limón (30 ml)
1/2 cdta. de azúcar
1 rodaja de naranja
1 guinda

Mezclar y agitar bien todos los ingredientes, menos la fruta, en la coctelera con hielo picado. Colar en una copa sour helada y adornar con la guinda y la naranja.

BRANDY SWIZZLE

4 partes de brandy (60 ml)
3 partes de zumo natural de lima (45 ml)
1 cdta. de azúcar
1 chorrito de angostura
Soda

Mezclar todos los ingredientes, menos la soda, en la coctelera con hielo picado. Agitar bien. Colar en un vaso collins lleno de hielo picado. Añadir soda. Remover despacio y servir con un agitador.

BRANDY VERMOUTH COCKTAIL

6 partes de brandy (90 ml)
1 parte de vermut dulce (15 ml)
1 chorrito de angostura

Agitar todos los ingredientes en la coctelera con hielo picado. Colar en una copa de cóctel helada.

BRAVE BULL

4 partes de tequila plata (60 ml)
2 partes de licor de café (30 ml)
1 espiral de piel de limón

Verter los ingredientes líquidos en un vaso bajo helado lleno de cubitos. Remover y adornar con la espiral de limón.

BRAZIL COCKTAIL

4 partes de jerez seco (60 ml)
3 partes de vermut seco (45 ml)
1 chorrito de Pernod
1 chorrito de angostura
1 espiral de piel de limón

Poner los ingredientes líquidos y hielo en el vaso mezclador y remover bien. Colar en una copa de cóctel helada y adornar con la espiral de limón.

BRAZILIAN CHOCOLATE

Chocolate amargo, aprox. 30 gr
1/4 de taza de azúcar
1 pellizco de sal
16 partes de agua hirviendo (240 ml)
16 partes de half-and-half caliente (240 ml)
24 partes de café cargado caliente (360 ml)
Extracto de vainilla
Canela molida

Derretir el chocolate con el azúcar y la sal en un microondas o al baño maría. Añadir el agua hirviendo y mantener en el fuego hasta que esté caliente y bien mezclado. Añadir el half-and-half caliente y el café. Remover bien y añadir la vainilla y la canela. Servir en tazas de café calientes. Para 4 personas.

BRIGHTON PUNCH

4 partes de B & B (60 ml)
3 partes de bourbon (45 ml)
2 partes de zumo natural de naranja (30 ml)
2 partes de zumo natural de limón (30 ml)
Soda
1 rodaja de naranja

Mezclar todos los ingredientes, menos la soda y la naranja, en la coctelera con hielo picado. Agitar bien. Colar en un vaso alto helado lleno de cubitos, acabar de llenarlo con soda y remover. Adornar con la naranja.

BRITANNY

4 partes de ginebra (60 ml)
1 parte de Amer Picon (15 ml)
1 parte de zumo natural de limón (15 ml)
1 parte de zumo natural de naranja (15 ml)
1/2 cdta. de azúcar
1 espiral de piel de naranja

Mezclar y agitar bien todos los ingredientes, menos la piel de naranja, en la coctelera con hielo picado. Colar en una copa de cóctel helada y adornar con la espiral de naranja.

BRONX CHEER

4 partes de brandy de albaricoque (60 ml)
Soda de frambuesa
Piel de naranja
Frambuesas frescas

Verter el licor en un vaso collins helado casi lleno de cubitos. Añadir la soda de frambuesa. Remover despacio y adornar con la piel de naranja y unas frambuesas.

BRONX COCKTAIL

4 partes de ginebra (60 ml)
1 parte de vermut seco (15 ml)
1 parte de vermut dulce (15 ml)
2 partes de zumo natural de naranja (30 ml)

Poner los ingredientes en el vaso mezclador con hielo picado. Remover y colar en una copa de cóctel helada.

BRONX CHEER

BRONX SILVER COCKTAIL

4 partes de ginebra (60 ml)
1 parte de vermut seco (15 ml)
1 clara de huevo
2 partes de zumo natural de naranja (30 ml)

Mezclar todos los ingredientes en la coctelera con hielo picado.
Agitar enérgicamente. Colar en una copa de cóctel helada.

BRONX TERRACE COCKTAIL

4 partes de ginebra (60 ml)
1 parte de vermut seco (15 ml)
2 partes de zumo natural de lima (30 ml)
1 guinda

Mezclar los ingredientes líquidos en la coctelera con hielo picado y agitar bien. Colar en una copa de cóctel helada y adornar con la guinda.

BROWN COCKTAIL

3 partes de ginebra (45 ml)
2 partes de ron blanco (30 ml)
1 parte de vermut seco (15 ml)

Remover todos los ingredientes con hielo picado en el vaso mezclador y colar en una copa de cóctel helada.

BUDDHA PUNCH

32 partes de Gewürztraminer o Riesling (480 ml)
16 partes de ron blanco (240 ml)
16 partes de zumo natural de naranja (240 ml)
8 partes de zumo natural de limón (120 ml)
8 partes de Triple Sec (120 ml)
1 parte de brandy de cereza (15 ml)
1 parte de almíbar (15 ml)
Varios chorritos de orange bitter
1 botella de Champaña o cava (750 ml)
Rodajas de lima

Enfriar todos los ingredientes. Verterlos todos, menos el champaña y la lima, en una ponchera helada. Remover. Justo antes de servir, añadir el champaña y un bloque de hielo. Remover despacio y adornar con la lima. Para 20 personas.

BUDDY'S BLOODY MARY

4 partes de vodka (60 ml)
12 partes de zumo de vegetales (180 ml)
1/2 cdta. de zumo natural de lima
Varios chorritos de salsa Worcester
Varios chorritos de tabasco
1 cdta. de rábano picante blanco
Pimienta recién molida, al gusto
Sal de apio, al gusto
1 rodaja de lima

Mezclar los zumos de verduras y de lima, las salsas Worcester y tabasco y el rábano en la coctelera. Agitar bien. Llenar un vaso alto helado con cubitos. Moler pimienta y añadir la sal de apio en el vaso para sazonar los cubitos. Verter la mezcla de zumos en el vaso alto y remover despacio. Exprimir la lima sobre el cóctel y añadirla.

BULLDOG

4 partes de brandy de cereza (60 ml)
2 partes de ron blanco (30 ml)
2 partes de zumo natural de lima (30 ml)

Mezclar todos los ingredientes en la coctelera con hielo picado y agitar bien. Colar en una copa de cóctel helada.

BULLFROG

4 partes de vodka (60 ml)
1 cdta. de Triple Sec
Limonada de lima
1 rodaja de lima

Verter el vodka y el Triple Sec con unos cubitos en un vaso alto helado y remover. Acabar de llenar con limonada, remover otra vez y adornar con la rodaja de lima.

BULLSHOT

4 partes de vodka (60 ml)
8 partes de caldo de carne frío (120 ml)
1 cdta. de zumo natural de limón
Varios chorritos de salsa Worcester
Tabasco, al gusto
Sal de apio, al gusto
Pimienta recién molida, al gusto

Mezclar todos los ingredientes en un vaso alto helado con cubitos.

BUNNY BONANZA

4 partes de tequila (60 ml)
2 partes de brandy de manzana (30 ml)
1 parte de zumo natural de limón (15 ml)
3/4 de cdta. de jarabe de arce
3 chorritos de Triple Sec
1 rodaja de limón

Mezclar y agitar bien todos los ingredientes, menos la rodaja de limón, en la coctelera con hielo picado. Colar en un vaso bajo helado y adornar con el limón.

BURGUNDY PUNCH

2 botellas (de 750 ml) de Borgoña tinto o Cabernet Sauvignon
16 partes de kirschwasser (240 ml)
16 partes de oporto (240 ml)
32 partes de zumo natural de naranja (480 ml)
8 partes de zumo natural de limón (120 ml)
2 partes de almíbar (30 ml)
Rodajas de naranja

Enfriar los ingredientes.
Verterlos en una ponchera helada con un bloque de hielo. Remover bien y adornar con las rodajas de naranja.
Para 20 personas.

BUSHRANGER

4 partes de ron blanco (60 ml)
3 partes de Dubonnet tinto (45 ml)
1 chorrito de angostura
1 espiral de piel de limón

Mezclar y agitar bien todos los ingredientes, excepto la piel de limón, en la coctelera con hielo picado. Colar en una copa de cóctel helada y adornar con la espiral de limón.

BUTTON HOOK

2 partes de brandy (30 ml)
2 partes de brandy de albaricoque (30 ml)
2 partes de crema de menta blanca (30 ml)
2 partes de Pernod (30 ml)

Mezclar todos los ingredientes en la coctelera con hielo picado y agitar bien. Colar en una copa de cóctel helada.

BUTTAFUOCO

4 partes de tequila blanco (60 ml)
1 parte de Galliano (15 ml)
1 parte de licor de cereza (15 ml)
1 parte de zumo natural de limón (15 ml)
Soda
1 guinda

Mezclar todos los ingredientes, menos la soda y la guinda, en la coctelera con hielo picado y agitar bien. Colar en un vaso alto helado lleno de cubitos y acabar de llenarlo con soda. Remover despacio. Adornar con la guinda.

BULL'S MILK

5 partes de brandy (75 ml)
2 partes de ron añejo (30 ml)
10 partes de leche (150 ml)
1/2 cdta. de azúcar
Nuez moscada, recién rallada

Remover bien todos los ingredientes, menos la nuez moscada, en el vaso mezclador con hielo picado. Colar en un vaso alto helado y espolvorear con nuez moscada.

BYRRH CASSIS

4 partes de Byrrh (60 ml)
2 partes de crema de Cassis (30 ml)
Soda

Mezclar el Byrrh y la crema de Cassis en una copa balón helada. Añadir cubitos y acabar de llenar con soda.

C

CABARET

4 partes de ginebra (60 ml)
3 partes de Dubonnet tinto (45 ml)
3-5 chorritos de angostura
3-5 chorritos de Pernod
1 guinda

Mezclar y agitar bien todos los ingredientes, menos la guinda, en la coctelera. Colar en una copa de cóctel helada y adornar con la guinda.

CABLEGRAM

4 partes de whisky blended (60 ml)
1 parte de zumo natural de limón (15 ml)
1/2 cdta. de azúcar
Ginger ale

Remover todos los ingredientes, menos el ginger ale, con hielo picado en el vaso mezclador. Colar en un vaso alto helado lleno de cubitos. Acabar de llenar con ginger ale y remover otra vez.

CADIZ

3 partes de jerez seco (45 ml)
2 partes de brandy de mora (30 ml)
1 parte de Triple Sec (15 ml)
1 parte de half-and-half (15 ml)

Mezclar todos los ingredientes en la coctelera con hielo picado y agitar bien. Colar en un vaso bajo helado.

CAFÉ AU LAIT

Café caliente
Leche caliente
Azúcar (opcional)

Mezclar partes iguales de leche y café en una taza caliente. Endulzar al gusto.

CAFÉ BRULOT

16 partes de coñac (240 ml)
4 partes de Curaçao blanco (60 ml)
64 partes de café caliente (960 ml)
2 ramas de canela
12 clavos
La piel de 2 limones y 2 naranjas cortada en tiritas finas
4 terrones de azúcar

Machacar la canela, los clavos, las pieles de fruta y el azúcar en una ponchera grande. Añadir el brandy y el curaçao. Encenderlos y añadir poco a poco el café caliente, removiendo despacio hasta que se extinga la llama. Servir en tazas calientes.
Para 6-8 personas.

CAFÉ DE PARIS COCKTAIL

4 partes de ginebra (60 ml)
1 cdta. de Pernod
1 cdta. de half-and-half
1 clara de huevo

Mezclar todos los ingredientes en la coctelera con hielo picado. Agitar enérgicamente. Colar en una copa de cóctel helada.

CAFÉ DIABLO

4 partes de coñac (60 ml)
2 partes de Cointreau (30 ml)
2 partes de Curaçao blanco (30 ml)
32 partes de café caliente (480 ml)
2 ramas de canela
8 clavos
6 granos de café

Poner todos los ingredientes, menos el café, en un recipiente y calentarlos al fuego. Encenderlos. Añadir el café y remover hasta que se apaguen las llamas. Servir en tazas calientes.
Para 4 personas.

CAFÉ ROMANO

2 partes de Sambuca blanco (30 ml)
2 partes de licor de café (30 ml)
2 partes de half-and-half (30 ml)

Mezclar todos los ingredientes en la coctelera con hielo picado y agitar bien. Colar en una copa de cóctel helada.

CAFÉ ROYALE

4 partes de brandy o coñac (60 ml)
1 terrón de azúcar
1 taza de café caliente (250 ml)
Half-and-half al gusto

Verter el café caliente en la taza. Apoyar en el borde una cuchara con el terrón de azúcar. Empapar el terrón con el brandy.
Cuando la cuchara esté caliente encender el terrón. Esperar que se apague y añadir esta mezcla de azúcar y brandy al café.
Acabar de llenar con el half-and-half.

CAIPIRINHA

4 partes de Cachaça (licor de azúcar de caña de Brasil) (60 ml)
1 parte de zumo natural de lima (15 ml)
1 Cda. de azúcar
Piel de lima

Mezclar todos los ingredientes en la coctelera con hielo picado y agitar bien. Colar en un vaso bajo lleno de cubitos.

CAJUN MARTINI

6 partes de vodka a la pimienta (90 ml)
1 chorrito de vermut seco
1 rodaja grande de jalapeño

Remover bien el vodka y el vermut con hielo picado en el vaso mezclador. Colar en una copa de cóctel y añadir el jalapeño.
NOTA: Para preparar un Cajun Martini más fuerte, poner los jalapeños en remojo en el vodka y guardar en la nevera, al menos durante una hora antes, de preparar la bebida.

CAFÉ ROYALE

CAIPIRINHA

CALIFORNIA LEMONADE

4 partes de whisky blended (60 ml)
2 partes de zumo natural de limón (30 ml)
2 partes de zumo natural de lima (30 ml)
1 cdta. de azúcar
Soda
1 rodaja de naranja

Mezclar el whisky, los zumos y el azúcar, en la coctelera con hielo picado. Agitar bien. Colar en un vaso alto helado casi lleno de cubitos, acabar de llenarlo con soda. Remover despacio y adornar con la naranja.

CALIFORNIA SMOOTHIE

1 plátano, en rodajas finas
1/2 taza de fresas
1/2 taza de dátiles sin hueso, troceados
3 partes de miel (45 ml)
16 partes de zumo natural de naranja frío (240 ml)
Hielo picado

Poner las frutas y la miel en la batidora y mezclar hasta que se unan. Añadir el zumo de naranja y hielo picado y mezclar otra vez. Servir en un vaso collins helado.

CALM VOYAGE

3 partes de ron blanco (45 ml)
2 partes de Strega (30 ml)
1 Cda. de jarabe de fruta de la pasión
1 Cda. de zumo natural de limón
1/2 clara de huevo

Poner todos los ingredientes en la batidora con hielo picado. Mezclar a velocidad mínima hasta que se unan y verter en una copa flauta helada.

CALYPSO

4 partes de ron dorado (60 ml)
2 partes de zumo de piña (30 ml)
1 parte de zumo natural de limón (15 ml)
1 cdta. de Falernum
1 chorrito de angostura
Nuez moscada, recién rallada

Mezclar y agitar bien todos los ingredientes, menos la nuez moscada, en la coctelera con hielo picado. Colar en una copa de cóctel helada y espolvorear con nuez moscada.

CAMPARI-SODA

4 partes de Campari (60 ml)
Soda
1 rodaja de lima

Llenar un vaso alto con cubitos y verter el Campari. Acabar de llenar con soda San Pellegrino y remover despacio. Exprimir la lima sobre el cóctel y añadirla.

CANADIAN AND CAMPARI

3 partes de whisky de Canadá (45 ml)
2 partes de Campari (30 ml)
1 parte de vermut seco (15 ml)
1 espiral de piel de limón

Remover bien todos los ingredientes, menos el limón, en el vaso mezclador lleno de hielo picado. Colar en una copa de cóctel helada y adornar con la espiral de limón.

CANADIAN APPLE

4 partes de whisky de Canadá (60 ml)
1 parte de brandy de manzana (15 ml)
1 cdta. de jarabe de azúcar
1 1/2 cdta. de zumo natural de limón
Canela molida
1 rodaja de limón

Mezclar y agitar bien todos los ingredientes, menos la rodaja de limón, en la coctelera con hielo picado. Verter en un vaso bajo helado y adornar con el limón.

CANADIAN BLACKBERRY COCKTAIL

4 partes de whisky de Canadá (60 ml)
1 parte de brandy de mora (15 ml)
1 parte de zumo natural de naranja (15 ml)
1 cdta. de zumo natural de limón
1/2 cdta. de azúcar

Mezclar todos los ingredientes en la coctelera con hielo picado y agitar bien. Colar en un vaso bajo helado.

CANADIAN CHERRY

4 partes de whisky de Canadá (60 ml)
2 partes de brandy de cereza (30 ml)
2 cdtas. de zumo natural de limón
2 cdtas. de zumo natural de naranja
Azúcar

Decorar una copa de cóctel con azúcar. Poner brandy en un plato y mojar el borde de la copa.
Poner un poco de azúcar en otro plato y pasar el borde mojado de modo que quede adherido.
Mezclar todos los ingredientes en la coctelera con hielo picado y agitar bien. Colar en el vaso.

CANADIAN COCKTAIL

4 partes de whisky de Canadá (60 ml)
2 cdtas. de Triple Sec
1 chorrito de angostura
1/2 cdta. de azúcar

Mezclar todos los ingredientes en la coctelera con hielo picado y agitar bien. Colar en un vaso bajo helado.

CANADIAN DAISY

CANADIAN DAISY

4 partes de whisky de Canadá (60 ml)
1 cdta. de brandy
1 parte de zumo natural de limón (15 ml)
1 cdta. de jarabe de frambuesa
Soda
Frambuesas frescas

Mezclar el whisky, el zumo y el jarabe en la coctelera con cubitos y agitar bien. Colar en un vaso alto helado y acabar de llenarlo con soda. Verter el brandy encima y adornar con frambuesas.

CANADIAN OLD FASHIONED

4 partes de whisky de Canadá (60 ml)
1 cdta. de Triple Sec
1 chorrito de zumo natural de limón
1 chorrito de angostura
1 espiral de piel de limón
1 espiral de piel de naranja

Mezclar todos los ingredientes, menos las espirales, en la coctelera con hielo picado. Agitar bien y verter en un vaso bajo helado. Adornar con las espirales.

CANTALOUPE CUP

CANADIAN PINEAPPLE

4 partes de whisky de Canadá (60 ml)
1 Cda. de zumo de piña
2 cdtas. de licor de marrasquino
2 cdtas. de zumo natural de limón
1 trozo de piña

Mezclar y agitar bien todos los ingredientes, menos la piña natural, en la coctelera con hielo picado. Colar en una copa de cóctel helada y adornar con la piña.

CANTALOUPE CUP

4 partes de ron blanco (60 ml)
1 parte de zumo natural de lima (15 ml)
1 parte de zumo natural de naranja (15 ml)
1/3 de taza de melón cantaloupe maduro, en dados
1/2 cdta. de azúcar
1 rodaja de melón cantaloupe

Poner todos los ingredientes, menos la rodaja de melón, en la batidora con hielo picado. Mezclar hasta que se unan. Verter en un vaso bajo helado y adornar con la rodaja de cantaloupe.

CAPE AND COOLER

4 partes de Sloe Gin (60 ml)
2 partes de ginebra (30 ml)
1 parte de zumo natural de lima (15 ml)
1 parte de jarabe de almendra (15 ml)
10 partes de zumo de arándanos (150 ml)
1 rodaja de lima

Mezclar todos los ingredientes, menos la rodaja de lima, en la coctelera con hielo picado. Agitar bien. Colar en un vaso collins helado y adornar con la lima.

CAPE COD SUNRISE

6 partes de zumo de arándanos (90 ml)
2 partes de zumo natural de lima (30 ml)
1 rodaja de lima
1 ramita de menta fresca

Mezclar los ingredientes en la coctelera con hielo picado. Agitar bien y verter en una copa de vino helada. Adornar con la lima y la menta.

CAPE CODDER

4 partes de vodka (60 ml)
12 partes de zumo de arándanos (180 ml)
1 rodaja de lima

Mezclar el vodka y el zumo en un vaso alto helado lleno de cubitos. Exprimir la lima sobre el cóctel y añadirla.

CAPRI

2 partes de crema de cacao blanca (30 ml)
2 partes de crema de plátano (30 ml)
2 partes de half-and-half (30 ml)

Mezclar todos los ingredientes en la coctelera con hielo picado. Agitar y colar en un vaso bajo helado lleno de cubitos.

CARA SPOSA

3 partes de licor de café (45 ml)
2 partes de Cointreau (30 ml)
2 partes de half-and-half (30 ml)

Poner todos los ingredientes en la batidora con hielo picado. Mezclar hasta que se unan. Servir en una copa de cóctel helada.

CAPE CODDER

CARDINAL

4 partes de ron blanco (60 ml)
1 parte de amaretto (15 ml)
1 parte de Triple Sec (15 ml)
2 partes de zumo natural de lima (30 ml)
1/2 cdta. de granadina
1 rodaja de lima

Mezclar todos los ingredientes, menos la rodaja de lima, en la coctelera con hielo picado. Servir en un vaso bajo helado y adornar con la lima.

CARIBBEAN CHAMPAGNE

Champaña o cava helado
1/2 cdta. de ron blanco
1/2 cdta. de crema de plátano
1 rodaja de plátano

Verter el ron y la crema de plátano en una copa flauta helada. Llenar con champaña y remover despacio. Adornar con la rodaja de plátano.

CHAMBORLADA

CAROLINA

6 partes de tequila dorado (90 ml)
2 partes de half-and-half (30 ml)
1 cdta. de granadina
1 cdta. de extracto de vainilla
1 clara de huevo
Canela molida
1 guinda

Mezclar todos los ingredientes, menos la canela y la guinda, en la coctelera con hielo picado. Agitar enérgicamente. Colar en una copa de cóctel helada. Espolvorear con canela y adornar con la guinda.

CARROL COCKTAIL

4 partes de brandy (60 ml)
1 parte de vermut dulce (15 ml)
1 guinda

Remover los ingredientes líquidos y hielo picado en el vaso mezclador. Colar en una copa de cóctel helada y adornar con la guinda.

CARROT COCKTAIL

6 partes de zumo de piña (90 ml)
1/4 de taza de piña triturada
Zanahorias, cortadas (2 pequeñas o 1 grande)

Poner todos los ingredientes en la batidora con hielo picado. Mezclar hasta que se unan y servir en un vaso alto helado.

CARUSO

4 partes de ginebra (60 ml)
1 parte de vermut seco (15 ml)
1 parte de crema de menta verde (15 ml)

Remover los ingredientes y hielo picado en el vaso mezclador. Colar en una copa de cóctel helada.

CASA BLANCA

4 partes de ron blanco (60 ml)
1 parte de Triple Sec (15 ml)
1 parte de licor de cereza (15 ml)
1 parte de zumo natural de lima (15 ml)

Mezclar todos los ingredientes en la coctelera con hielo picado y agitar bien. Colar en una copa de cóctel helada.

CASINO

5 partes de ginebra (75 ml)
1 parte de zumo natural de limón (15 ml)
1 cdta. de licor de marrasquino
2 chorritos de angostura

Mezclar todos los ingredientes en la coctelera con hielo picado y agitar bien. Colar en una copa de cóctel helada.

CHAMBORLADA

4 partes de ron blanco (60 ml)
2 partes de ron añejo (30 ml)
6 partes de zumo de piña (90 ml)
4 partes de crema de coco (60 ml)
4 partes de Chambord (60 ml)

Poner todos los ingredientes en la batidora con hielo picado, menos el Chambord. Mezclar hasta que se unan. Verter el Chambord en una copa balón. Después verter la mezcla de piña colada, y no remover. Coronar la mezcla de piña colada con un poco más de Chambord.

CHAMPAGNE COCKTAIL

1 terrón de azúcar
Varios chorritos de angostura
Champaña helado
1 espiral de piel de limón

Poner el terrón de azúcar en el fondo de una copa flauta helada. Empapar con angostura. Llenar con el champaña helado y remover. Adornar con la piel de limón.

CHAMPAGNE COOLER

3 partes de brandy (45 ml)
2 partes de Triple Sec (30 ml)
Champaña o cava
Menta fresca

Verter el brandy y el Triple Sec en una copa de vino tinto helada, llenar con champaña y remover. Adornar con la ramita de menta.

CHAMPAGNE COCKTAIL

CHAMPAGNE CUP

1 parte de coñac (15 ml)
1 parte de Curaçao blanco (15 ml)
Champaña o cava
1 rodaja de naranja
1 ramita de menta fresca

Verter el coñac y el Curaçao en una copa de vino helada, añadir un cubito y llenar con champaña. Adornar con la rodaja de naranja y la ramita de menta.

CHAMPAGNE PUNCH

16 partes de coñac (240 ml)
16 partes de licor de cereza (240 ml)
16 partes de Triple Sec (240 ml)
8 partes de jarabe de azúcar (120 ml)
8 partes de zumo natural de limón (120 ml)
2 botellas (de 750 ml) de
Champaña o cava

Enfriar los ingredientes. Verterlos todos, menos el champaña, en una ponchera grande con un bloque de hielo y remover bien. Antes de servir, añadir el champaña y remover despacio.
Para 15-20 personas.

CHAMPAGNE SORBET PUNCH

2 botellas (de 750 ml) de Champaña o cava
1 botella de vino blanco de postre (750 ml)
1 l de sorbete de limón

Poner el champaña y el vino en una ponchera con un bloque de hielo. Remover despacio. Añadir más hielo y el sorbete a cucharadas. Para 20-25 personas.

CHAMPS ELYSÉES

4 partes de coñac (60 ml)
1 parte de Chartreuse amarillo (15 ml)
1 parte de zumo natural de limón (15 ml)
1/2 cdta. de azúcar
1 chorrito de angostura

Mezclar todos los ingredientes en la coctelera con hielo picado y agitar bien. Colar en una copa de cóctel helada.

CHANGUIRONGO

4 partes de tequila plata (60 ml)
Ginger ale
1 rodaja de lima

Verter el tequila y la soda en un vaso collins helado lleno de cubitos. Remover y adornar con la rodaja de lima.

CHANTICLEER

4 partes de ginebra (60 ml)
2 partes de zumo natural de limón (30 ml)
1 Cda. de jarabe de frambuesa
1 clara de huevo

Mezclar todos los ingredientes en la coctelera con hielo picado y agitar enérgicamente. Colar en un vaso bajo helado.

CHAPALA

4 partes de tequila oro (60 ml)
1 parte de Triple Sec (15 ml)
4 partes de zumo natural de naranja (60 ml)
2 partes de zumo natural de lima (30 ml)
1 parte de granadina (15 ml)

Mezclar todos los ingredientes en la coctelera con hielo picado y agitar bien. Verter en un vaso alto helado medio lleno de hielo picado y remover.

CHAPEL HILL

4 partes de bourbon (60 ml)
1 parte de Curaçao blanco (15 ml)
1 parte de zumo natural de limón (15 ml)
1 rodaja de naranja

Mezclar todos los ingredientes, menos la naranja, en la coctelera con hielo picado. Agitar bien y colar en una copa de cóctel helada. Adornar con la rodaja de naranja.

CHARLES COCKTAIL

4 partes de brandy (60 ml)
1 parte de vermut dulce (15 ml)
2-3 chorritos de angostura

Poner todos los ingredientes con hielo picado en el vaso mezclador. Colar en una copa de cóctel helada.

CHARLIE CHAPLIN

4 partes de Sloe Gin (60 ml)
4 partes de brandy de albaricoque (60 ml)
3 partes de zumo natural de limón (45 ml)

Mezclar todos los ingredientes en la coctelera con hielo picado y agitar bien. Colar en un vaso bajo helado lleno de cubitos.

CHARMER

3 partes de Scotch (45 ml)
1 parte de Curaçao azul (15 ml)
1 chorrito de vermut seco
1 chorrito de orange bitter

Mezclar todos los ingredientes en la coctelera con hielo picado. Colar en una copa de cóctel helada.

CHATHAM COCKTAIL

4 partes de ginebra (60 ml)
1 parte de brandy de jengibre (15 ml)
1 parte de zumo natural de limón (15 ml)
1/2 cdta. de azúcar
1 trocito de jengibre dulce

Mezclar todos los ingredientes, menos el jengibre, en la coctelera con hielo picado. Agitar bien. Colar en una copa de cóctel helada y adornar con el jengibre.

CHARMER

CHEERY CHERRY

8 partes de mosto de cereza sin azúcar (120 ml)
2 partes de zumo natural de lima (30 ml)
Soda
1 rodaja de limón

Verter el mosto y la soda en un vaso largo helado lleno de hielo. Remover y adornar con el limón.

CHELSEA SIDECAR

4 partes de ginebra (60 ml)
1 parte de Triple Sec (15 ml)
1 parte de zumo natural de limón (15 ml)

Mezclar todos los ingredientes en la coctelera con hielo picado y agitar bien. Colar en una copa de cóctel helada.

CHATHAM

CHERRY BLOSSOM

4 partes de brandy (60 ml)
2 partes de kirschwasser (30 ml)
1 parte de Triple Sec (15 ml)
1 parte de zumo natural de limón (15 ml)
1 Cda. de granadina
1/2 cdta. de azúcar

Mezclar todos los ingredientes en la coctelera con hielo picado y agitar bien. Colar en una copa de cóctel helada.

CHERRY COBBLER

4 partes de ginebra (60 ml)
1 parte de Cherry Heering (15 ml)
1 parte de crema de Cassis (15 ml)
1 parte de zumo natural de limón (15 ml)
1 Cda. de jarabe de azúcar
1 guinda
1 rodaja de limón

Mezclar todos los ingredientes, menos la rodaja de limón y la guinda, en la coctelera con hielo picado. Agitar bien y colar en un vaso bajo helado. Adornar con la guinda y el limón.

CHERRY COOLER

4 partes de kirschwasser (60 ml)
Cola
1 rodaja de limón

Verter el kirschwasser y la cola en un vaso alto helado lleno de cubitos. Remover y adornar con el limón.

CHERRY DAIQUIRI

4 partes de ron blanco (60 ml)
1 parte de licor de cereza (15 ml)
1 parte de zumo natural de lima (15 ml)
1/4 cdta. de kirschwasser
1 espiral de piel de lima

Mezclar todos los ingredientes, menos la espiral de lima, en la coctelera con hielo picado. Agitar bien y colar en una copa de cóctel helada. Adornar con la espiral de lima.

CHERRY FIZZ

4 partes de kirschwasser (60 ml)
1 parte de zumo natural de limón (15 ml)
1/2 cdta. de azúcar
Soda
1 guinda

Mezclar todos los ingredientes, menos la soda y la guinda, en la coctelera con hielo picado. Agitar bien. Colar en un vaso collins helado lleno de cubitos. Acabar de llenarlo con soda, remover despacio y adornar con la guinda.

CHERRY RASPBERRY SHAKE

8 partes de mosto de cereza sin azúcar (120 ml)
8 partes de sorbete de frambuesa (120 ml)
1 cdta. de zumo natural de limón

Poner todos los ingredientes en la batidora con hielo picado. Mezclar hasta que se unan y verter en un vaso collins helado.

CHERRY RUM

4 partes de ron blanco (60 ml)
2 partes de brandy de cereza (30 ml)
1 parte de half-and-half (15 ml)

Mezclar todos los ingredientes en la coctelera con hielo picado y agitar bien. Colar en una copa de cóctel helada.

CHI-CHI

CHI-CHI

4 partes de ron blanco (60 ml)
1 parte de brandy de mora (15 ml)
Zumo de piña

Verter el ron y el zumo de piña en un vaso alto helado casi lleno de cubitos. Acabar de llenar con el brandy de mora.

CHICAGO

4 partes de brandy (60 ml)
1 chorrito de Triple Sec
1 chorrito de angostura
Champaña o cava
1 rodaja de limón
Azúcar

Mojar con la rodaja de limón el borde de una copa balón helada y pasarlo por azúcar. Mezclar el brandy, el Triple Sec y la angostura con hielo picado en el vaso mezclador y colar en la copa. Llenar con champaña.

CHOCOLATE COCKTAIL

CHICAGO FIZZ

3 partes de ron dorado (45 ml)
2 partes de oporto (30 ml)
1 parte de zumo natural de limón (15 ml)
1/2 cdta. de azúcar
1 clara de huevo
Soda

Mezclar todos los ingredientes, menos la soda, en la coctelera con hielo picado. Agitar enérgicamente. Colar en un vaso collins helado lleno de cubitos y acabar de llenarlo con soda. Remover despacio.

CHICKEN SHOT

4 partes de caldo de pollo frío (60 ml)
4 partes de caldo de carne frío (60 ml)
1 parte de zumo natural de limón (15 ml)
Tabasco, al gusto
Salsa Worcester, al gusto
Pimienta recién molida, al gusto
Sal de apio, al gusto

Mezclar todos los ingredientes con hielo picado en el vaso mezclador. Remover bien. Servir en un vaso bajo helado.

CHINESE COCKTAIL

4 partes de ron añejo (60 ml)
1 Cda. de granadina
3-5 chorritos de Curaçao blanco
3-5 chorritos de licor de marrasquino
1 chorrito de angostura

Mezclar todos los ingredientes en la coctelera con hielo picado y agitar bien. Colar en una copa de cóctel helada.

CHIQUITA

4 partes de vodka (60 ml)
1 parte de licor de plátano (15 ml)
1 parte de zumo natural de lima (15 ml)
1/4 de taza de rodajas de plátano
1 cdta. de jarabe de almendra

Remover bien los ingredientes y hielo picado en el vaso mezclador. Verter en una copa balón grande helada.

CHOCOLATE COCKTAIL

6 partes de oporto (90 ml)
1 parte de Chartreuse amarillo (15 ml)
1 yema de huevo
1 Cda. de chocolate semidulce rallado

Poner el oporto, el Chartreuse y la yema con hielo picado en la batidora. Mezclar hasta que se unan. Verter en una copa de cóctel helada y espolvorear con chocolate.

CHOCOLATE RUM

4 partes de ron blanco (60 ml)
2 partes de crema de cacao, oscura (30 ml)
2 partes de crema de menta blanca (30 ml)
1 parte de ron de 80% vol. alcohol (15 ml)
2 partes de half-and-half (30 ml)

Agitar todos los ingredientes en la coctelera con hielo picado. Colar en un vaso bajo helado lleno de cubitos.

CHOCOLATIER CAKE

2 partes de crema de cacao (30 ml)
2 partes de brandy (30 ml)
2 partes de nata montada (30 ml)

Enfriar todos los ingredientes. Con una cuchara de bar, verter con cuidado cada ingrediente en una copa pony helada en el orden indicado.

CHOCOLATIER CAKE

CHRYSANTHEMUM COCKTAIL

4 partes de vermut seco (60 ml)
3 partes de Bénédictine (45 ml)
1/4 cdta. de Pernod
1 espiral de piel de naranja

Poner el vermut y el Bénédictine en el vaso mezclador con hielo picado y remover. Colar en una copa de cóctel helada. Añadir el Pernod y remover. Colocar la espiral de adorno.

CIDER CUP

8 partes de brandy (120 ml)
4 partes de Cointreau (60 ml)
32 partes de sidra (480 ml)
16 partes de soda (240 ml)
4 cdtas. de azúcar
Rodajas de manzana
Ramitas de menta fresca

Remover todos los ingredientes, menos la manzana y la menta, en una jarra, con cubitos. Adornar con la manzana y la menta. Servir en copas. Para 3-4 personas.

CLAM DIGGER

16 partes de zumo de tomate y almeja (240 ml)
2 partes de zumo natural de lima (30 ml)
3-5 chorritos de tabasco
3-5 chorritos de salsa Worcester
Pimienta recién molida, al gusto
Sal de apio, al gusto
1/4 cdta. de rábano picante blanco
1 rama de apio
1 rodaja de lima

Poner todos los ingredientes y hielo picado en la coctelera y agitar bien. Colar en un vaso collins helado lleno de cubitos y adornar con la lima y la rama de apio.

CLARET COBBLER

8 partes de clarete helado o Cabernet Sauvignon (120 ml)
1 cdta. de zumo natural de limón
1 cdta. de azúcar
4 partes de soda helada (60 ml)
1 rodaja de naranja

En una copa de vino helada, disolver el azúcar en zumo de limón y soda. Añadir el clarete y hielo picado. Adornar con la naranja.

CLARET CUP

32 partes de clarete o Cabernet Sauvignon (480 ml)
4 partes de brandy (60 ml)
2 partes de Cointreau (30 ml)
3 cdtas. de azúcar
16 partes de soda (240 ml)
Rodajas de naranja
Ramitas de menta fresca

Remover todos los ingredientes, menos la naranja y la menta, en una jarra grande con cubitos. Adornar con la naranja y la menta. Servir en copas de vino tinto. Para 3-4 personas.

CLARET PUNCH

3 botellas (de 750 ml) de clarete o Cabernet Sauvignon
32 partes de brandy (480 ml)
16 partes de Cointreau (240 ml)
48 partes de zumo natural de limón (720 ml)
1/2-1 taza de azúcar, al gusto
Fruta de temporada en rodajas

Remover todos los ingredientes, menos la fruta, en una ponchera grande. Añadir un bloque de hielo. Decorar con las rodajas de fruta. Para 15-20 personas.

CLARIDGE COCKTAIL

4 partes de ginebra (60 ml)
1 parte de vermut seco (15 ml)
1 parte de brandy de albaricoque (15 ml)
1 parte de Triple Sec (15 ml)

Mezclar todos los ingredientes en la coctelera con hielo picado. Agitar bien y colar en una copa de cóctel helada.

CLASSIC COCKTAIL

4 partes de brandy(60 ml)
1 parte de Curaçao blanco (15 ml)
1 parte de licor de marrasquino (15 ml)
1 parte de zumo natural de limón (15 ml)
1 espiral de piel de limón
1 rodaja de limón
Azúcar

Humedecer el borde de una copa de cóctel helada con la rodaja de limón y pasarlo por azúcar. Mezclar los demás ingredientes, menos la espiral de limón, en la coctelera con hielo picado y agitar bien. Colar en la copa de cóctel decorada con azúcar y adornar con la espiral de limón.

CLOISTER

4 partes de ginebra (60 ml)
1 parte de Chartreuse amarillo (15 ml)
1 parte de zumo natural de pomelo (15 ml)
1 cdta. de zumo natural de limón
1/2 cdta. de azúcar

Mezclar todos los ingredientes en la coctelera con hielo picado y agitar bien. Colar en una copa de cóctel helada.

CLOVER CLUB COCKTAIL

4 partes de ginebra (60 ml)
2 partes de zumo natural de limón (30 ml)
2 cdta. de granadina
1 clara de huevo

Mezclar todos los ingredientes en la coctelera con hielo picado y agitar enérgicamente. Colar en una copa de cóctel helada.

COCK N'BULL SHOT

4 partes de vodka (60 ml)
4 partes de caldo de pollo (60 ml)
4 partes de caldo de carne (60 ml)
1 parte de zumo natural de limón (15 ml)
Tabasco, al gusto
Salsa Worcester, al gusto
Pimienta recién molida, al gusto
Sal de apio, al gusto

Remover bien todos los ingredientes y hielo picado en el vaso mezclador. Colar en un vaso bajo helado.

COCO CHANEL

3 partes de ginebra (45 ml)
3 partes de licor de café (45 ml)
3 partes de half-and-half (45 ml)

Mezclar todos los ingredientes en la coctelera con hielo picado. Agitar bien y colar en una copa de cóctel helada.

COCO COLA

4 partes de leche de coco (60 ml)
2 partes de zumo natural de lima (30 ml)
Cola
1 rodaja de lima

Mezclar la leche de coco y el zumo de lima en la coctelera y agitar bien. Verter en un vaso alto helado lleno de cubitos. Llenar con cola y adornar con la rodaja de lima.

COCO LOCO

1 coco y su leche
1 taza de hielo picado
4 partes de tequila plata (60 ml)
2 partes de ginebra (30 ml)
2 partes de ron blanco (30 ml)
4 partes de zumo de piña (60 ml)
1 cdta. de jarabe de azúcar
1/2 lima

Partir el coco cortando la parte superior sin derramar su leche.
Añadir al coco el hielo picado y verter en él todos los ingredientes líquidos. Exprimir la lima sobre el cóctel y añadirla. Remover bien.

COCONUT COOLER

4 partes de leche de coco (60 ml)
4 partes de zumo natural de lima (60 ml)
Soda
1 ramita de menta fresca

Mezclar la leche de coco y el zumo de lima en la coctelera y agitar bien. Verter en un vaso collins helado. Acabar de llenarlo con soda. y remover despacio. Adornar con la menta.

COFFEE COCKTAIL

6 partes de oporto ruby (90 ml)
2 partes de brandy (30 ml)
2-3 chorritos de Curaçao blanco
1 yema de huevo
1/2 cdta. de azúcar
Nuez moscada, recién rallada

Poner todos los ingredientes, menos la nuez moscada, en la batidora con hielo picado. Mezclar hasta que se unan. Verter en una copa sour helada y espolvorear con la nuez moscada.

COCO LOCO

COFFEE EGG NOG

4 partes de whisky blended (60 ml)
2 partes de licor de café (30 ml)
12 partes de leche (180 ml)
2 partes de half-and-half (30 ml)
1 cdta. de jarabe de azúcar
1/2 cdta. de café instantáneo
1 huevo
Nuez moscada, recién rallada

Poner todos los ingredientes, menos la nuez moscada, en la batidora con hielo picado. Mezclar hasta que se unan y verter en un vaso collins helado. Espolvorear con nuez moscada.

COFFEE FLIP

4 partes de coñac (60 ml)
2 partes de oporto ruby (30 ml)
10 partes de café frío (150 ml)
1/2 cdta. azúcar
1 huevo
Nuez moscada, recién rallada

Poner todos los ingredientes, menos la nuez moscada, en la batidora con hielo picado. Mezclar hasta que se unan y verter en una copa de vino tinto helada. Espolvorear con nuez moscada.

COFFEE GRASSHOPPER

3 partes de licor de café (45 ml)
2 partes de crema de menta blanca (30 ml)
2 partes de half-and-half (30 ml)

Mezclar todos los ingredientes en la coctelera con hielo picado y agitar bien. Colar en un vaso bajo helado lleno de cubitos.

COGNAC COUPLING

4 partes de coñac (60 ml)
2 partes de oporto tawny (30 ml)
1 parte de Pernod (15 ml)
2-3 chorritos de Peychaud's bitter
1 cdta. de zumo natural de limón

Agitar todos los ingredientes en la coctelera con hielo picado. Colar en un vaso bajo helado con cubitos.

COLD AND CLAMMY BLOODY MARY

4 partes de vodka helado (60 ml)
12 partes de zumo de tomate y almeja (180 ml)
1/2 cdta. de zumo natural de lima
1/2 cdta. de salsa Worcester
Varios chorritos de tabasco
Pimienta recién molida, al gusto
Sal, al gusto
1 rodaja de cebolla

Mezclar todos los ingredientes, menos la cebolla, en la coctelera con hielo picado. Agitar bien. Colar en un vaso alto helado lleno de cubitos. Adornar con la cebolla y aderezar con las especias al gusto.

COLD DECK

4 partes de brandy (60 ml)
1 parte de vermut dulce (15 ml)
1 parte de crema de menta blanca (15 ml)

Mezclar todos los ingredientes en la coctelera con hielo picado y agitar bien. Colar en una copa de cóctel helada.

COLONIAL COCKTAIL

4 partes de ginebra (60 ml)
1 cdta. de licor de marrasquino
1 parte de zumo de pomelo (15 ml)
1 aceituna

Agitar todos los ingredientes, menos la aceituna, en la coctelera con hielo picado. Colar en una copa de cóctel helada y adornar con la aceituna.

COLONY CLUB

4 partes de ginebra (60 ml)
1 cdta. de Pernod
3-5 chorritos de orange bitter

Mezclar todos los ingredientes en la coctelera con hielo picado y agitar bien. Colar en una copa de cóctel helada.

COLUMBIA

4 partes de brandy (60 ml)
1 parte de vermut dulce (15 ml)
1 cdta. de zumo natural de limón
1 cdta. de granadina
1 chorrito de angostura

Mezclar todos los ingredientes en la coctelera con hielo picado. Agitar bien y colar en una copa de cóctel helada.

COMBO

4 partes de vermut seco (60 ml)
1 cdta. de brandy
1/2 cdta. de Cointreau
1/2 cdta. de azúcar
1 chorrito de angostura

Agitar todos los ingredientes en la coctelera con hielo picado. Colar en un vaso bajo helado lleno de cubitos.

COMMODORE COCKTAIL

4 partes de bourbon (60 ml)
2 partes de crema de cacao blanca (30 ml)
1 parte de zumo natural de limón (15 ml)

Mezclar todos los ingredientes en la coctelera con hielo picado y agitar bien. Colar en una copa de cóctel helada.

COMMONWEALTH COCKTAIL

4 partes de whisky de Canadá (60 ml)
1 parte de Grand Marnier (15 ml)
1 cdta. de zumo natural de limón
1 espiral de piel de naranja

Mezclar todos los ingredientes, menos la naranja, en el vaso mezclador lleno de hielo picado. Remover bien. Colar en una copa de cóctel helada y adornar con la espiral de naranja.

CONEY ISLAND BABY

4 partes de schnapps de peppermint (60 ml)
2 partes de crema de cacao oscura (30 ml)
Sifón

Mezclar el schnapps y la crema de cacao en la coctelera con hielo picado. Agitar bien. Colar en un vaso alto helado lleno de cubitos y acabar de llenarlo con el sifón. Remover despacio.

CONFETTI

8 partes de mosto de cereza sin azúcar (120 ml)
2 partes de jarabe de almendra (30 ml)
50 gr de manzanas troceadas (aprox.)
50 gr de peras troceadas (aprox.)
50 gr de melocotones troceados (aprox.)

Poner todos los ingredientes en la batidora con hielo picado. Mezclar hasta que se unan y verter en un vaso alto helado. Nota: si tiene que usar fruta en lata, use la que está envasada con su propio zumo sin adición de azúcar.

CONTINENTAL COCKTAIL

4 partes de ron blanco (60 ml)
1 parte de crema de menta verde (15 ml)
1 parte de zumo natural de lima (15 ml)
1/2 cdta. de azúcar

Mezclar todos los ingredientes en la coctelera con hielo picado y agitar bien. Colar en una copa de cóctel helada.

COOL COLLINS

4 partes de zumo natural de limón (60 ml)
1 cdta. de azúcar
7 hojas de menta fresca
Soda
1 rodaja de limón
Ramitas de menta fresca

Verter el zumo de limón y el azúcar en un vaso collins helado.
Añadir las hojas de menta y aplastarlas con la cuchara de bar. Añadir cubitos y llenar con soda. Remover despacio y adornar con la rodaja de limón y ramitas de menta.

COOL COLONEL

4 partes de bourbon (60 ml)
2 partes de Southern Comfort (30 ml)
8 partes de té cargado frío (120 ml)
1 parte de zumo natural de limón (15 ml)
1/2 cdta. de azúcar
Soda
1 espiral de piel de limón

Poner todos los ingredientes, menos la espiral de limón y la soda, en el vaso mezclador lleno de hielo picado. Remover bien. Verter en un vaso collins helado. Acabar de llenarlo con soda y adornar con la piel de limón.

COOPERSTOWN COCKTAIL

4 partes de ginebra (60 ml)
1 parte de vermut seco (15 ml)
1 parte de vermut dulce (15 ml)
1 ramita de menta fresca

Mezclar todos los ingredientes, menos la menta, en la coctelera con hielo picado y agitar bien. Colar en una copa de cóctel helada y adornar con la menta.

CORKSCREW

4 partes de ron blanco (60 ml)
1 parte de vermut seco (15 ml)
1 parte de licor de melocotón (15 ml)
1 rodaja de lima

Mezclar todos los ingredientes, excepto la lima, en la coctelera con hielo picado. Agitar bien. Colar en una copa de cóctel helada y adornar con la rodaja de lima.

CORNELL COCKTAIL

4 partes de ginebra (60 ml)
1 parte de licor de marrasquino (15 ml)
1/2 clara de huevo

Mezclar todos los ingredientes en la coctelera con hielo picado. Agitar enérgicamente. Colar en una copa de cóctel helada.

CORONADO

4 partes de ginebra (60 ml)
1 parte de Curaçao blanco (15 ml)
4 partes de zumo de piña (60 ml)
3-5 chorritos de kirschwasser
1 guinda

Mezclar todos los ingredientes, menos la guinda, en la coctelera con hielo picado. Agitar bien y colar en un vaso bajo helado. Adornar con la guinda.

CORPSE REVIVER

4 partes de brandy de manzana (60 ml)
2 partes de brandy (30 ml)
1 parte de vermut dulce (15 ml)

Mezclar todos los ingredientes en la coctelera con hielo picado y agitar bien. Colar en una copa de cóctel helada.

COSMOPOLITAN

4 partes de vodka (60 ml)
2 partes de Triple Sec (30 ml)
2 partes de zumo de arándanos (30 ml)
1 parte de zumo natural de lima (15 ml)

Mezclar todos los ingredientes en la coctelera con hielo picado. Agitar bien y verter en una copa de cóctel helada.

COSMOPOLITAN

COSSACK

4 partes de vodka (60 ml)
2 partes de coñac (30 ml)
2 partes de zumo natural de lima (30 ml)
1/2 cdta. de azúcar

Mezclar todos los ingredientes en la coctelera con hielo picado y agitar bien. Colar en una copa de cóctel helada.

COSTA DEL SOL

4 partes de ginebra (60 ml)
2 partes de brandy de albaricoque (30 ml)
2 partes de Cointreau (30 ml)

Mezclar todos los ingredientes en la coctelera con hielo picado. Agitar bien y verter en un vaso bajo helado.

COUNT STROGANOFF

4 partes de vodka (60 ml)
2 partes de crema de cacao blanca (30 ml)
1 parte de zumo natural de limón (15 ml)

Mezclar todos los ingredientes en la coctelera con hielo picado y agitar bien. Colar en una copa de cóctel helada.

COUNTRY CLUB COOLER

8 partes de Lillet blanc (120 ml)
1 cdta. de granadina
Soda
1 espiral de piel de naranja

Verter el Lillet y la granadina en un vaso collins y remover. Añadir cubitos y acabar de llenar con soda. Remover despacio y adornar con la espiral de naranja.

COWBOY COCKTAIL

6 partes de whisky rye (90 ml)
2 Cdas. de half-and-half

Mezclar todos los ingredientes en la coctelera con hielo picado y agitar bien. Colar en una copa de cóctel helada.

COWGIRL'S PRAYER

4 partes de tequila oro (60 ml)
Limonada casera fría
2 partes de zumo natural de lima (30 ml)
1 rodaja de limón
1 rodaja de lima

Verter el tequila y el zumo de lima en un vaso collins helado lleno de cubitos. Acabar de llenar con limonada y remover. Adornar con las rodajas de lima y limón.

CRANBERRY CREAM COCKTAIL

5 partes de zumo de arándanos (75 ml)
4 partes de zumo de manzana (60 ml)
1 parte de crema de coco (15 ml)
2 partes de zumo natural de lima (30 ml)
2 chorritos de granadina

Poner todos los ingredientes en la batidora con hielo picado y mezclar hasta que se unan. Verter en una copa de vino helada.

CREAMSICLE

4 partes de licor de vainilla (60 ml)
8 partes de zumo natural de naranja (120 ml)
4 partes de half-and-half (60 ml)
1 rodaja de naranja

Mezclar todos los ingredientes, menos la rodaja de naranja, con hielo picado en la coctelera. Agitar bien y colar en un vaso alto helado lleno de cubitos. Adornar con la rodaja de naranja.

CREAMY ORANGE

2 partes de jerez cream (30 ml)
2 partes de zumo natural de naranja (30 ml)
1 parte de brandy (15 ml)
1 parte de half-and-half (15 ml)

Mezclar todos los ingredientes en la coctelera con hielo picado. Agitar bien y colar en una copa de cóctel helada.

CREAMSICLE

CREAMY SCREWDRIVER

4 partes de vodka (60 ml)
1 yema de huevo
1/2 cdta. de azúcar
12 partes de zumo natural de naranja (180 ml)

Poner todos los ingredientes en la batidora con hielo picado y mezclar hasta que se unan. Servir en un vaso collins helado lleno de cubitos.

CRÈME DE MENTHE FRAPPE

4 partes de crema de menta verde (60 ml)
Hielo picado

Llenar un vaso bajo con hielo picado. Añadir crema de menta y servir con una pajita.

CUBA LIBRE

CREOLE

4 partes de ron blanco (60 ml)
1 cdta. de zumo natural de limón
Tabasco, al gusto
Pimienta recién molida, al gusto
Sal, al gusto
Caldo de carne

Mezclar el ron, el zumo de limón y el tabasco con hielo picado en la coctelera y agitar bien. Colar en un vaso bajo helado lleno de cubitos. Acabar de llenar con caldo de carne y remover. Sazonar con sal y pimienta.

CREOLE LADY

4 partes de bourbon (60 ml)
3 partes de Madeira (45 ml)
1 cdta. de granadina
1 guinda roja
1 guinda verde

Remover los ingredientes líquidos con hielo en el vaso mezclador. Colar en una copa de cóctel helada y adornar con las guindas.

CRIMSON

4 partes de ginebra (60 ml)
1 parte de oporto ruby (15 ml)
2 cdta. de zumo natural de lima
1 cdta. de granadina

Agitar todos los ingredientes, excepto el oporto, en la coctelera con hielo picado. Colar en una copa de cóctel helada y acabar de llenar con oporto.

CUBA LIBRE

4 partes de ron blanco (60 ml)
Cola
1 rodaja de lima

Verter el ron y la cola en un vaso alto helado lleno de cubitos. Remover y adornar con la lima.

CUBAN COCKTAIL

4 partes de brandy (60 ml)
2 partes de brandy de albaricoque (30 ml)
1 cdta. de ron blanco
2 partes de zumo natural de lima (30 ml)

Mezclar todos los ingredientes en la coctelera con hielo picado y agitar bien. Colar en una copa de cóctel helada.

CUBAN SPECIAL

4 partes de ron blanco (60 ml)
1 cdta. de Triple Sec
2 partes de zumo natural de lima (30 ml)
1 Cda. de zumo de piña
1 trozo de piña

Mezclar todos los ingredientes en la coctelera con hielo picado y agitar bien. Colar en una copa de cóctel helada y adornar con la piña.

CUBANO

4 partes de ron blanco (60 ml)
2 partes de zumo natural de lima (30 ml)
1/2 cdta. de azúcar

Mezclar todos los ingredientes en la coctelera con hielo picado. Agitar bien y colar en una copa de cóctel helada.

CURAÇAO COOLER

CULROSS

4 partes de ron blanco (60 ml)
1 parte de brandy de albaricoque (15 ml)
1 parte de Lillet blanc (15 ml)
1 cdta. de zumo natural de limón

Mezclar todos los ingredientes en la coctelera con hielo picado. Agitar bien y colar en una copa de cóctel helada.

CURAÇAO COOLER

4 partes de ron añejo (60 ml)
3 partes de Curaçao blanco (45 ml)
2 partes de zumo natural de lima (30 ml)
Soda
1 rodaja de naranja

Mezclar todos los ingredientes, menos la soda y la rodaja de naranja, en la coctelera con hielo picado. Agitar bien. Verter en un vaso alto helado y acabar de llenar con soda. Remover despacio y adornar con la naranja.

D

DAIQUIRI

4 partes de ron blanco (60 ml)
1 1/2 partes de zumo natural de lima (22,5 ml)
1/2 cdta. de almíbar

Mezclar todos los ingredientes en la coctelera con hielo picado. Agitar bien. Colar en una copa de cóctel helada.

DAMN THE WEATHER

4 partes de ginebra (60 ml)
1 Cda. de vermut dulce
2 cdtas. de Triple Sec
1 parte de zumo natural de naranja (15 ml)

Mezclar todos los ingredientes en la coctelera con hielo picado y agitar bien. Colar en una copa de cóctel helada.

DANIEL'S COCKTAIL

4 partes de zumo natural de naranja (60 ml)
3 partes de zumo natural de lima (45 ml)
2 cdtas. de granadina

Mezclar todos los ingredientes en la coctelera con hielo picado y agitar bien. Colar en una copa de cóctel helada.

DANISH GIN FIZZ

4 partes de ginebra (60 ml)
1 parte de Cherry Heering (15 ml)
1 cdta. de kirschwasser
1 parte de zumo natural de lima (15 ml)
1/2 cdta. de azúcar
Soda
1 rodaja de lima
1 guinda

Mezclar todos los ingredientes, menos la soda y la fruta, en la coctelera con hielo picado. Agitar bien y colar en un vaso alto helado lleno de cubitos. Acabar de llenar con soda y remover despacio. Adornar con la lima y la guinda.

DARB

3 partes de ginebra (45 ml)
2 partes de vermut seco (30 ml)
2 partes de brandy de albaricoque (30 ml)
1 parte de zumo natural de limón (15 ml)

Mezclar todos los ingredientes en la coctelera con hielo picado y agitar bien. Colar en una copa de cóctel helada.

DAYDREAM

3 partes de jarabe de fruta de la pasión (45 ml)
Zumo natural de naranja
Nuez moscada, recién rallada

Verter el jarabe de fruta de la pasión en un vaso collins helado lleno de cubitos. Llenar con zumo de naranja y remover. Espolvorear nuez moscada por encima.

DEAUVILLE

3 partes de brandy (45 ml)
2 partes de brandy de manzana (30 ml)
1 parte de Cointreau (15 ml)
1 parte de zumo natural de limón (15 ml)

Mezclar los ingredientes en la coctelera con hielo picado y agitar bien. Colar en una copa de cóctel helada.

DEEP SEA

4 partes de ginebra (60 ml)
2 partes de vermut seco (30 ml)
1/2 cdta. de Pernod
1 chorrito de orange bitter

Remover los ingredientes con hielo picado en el vaso mezclador. Colar en una copa de cóctel helada.

DELMONICO COCKTAIL

3 partes de ginebra (45 ml)
2 partes de brandy (30 ml)
1 parte de vermut seco (15 ml)
1 parte de vermut dulce (15 ml)
2 chorritos de angostura
1 espiral de piel de limón

Remover bien los ingredientes líquidos con cubitos en el vaso mezclador. Colar en una copa de cóctel helada y adornar con la espiral de limón.

DELTA

4 partes de whisky blended (60 ml)
1 parte de Southern Comfort (15 ml)
1 parte zumo natural de lima (15 ml)
1/2 cdta. de azúcar
1 rodaja de naranja
1 rodaja de melocotón

Mezclar todos los ingredientes, menos la fruta, en la coctelera con hielo picado. Agitar bien. Verter en un vaso bajo helado y adornar con la fruta.

DEMPSEY

4 partes de ginebra (60 ml)
2 partes de brandy de manzana (30 ml)
1 cdta. de Pernod
1 cdta. de granadina

Poner todos los ingredientes y hielo picado en el vaso mezclador y remover. Colar en una copa de cóctel helada.

DEPTH BOMB

4 partes de brandy (60 ml)
2 partes de brandy de manzana (30 ml)
1/2 cdta. de zumo natural de limón
1/2 cdta. de granadina

Mezclar todos los ingredientes en la coctelera con hielo picado y agitar bien. Colar en un vaso bajo helado lleno de cubitos.

DEPTH CHARGE

4 partes de schnapps, de su elección (60 ml)
Cerveza (500 ml)

Verter el schnapps y después la cerveza en una jarra helada.

DERBY DAIQUIRI

4 partes de ron blanco (60 ml)
2 partes de zumo natural de naranja (30 ml)
1 parte de zumo natural de lima (15 ml)
1 cdta. de azúcar

Poner todos los ingredientes en la batidora con hielo picado. Mezclar a velocidad mínima hasta que se unan. Verter en una copa flauta helada.

DERBY FIZZ

4 partes de scotch (60 ml)
1 cdta. de Triple Sec
1 parte de zumo natural de limón (15 ml)
1/2 cdta. de azúcar
1 huevo
Soda

Mezclar todos los ingredientes, menos la soda, en la coctelera con hielo picado y agitar enérgicamente. Verter en un vaso collins helado lleno de cubitos. Acabar de llenar con soda y remover despacio.

DERBY SPECIAL

4 partes de ron blanco (60 ml)
1 parte de Cointreau (15 ml)
2 partes de zumo natural de naranja (30 ml)
1 parte de zumo natural de lima (15 ml)

Poner todos los ingredientes en la batidora con hielo picado. Mezclar hasta que se unan. Servir en una copa de cóctel helada.

DEVIL'S COCKTAIL

4 partes de oporto ruby (60 ml)
2 partes de vermut seco (30 ml)
1/2 cdta. de zumo de limón

Remover los ingredientes con hielo picado en el vaso mezclador. Colar en una copa de cóctel helada.

DEVIL'S TAIL

4 partes de ron blanco (60 ml)
2 partes de vodka (30 ml)
2 cdta. de brandy de albaricoque
1 parte de zumo natural de lima (15 ml)
2 cdtas. de granadina
1 espiral de piel de lima

Poner todos los ingredientes, menos la espiral de lima, en la batidora con hielo picado. Mezclar a velocidad mínima hasta que se unan. Verter en una copa flauta helada y adornar con la lima.

DIABLO

4 partes de oporto blanco (60 ml)
2 partes de vermut seco (30 ml)
Zumo natural de limón
1 espiral de piel de limón

Mezclar todos los ingredientes, menos la espiral de limón, en la coctelera con hielo picado. Agitar bien y colar en una copa de cóctel helada. Adornar con la espiral de limón.

DIAMOND FIZZ

4 partes de ginebra (60 ml)
1 parte de zumo natural de limón (15 ml)
1 cdta. de azúcar
Champaña o cava

Agitar todos los ingredientes, menos el champaña, en la coctelera con hielo picado. Colar en un vaso alto helado lleno de cubitos y acabar de llenar con champaña. Remover despacio.

DIAMOND HEAD

4 partes de ginebra (60 ml)
1 parte de brandy de albaricoque (15 ml)
2 partes de zumo natural de limón (30 ml)
1/2 cdta. de azúcar
1/2 clara de huevo

Mezclar todos los ingredientes en la coctelera con hielo picado. Agitar enérgicamente y colar en una copa de cóctel helada.

DIANA

4 partes de crema de menta blanca (60 ml)
1 parte de coñac (15 ml)
Hielo picado

Verter la crema de menta en una copa de coñac llena de hielo picado. Acabar de llenar con coñac.

DINAH

4 partes de whisky blended (60 ml)
1 parte de zumo natural de limón (15 ml)
1/2 cdta. de azúcar
1 ramita de menta fresca

Agitar todos los ingredientes, menos la menta, en la coctelera con hielo picado. Colar en una copa de cóctel helada y adornar con la ramita de menta.

DIPLOMAT

4 partes de vermut seco (60 ml)
1 parte de vermut dulce (15 ml)
1/2 cdta. de licor de marrasquino
3 chorritos de angostura
1 rodaja de limón
1 guinda

Remover bien todos los ingredientes líquidos y hielo picado en el vaso mezclador. Colar en una copa de cóctel helada y adornar con la fruta.

DIXIE

4 partes de ginebra (60 ml)
2 partes de Pernod (30 ml)
1 parte de vermut seco (15 ml)
4 partes de zumo natural de naranja (60 ml)
1/4 cdta. de granadina

Agitar todos los ingredientes en la coctelera con hielo picado. Colar en un vaso bajo helado.

DIXIE WHISKEY COCKTAIL

4 partes de bourbon (60 ml)
1/2 cdta. de Cointreau
1/2 cdta. de crema de menta blanca
1/2 cdta. de azúcar
1 chorrito de angostura

Agitar todos los ingredientes en la coctelera con hielo picado. Colar en una copa de cóctel helada.

DOUBLE STANDARD SOUR

3 partes de whisky blended (45 ml)
3 partes de ginebra (45 ml)
2 partes de zumo natural de limón (30 ml)
1/2 cdta. de azúcar
1 cdta. de granadina
1 guinda
1 rodaja de naranja

Mezclar todos los ingredientes, menos la fruta, en la coctelera con hielo picado. Agitar bien. Colar en una copa sour helada y adornar con la fruta.

DREAM COCKTAIL

4 partes de brandy (60 ml)
2 partes de Triple Sec (30 ml)
1/2 cdta. de Pernod

Mezclar todos los ingredientes en la coctelera con hielo picado y agitar bien. Colar en una copa de cóctel helada.

DRY MANHATTAN

6 partes de whisky rye (90 ml)
2 partes de vermut seco (30 ml)
1 chorrito de angostura
1 guinda

Poner todos los ingredientes, menos la guinda, en el vaso mezclador con cubitos. Remover bien y colar en una copa de cóctel helada. Adornar con la guinda.

DUBARRY COCKTAIL

4 partes de ginebra (60 ml)
1 parte de vermut seco (15 ml)
1/2 cdta. de Pernod
1 chorrito de orange bitter
1 rodaja de naranja

Remover todos los ingredientes, menos la rodaja de naranja, con hielo picado en el vaso mezclador. Colar en una copa de cóctel helada y adornar con la naranja.

DUBONNET COCKTAIL

4 partes de ginebra (60 ml)
3 partes de Dubonnet tinto (45 ml)
1 chorrito de angostura
1 espiral de piel de limón

Remover los ingredientes líquidos y hielo picado en el vaso mezclador. Colar en una copa de cóctel helada y adornar con la espiral de limón.

DUBONNET FIZZ

4 partes de Dubonnet tinto (60 ml)
2 partes de Cherry Heering (30 ml)
2 partes de zumo natural de naranja (30 ml)
1 parte de zumo natural de limón (15 ml)
Soda
1 rodaja de limón

Mezclar todos los ingredientes, menos la soda y la rodaja de limón, en la coctelera con hielo picado. Agitar bien. Colar en un vaso alto helado lleno de cubitos. Acabar de llenar con soda y remover despacio. Adornar con la rodaja de limón.

DUCHESS

4 partes de Pernod (60 ml)
1 parte de vermut seco (15 ml)
1 parte de vermut dulce (15 ml)

Agitar todos los ingredientes en la coctelera con hielo picado. Colar en una copa de cóctel helada.

E

EARTHQUAKE

4 partes de whisky blended (60 ml)
2 partes de ginebra (30 ml)
2 partes de Pernod (30 ml)

Mezclar todos los ingredientes en la coctelera con hielo picado.
Agitar bien y colar en una copa de cóctel helada.

EAST INDIA

4 partes de brandy (60 ml)
1 1/2 partes de Triple Sec (22,5 ml)
1 1/2 partes de zumo de piña (22,5 ml)
2 chorritos de angostura

Poner todos los ingredientes y hielo picado en el vaso mezclador. Remover bien y colar en una copa de cóctel helada.

ECLIPSE

4 partes de Sloe Gin (60 ml)
2 partes de ginebra (30 ml)
Granadina
1 guinda
1 espiral de piel de naranja

Poner la guinda en una copa de cóctel helada y cubrir con granadina.
Agitar las dos ginebras con hielo picado en la coctelera. Colar con cuidado en la copa de cóctel para que las ginebras no se mezclen con la granadina.
Adornar con la naranja.

EGG CREAM

2 partes de jarabe de chocolate (30 ml)
7 partes de leche fría (105 ml)
Sifón

Verter el jarabe en una copa. Añadir la leche y remover. Añadir el sifón y remover enérgicamente para obtener una corona espumosa.

EGG NOG

1 botella de brandy (750 ml)
1 1/2 l de leche
500 ml de nata montada
1 taza de azúcar (aprox. 250 ml)
1 docena de huevos
Nuez moscada, recién rallada

Batir las yemas con el azúcar en una ponchera grande.
Reservar las claras. Añadir la leche y la nata montada y remover.
Añadir el brandy y enfriar al menos una hora. Antes de servir, batir bien las claras y agregarlas al Egg Nog. Espolvorear con nuez moscada recién rallada.
Para 25 personas.

EGG NOG
(sin alcohol)

16 partes de leche (240 ml)
1 huevo
1 Cda. de azúcar
1/4 cdta. de extracto de almendra
1/4 cdta. de extracto de vainilla
Nata montada
Nuez moscada, recién rallada

Batir bien el huevo y verterlo en la coctelera con la leche fría, el azúcar y los extractos. Agitar bien y verter en una taza helada. Coronar con nata montada y espolvorear con nuez moscada.

EGG SOUR

4 partes de brandy (60 ml)
1 parte de zumo natural de limón (15 ml)
1/2 cdta. de Cointreau
1/2 cdta. de azúcar
1 huevo

Agitar enérgicamente todos los ingredientes con hielo picado. Servir en una copa sour helada.

EGG NOG

ELK'S OWN

4 partes de whisky rye (60 ml)
2 partes de oporto ruby (30 ml)
1 parte de zumo natural de limón (15 ml)
1 clara de huevo
1 cdta. de azúcar
1 trozo de piña

Mezclar todos los ingredientes, menos la piña, en la coctelera con hielo picado y agitar enérgicamente. Colar en una copa de cóctel helada.

EL PRESIDENTE

4 partes de ron blanco (60 ml)
2 partes de zumo natural de lima (30 ml)
1 cdta. de granadina
1 cdta. de zumo de piña

Agitar los ingredientes en la coctelera con hielo picado. Colar en una copa de cóctel helada.

EMERALD ISLE COCKTAIL

5 partes de ginebra (75 ml)
2 cdta. de crema de menta verde
3 chorritos de angostura
1 guinda verde

Remover los ingredientes líquidos con hielo picado en el vaso mezclador. Colar en una copa de cóctel helada y adornar con la guinda.

EMERSON

4 partes de ginebra (60 ml)
2 partes de vermut dulce (30 ml)
1 parte de zumo natural de lima (15 ml)
1 cdta. de licor de marrasquino

Mezclar todos los ingredientes en la coctelera con hielo picado. Agitar bien. Colar en una copa de cóctel helada.

EYE OPENER

EVERYBODY'S IRISH

4 partes de whiskey irlandés (60 ml)
1 parte de Chartreuse verde (15 ml)
1 parte de crema de menta verde (15 ml)

Remover todos los ingredientes con hielo picado en el vaso mezclador. Colar en una copa de cóctel helada.

EXIT 13-E

8 partes de zumo de loganberry (cruce de frambuesa y mora) (120 ml)
8 partes de zumo de piña (120 ml)
1 parte de zumo natural de lima (15 ml)

Remover bien los ingredientes con hielo picado en el vaso mezclador. Colar en un vaso collins helado lleno de cubitos.

EYE OF THE HURRICANE

4 partes de jarabe de fruta de la pasión (60 ml)
2 partes de zumo natural de lima (30 ml)
Bitter lemon soda
1 rodaja de lima

Mezclar el jarabe y el zumo con hielo picado en el vaso mezclador. Colar en un vaso alto helado lleno de cubitos y acabar de llenar con el bitter lemon. Remover despacio y adornar con la rodaja de lima.

EYE-OPENER

4 partes de ron blanco (60 ml)
1 cdta. de Pernod
1 cdta. de Cointreau
1 cdta. de crema de cacao blanca
1/2 cdta. de azúcar
1 yema de huevo

Agitar todos los ingredientes enérgicamente en la coctelera con hielo picado. Colar en una copa sour helada.

F

FAIR AND WARMER

4 partes de ron blanco (60 ml)
1 parte de vermut dulce (15 ml)
3 chorritos de Curaçao blanco
1 espiral de piel de limón

Agitar todos los ingredientes, menos el limón, en la coctelera con hielo picado. Colar en una copa de cóctel helada y adornar con la espiral de limón.

FAIRY BELLE COCKTAIL

4 partes de ginebra (60 ml)
2 partes de brandy de albaricoque (30 ml)
1 cdta. de granadina
1 clara de huevo

Mezclar todos los ingredientes en la coctelera con hielo picado y agitar enérgicamente. Colar en una copa de cóctel helada.

FALLEN ANGEL

4 partes de ginebra (60 ml)
1 cdta. de crema de menta blanca
2 partes de zumo natural de lima (30 ml)
1 chorrito de angostura
1 guinda

Mezclar todos los ingredientes, menos la guinda, con hielo picado en la coctelera. Agitar bien y colar en una copa de cóctel helada. Adornar con la guinda.

FANCY BRANDY

4 partes de brandy (60 ml)
1/2 cdta. de Cointreau
1/2 cdta. de azúcar
3 chorritos de angostura
1 espiral de piel de limón

Mezclar todos los ingredientes, menos el limón, en la coctelera con hielo picado. Agitar bien y colar en una copa de cóctel helada. Adornar con la espiral de limón.

FANCY WHISKEY

4 partes de whisky (60 ml)
1/2 cdta. de Cointreau
1/2 cdta. de azúcar
3 chorritos de angostura
1 espiral de piel de limón

Mezclar todos los ingredientes, menos la espiral de limón, en la coctelera con hielo picado. Agitar bien y colar en una copa de cóctel helada. Adornar con la espiral de limón.

FANTASIO

4 partes de brandy (60 ml)
2 partes de vermut seco (30 ml)
2 cdtas. de licor de marrasquino
2 cdtas. de crema de menta blanca

Remover bien todos los ingredientes y hielo picado en el vaso mezclador. Colar en una copa de cóctel helada.

FARE THE WELL

4 partes de ginebra (60 ml)
1 parte de vermut seco (15 ml)
1 chorrito de vermut dulce
1 chorrito de Cointreau

Mezclar todos los ingredientes con hielo picado y agitar bien. Colar en una copa de cóctel helada.

FARMER'S COCKTAIL

4 partes de ginebra (60 ml)
1 parte de vermut seco (15 ml)
1 parte de vermut dulce (15 ml)
3 chorritos de angostura

Mezclar todos los ingredientes en la coctelera con hielo picado y agitar bien. Colar en una copa de cóctel helada.

FAUX KIR

2 partes de jarabe de frambuesa (30 ml)
Zumo de uva blanca
1 espiral de piel de limón

Verter el jarabe sobre cubitos en una copa de vino helada. Llenar con el zumo de uva y remover bien. Adornar con la espiral de limón.

FAUX KIR ROYALE

3 partes de jarabe de frambuesa (45 ml)
Sidra

Remover el jarabe con hielo picado en el vaso mezclador. Verter en una copa de vino helada y llenar con la sidra fría. Remover despacio.

FAVORITE

3 partes de ginebra (45 ml)
2 partes de brandy de albaricoque (30 ml)
2 partes de vermut seco (30 ml)
1/2 cdta. de zumo de limón

Mezclar todos los ingredientes en la coctelera con hielo picado y agitar bien. Colar en una copa de cóctel helada.

FERDINAND THE BULL

8 partes de zumo de tomate (120 ml)
8 partes de caldo de carne frío (120 ml)
2 partes de zumo de lima (30 ml)
Tabasco, al gusto
Salsa Worcester, al gusto
Pimienta recién molida, al gusto
1 rodaja de lima

Mezclar todos los ingredientes, menos la pimienta y la rodaja de lima, en la coctelera con hielo picado y agitar bien. Colar en un vaso collins helado lleno de cubitos. Moler la pimienta sobre el cóctel y adornar con la lima.

FERN GULLY

4 partes de ron añejo (60 ml)
3 partes de ron blanco (45 ml)
1 parte de amaretto (15 ml)
1 parte de crema de coco (15 ml)
2 partes de zumo natural de naranja (30 ml)
2 partes de zumo natural de lima (30 ml)

Poner todos los ingredientes en la batidora con hielo picado. Mezclar a velocidad mínima hasta que se unan. Verter en una copa de vino tinto helada.

FERRARI

4 partes de vermut seco (60 ml)
2 partes de amaretto (30 ml)
1 chorrito de orange bitter
1 espiral de piel de limón

Mezclar todos los ingredientes, menos el limón, en la coctelera con hielo picado. Agitar bien y colar en un vaso bajo helado lleno de cubitos. Adornar con la espiral de limón.

FIFTH AVENUE

3 partes de crema de cacao oscura (45 ml)
3 partes de brandy de albaricoque (45 ml)
1 1/2 partes de half-and-half (22,5 ml)

Servir los ingredientes en el orden dado en una copa pousse-café.

FIFTY-FIFTY

4 partes de ginebra (60 ml)
4 partes de vermut seco (60 ml)
1 aceituna sevillana

Mezclar los licores y hielo picado en el vaso mezclador. Colar en una copa de cóctel helada y adornar con la aceituna.

FINE AND DANDY

4 partes de ginebra (60 ml)
2 partes de Triple Sec (30 ml)
2 partes de zumo natural de limón (30 ml)
1 chorrito de orange bitter

Mezclar todos los ingredientes en la coctelera con hielo picado y agitar bien. Colar en una copa de cóctel helada.

FIREMAN'S SOUR

4 partes de ron blanco (60 ml)
3 partes de zumo natural de lima (45 ml)
1/2 cdta. de azúcar
1 Cda. de granadina
1 rodaja de lima
1 guinda

Mezclar todos los ingredientes, menos la fruta, con hielo picado en la coctelera. Agitar bien y colar en una copa sour helada. Adornar con la guinda y el limón.

FISH HOUSE PUNCH

2 l de ron añejo
1 l de coñac
8 partes de brandy de melocotón (120 ml)
1 l de zumo natural de limón
2 l de agua mineral sin gas
1,5 tazas de azúcar
Rodajas de melocotón

En una ponchera helada, disolver el azúcar con el agua y el zumo de limón. Añadir los demás ingredientes y remover. Añadir un bloque de hielo y aderezar con las rodajas de melocotón. Para 40 personas.

FINO MARTINI

6 partes de ginebra o de vodka (90 ml)
1 cdta. de fino
1 espiral de piel de limón

Remover la ginebra (o el vodka) y el fino con cubitos en el vaso mezclador. Colar en una copa de cóctel helada y adornar con la espiral de limón.

FJORD

4 partes de brandy (60 ml)
2 partes de aquavit (30 ml)
4 partes de zumo natural de naranja (60 ml)
2 partes de zumo natural de lima (30 ml)
2 cdtas. de granadina

Mezclar todos los ingredientes en la coctelera con hielo picado y agitar bien. Colar en una copa de cóctel helada.

FLAMINGO

4 partes de ginebra (60 ml)
1 parte de brandy de albaricoque (15 ml)
1 parte de zumo natural de lima (15 ml)
1 cdta. de granadina

Mezclar todos los ingredientes en la coctelera con hielo y agitar bien. Colar en una copa de cóctel helada.

FLORADORA

4 partes de ginebra (60 ml)
4 partes de zumo natural de lima (60 ml)
1 Cda. de granadina
1/2 cdta. de azúcar
Soda

Mezclar todos los ingredientes, menos la soda, con hielo picado en la coctelera. Agitar bien y colar en un vaso alto helado lleno de cubitos. Acabar de llenar con soda y remover despacio.

FLORIDA

4 partes de ginebra (60 ml)
1 parte de kirschwasser (15 ml)
1 parte de Cointreau (15 ml)
1 Cda. de zumo natural de limón
Zumo natural de naranja

Mezclar todos los ingredientes, menos el zumo de naranja, en la coctelera con hielo picado. Agitar bien y colar en un vaso alto helado lleno de cubitos. Llenar con el zumo de naranja y remover otra vez.

FLYING DUTCHMAN

4 partes de ginebra (60 ml)
1 cdta. de Pernod

Remover los ingredientes con cubitos en un vaso bajo helado.

FLYING GRASSHOPPER

4 partes de vodka (60 ml)
1 parte de crema de menta verde (15 ml)
1 parte de crema de menta blanca (15 ml)

Poner todos los ingredientes en la batidora con hielo picado y mezclar a velocidad mínima hasta que se unan. Servir en un vaso bajo helado.

FLYING SCOTSMAN

4 partes de Scotch (60 ml)
2 partes de vermut dulce (30 ml)
1/4 cdta. de azúcar
3-5 chorritos de angostura

Poner todos los ingredientes en la batidora con hielo picado y mezclar a velocidad mínima hasta que se unan. Servir en un vaso bajo helado.

FOG CUTTER

4 partes de ron blanco (60 ml)
2 partes de brandy (30 ml)
2 partes de ginebra (30 ml)
1 cdta. de jerez dulce
3 partes de zumo natural de limón (45 ml)
2 partes de zumo natural de naranja (30 ml)
1 cdta. de jarabe de almendra

Mezclar todos los ingredientes, menos el jerez, en la coctelera con hielo picado y agitar bien. Colar en un vaso collins helado lleno de cubitos. Acabar de llenar con el jerez.

FORESTER

4 partes de bourbon (60 ml)
1 parte de licor de cereza (15 ml)
1 cdta. de zumo natural de limón
1 guinda

Mezclar todos los ingredientes, menos la guinda, con hielo picado en la coctelera. Agitar bien. Servir en un vaso bajo helado lleno de cubitos y adornar con la guinda.

FORT LAUDERDALE

4 partes de ron blanco (60 ml)
1 parte de vermut dulce (15 ml)
2 partes de zumo natural de lima (30 ml)
2 partes de zumo natural de naranja (30 ml)
1 rodaja de naranja

Mezclar todos los ingredientes, menos la rodaja de naranja, con hielo picado en la coctelera. Agitar bien y colar en un vaso bajo helado lleno de cubitos. Adornar con la naranja.

FOX RIVER COCKTAIL

4 partes de whisky rye (60 ml)
1 parte de crema de cacao oscura (15 ml)
3-5 chorritos de angostura
1 espiral de piel de limón

Poner todos los ingredientes, menos el limón, con hielo picado en el vaso mezclador y remover. Colar en una copa de cóctel helada y adornar con la espiral de limón.

FOGHORN

4 partes de ginebra (60 ml)
Cerveza de jengibre helada
1 rodaja de limón

Llenar casi hasta arriba un vaso de cerveza helado con la cerveza de jengibre. Añadir la ginebra y remover despacio. Adornar con la rodaja de limón.

FRAISE FIZZ

4 partes de ginebra (60 ml)
2 partes de licor de fresa (30 ml)
1 parte de zumo natural de limón (15 ml)
1/2 cdta. de azúcar
Soda
1 espiral de piel de limón
1 fresa fresca

Mezclar la ginebra, el licor, el zumo de limón y el azúcar en la coctelera con hielo picado. Agitar bien y colar en un vaso alto helado lleno de cubitos. Acabar de llenar con soda y remover despacio. Adornar con la espiral de limón y la fresa.

FRANKENJACK

4 partes de ginebra (60 ml)
2 partes de vermut seco (30 ml)
2 partes de brandy de albaricoque (30 ml)
2 partes de Triple Sec (30 ml)
1 guinda

Mezclar todos los ingredientes, menos la guinda, con hielo picado en la coctelera. Agitar bien y verter en un vaso bajo helado. Adornar con la guinda.

FREE SILVER

4 partes de ginebra (60 ml)
2 partes de ron añejo (30 ml)
2 partes de zumo natural de limón (30 ml)
1/2 cdta. de azúcar
1 Cda. de leche
Soda

Mezclar todos los ingredientes, menos la soda, en la coctelera con hielo picado y agitar bien. Colar en un vaso collins helado lleno de cubitos. Acabar de llenar con soda y remover despacio.

FRENCH CONNECTION

4 partes de coñac (60 ml)
2 partes de amaretto (30 ml)

Verter los ingredientes en un vaso bajo helado lleno de cubitos.
Remover bien.

FRENCH KISS

4 partes de bourbon (60 ml)
2 partes de licor de albaricoque (30 ml)
1 cdta. de zumo natural de limón
2 cdtas. de granadina

Mezclar todos los ingredientes en la coctelera con hielo picado y agitar bien. Colar en una copa de cóctel helada.

FRENCH '75'

4 partes de coñac (60 ml)
1 Cda. de almíbar
2 partes de zumo natural de limón (30 ml)
Champaña
1 espiral de piel de limón

Mezclar todos los ingredientes, menos la espiral de limón y el champaña, en la coctelera con hielo picado. Agitar bien y verter en un vaso alto helado. Acabar de llenar con el champaña y adornar con la espiral de limón.

FRIAR TUCK

4 partes de Frangélico (60 ml)
4 partes de zumo natural de limón (60 ml)
1 cdta. de granadina
1 rodaja de naranja

Poner todos los ingredientes en la batidora con hielo picado. Mezclar hasta que se unan y verter en un vaso bajo helado. Adornar con la rodaja de naranja.

FROTH BLOWER

4 partes de ginebra (60 ml)
1 cdta. de granadina
1 clara de huevo

Poner todos los ingredientes en la batidora con hielo picado. Mezclar hasta que se unan y verter en un vaso bajo helado.

FROUPE

4 partes de brandy (60 ml)
3 partes de vermut dulce (45 ml)
1 cdta. de Bénédictine

Poner todos los ingredientes en el vaso mezclador con cubitos. Remover bien y colar en un vaso bajo helado.

FROSTBITE

4 partes de tequila blanco (60 ml)
1 parte de crema de cacao blanca (15 ml)
2 partes de Curaçao azul (30 ml)
4 partes de half-and-half (60 ml)

Mezclar todos los ingredientes en la coctelera con hielo picado y agitar bien. Colar en una copa sour helada.

FROZEN APPLE

4 partes de brandy de manzana (60 ml)
1 parte de zumo natural de lima (15 ml)
1 cdta. de azúcar
1/2 clara de huevo
1 rodaja de manzana

Poner todos los ingredientes, menos la rodaja de manzana, en la batidora con una taza de hielo picado. Mezclar a velocidad mínima hasta que se unan y verter en un vaso bajo helado.

FROZEN BERKELEY

4 partes de ron blanco (60 ml)
1 parte de brandy (15 ml)
1 Cda. de jarabe de fruta de la pasión
1 Cda. de zumo natural de lima

Poner todos los ingredientes en la batidora con media taza de hielo picado. Mezclar hasta que se unan y servir en una copa flauta helada.

FROZEN DAIQUIRI

FROZEN BRANDY AND RUM

4 partes de brandy (60 ml)
3 partes de ron blanco (45 ml)
1 Cda. de zumo natural de limón
1 yema de huevo
1 cdta. de azúcar

Poner todos los ingredientes en la batidora con una taza de hielo picado. Mezclar a velocidad mínima hasta que se unan y servir en un vaso bajo helado.

FROZEN DAIQUIRI

4 partes de ron blanco (60 ml)
2 partes de zumo natural de lima (30 ml)
1 cdta. de azúcar
1 rodaja de lima

Poner todos los ingredientes, menos la rodaja de lima, en la batidora con media taza de hielo picado. Mezclar a velocidad mínima hasta que se unan y servir en una copa flauta helada. Adornar con la lima.

FROZEN MARGARITA

FROZEN MARGARITA

4 partes de tequila blanco (60 ml)
1 parte de Triple Sec (15 ml)
2 partes de zumo natural de lima (30 ml)
1 rodaja de lima

Poner todos los ingredientes, menos la rodaja de lima, en la batidora con media taza de hielo picado. Mezclar a velocidad mínima hasta que se unan y verter en una copa de cóctel helada. Adornar con la lima.

FROZEN MATADOR

4 partes de tequila oro (60 ml)
4 partes de zumo de piña (60 ml)
1 parte de zumo natural de lima (15 ml)
1 rodaja de lima

Poner todos los ingredientes, menos la rodaja de lima, en la batidora con media taza de hielo picado. Mezclar hasta que se unan. Adornar con la rodaja de lima.

FROZEN MINT DAIQUIRI

4 partes de ron blanco (60 ml)
1 parte de zumo natural de lima (15 ml)
6 hojas de menta fresca
1 cdta. de azúcar

Poner todos los ingredientes en la batidora con media taza de hielo picado y mezclar hasta que se unan. Servir en un vaso bajo helado.

FROZEN MINT JULEP

4 partes de bourbon (60 ml)
2 partes de zumo natural de limón (30 ml)
2 partes de almíbar (30 ml)
6 hojas de menta fresca
1 ramita de menta fresca

Mezclar todos los ingredientes, menos la ramita de menta, en un vaso. Verterlos en la batidora con media taza de hielo picado y mezclar a velocidad mínima hasta que se unan. Servir en un vaso alto helado y adornar con la ramita de menta.

FROZEN PEACH DAIQUIRI

4 partes de ron blanco (60 ml)
2 partes de zumo natural de lima (30 ml)
1 cdta. de almíbar
4 partes de melocotón cortado fino (equivale a 60 ml)
1 rodaja de melocotón

Poner todos los ingredientes, menos la rodaja de melocotón, en la batidora con media taza de hielo picado. Mezclar hasta que se unan y verter en una copa de cóctel helada. Adornar con la rodaja de melocotón.

FROZEN PINEAPPLE DAIQUIRI

4 partes de ron blanco (60 ml)
2 partes de zumo natural de lima (30 ml)
1/2 cdta. de jarabe de piña
4 partes de piña cortada fina (equivale a 60 ml)
1 trozo de piña

Poner todos los ingredientes, menos el trozo de piña, en la batidora con media taza de hielo picado. Mezclar hasta que se unan y verter en una copa de cóctel helada. Adornar con la piña.

FUZZY NAVEL

FRUIT JUICE SPRITZER

6 partes de zumo de fruta de su elección (90 ml)
Soda
1 espiral de piel de limón

Verter el zumo en una copa de vino helada llena de cubitos. Llenar con soda y adornar con la espiral de limón.

FUZZY NAVEL

4 partes de vodka (60 ml)
2 partes de schnapps de melocotón (30 ml)
16 partes de zumo natural de naranja (240 ml)
1 rodaja de naranja

Mezclar todos los ingredientes, menos la rodaja de naranja, con hielo picado en la coctelera. Agitar bien, verter en un vaso collins helado y adornar con la rodaja de naranja.

G

GAUGUIN

4 partes de ron blanco (60 ml)
1 parte de zumo natural de limón (15 ml)
1 parte de zumo natural de lima (15 ml)
1 parte de jarabe de fruta de la pasión (15 ml)
1 guinda

Poner todos los ingredientes, menos la guinda, en la batidora con hielo picado Mezclar a velocidad mínima hasta que se unan. Servir en un vaso bajo helado y adornar con la guinda.

GAZETTE

4 partes de brandy (60 ml)
1 parte de vermut dulce (15 ml)
1 cdta. de zumo natural de limón
1/2 cdta. de azúcar

Mezclar todos los ingredientes en la coctelera con hielo picado. Agitar bien y colar en una copa de cóctel helada.

GAZPACHO COCKTAIL

12 partes de zumo de tomate (180 ml)
2 partes de zumo natural de limón (30 ml)
2 rodajas de pepino, picadas
La parte blanca de 1 chalote picado
1 diente de ajo, machacado
1/8 cdta. de orégano
3-5 chorritos de tabasco
Pimienta recién molida, al gusto
Sal, al gusto
1 rodaja de pepino
1 rodaja de aguacate

Poner todos los ingredientes, menos las rodajas de pepino y aguacate, en la batidora con hielo picado y mezclar hasta que se unan. Verter en un vaso collins helado lleno de cubitos y adornar con las rodajas de pepino y aguacate.

GENERAL HARRISON'S EGG NOG

1 huevo
1 cdta. de azúcar
Vino tinto seco
(opción: sidra fermentada)
Nuez moscada, recién rallada

Mezclar el huevo y el azúcar en la coctelera con hielo picado. Agitar enérgicamente. Colar en un vaso alto helado y llenarlo con el vino tinto. Remover y espolvorear con nuez moscada.

GENOA

4 partes de ginebra (60 ml)
3 partes de grappa (45 ml)
1 parte de Sambuca blanco (15 ml)
2 cdtas. de vermut seco
1 aceituna de cóctel verde

Remover los ingredientes líquidos con hielo picado en el vaso mezclador. Colar en una copa de cóctel helada y adornar con la aceituna.

GENOA VODKA

4 partes de vodka (60 ml)
2 partes de Campari (30 ml)
6 partes de zumo natural de naranja (90 ml)

Mezclar todos los ingredientes en la coctelera con hielo picado y agitar bien. Servir en un vaso bajo helado.

GENTLE BEN

4 partes de tequila blanco (60 ml)
2 partes de vodka (30 ml)
2 partes de ginebra (30 ml)
8 partes de zumo natural de naranja (120 ml)
1 cdta. de Sloe Gin
1 rodaja de naranja

Mezclar todos los ingredientes, menos la Sloe Gin y la rodaja de naranja, en la coctelera con hielo picado. Verter en un vaso alto helado y agregar la Sloe Gin. Adornar con la rodaja de naranja.

GEORGIA PEACH

GENTLE BULL

4 partes de tequila blanco (60 ml)
2 partes de licor de café (30 ml)
3 partes de half-and-half (45 ml)

Mezclar todos los ingredientes en la coctelera con hielo picado y agitar bien. Colar en una copa de cóctel helada.

GEORGIA PEACH

4 partes de vodka (60 ml)
2 partes de brandy de melocotón (30 ml)
1 cdta. de zumo natural de limón
1 cdta. de confitura de melocotón
1 rodaja de melocotón, pelada y picada fina (60 ml)

Poner todos los ingredientes en la batidora con hielo picado. Mezclar hasta que se unan y servir en un vaso alto helado.

GEORGIA PEACH FIZZ

4 partes de brandy (60 ml)
2 partes de brandy de melocotón (30 ml)
2 partes de zumo natural de limón (30 ml)
1 Cda. de crema de plátano
1 cdta. de almíbar
Soda
1 rodaja de melocotón

Poner todos los ingredientes, menos la soda y la rodaja de melocotón, con hielo picado en el vaso mezclador. Remover bien y verter en un vaso collins helado. Acabar de llenar con soda y remover despacio. Adornar con la rodaja de melocotón.

GIBSON

GIBSON

6 partes de ginebra o de vodka (90 ml)
3-5 chorritos de vermut seco, al gusto
Cebollitas de cóctel

Poner la ginebra o el vodka en el vaso mezclador con cubitos y remover bien. Verter en una copa de cóctel helada y adornar con 2 o 3 cebollitas.

GILROY

4 partes de ginebra (60 ml)
2 partes de brandy de cereza (30 ml)
1 parte de vermut seco (15 ml)
1 parte de zumo natural de limón (15 ml)
3-5 chorritos de orange bitter

Mezclar todos los ingredientes en la coctelera con hielo picado y agitar bien. Servir en un vaso bajo helado.

GIMLET

GIMLET

6 partes de ginebra (90 ml)
2 partes de zumo de lima (30 ml)

Mezclar todos los ingredientes en la coctelera con hielo picado y agitar bien. Colar en una copa de cóctel helada.

GIN ALOHA

4 partes de ginebra (60 ml)
3 partes de Triple Sec (45 ml)
1 parte de zumo de piña sin azúcar (15 ml)
1 chorrito de orange bitter

Mezclar todos los ingredientes en la coctelera con hielo picado. Agitar bien y colar en una copa de cóctel helada.

GIN AND BITTERS (PINK GIN)

1 cdta. de angostura
Ginebra

Verter la angostura en una copa de cóctel. Hacer girar la copa hasta que su interior esté cubierto de angostura. Llenar con ginebra. Esta copa debe servirse a temperatura ambiente.

GIN AND GINGER

4 partes de ginebra (60 ml)
Ginger ale
1 espiral de piel de limón

Verter la ginebra en un vaso alto helado lleno de cubitos. Enrollar la espiral de limón y añadirla. Llenar con ginger ale y remover despacio.

GIN AND IT

6 partes de ginebra (90 ml)
2 partes de vermut dulce (30 ml)

Remover los ingredientes, sin hielo, en el vaso mezclador. Servir en la copa.

GIN AND SIN

4 partes de ginebra (60 ml)
4 partes de zumo natural de limón (60 ml)
4 partes de zumo natural de naranja (60 ml)
2 chorritos de granadina

Mezclar todos los ingredientes en la coctelera con hielo picado y agitar bien. Colar en una copa de cóctel helada.

GIN AND TONIC

4 partes de ginebra (60 ml)
Tónica
1 rodaja de lima

Verter la ginebra y la tónica en un vaso collins helado. Añadir cubitos y remover. Exprimir la lima sobre el cóctel y añadirla.

GIN BUCK

4 partes de ginebra (60 ml)
2 partes de zumo natural de limón (30 ml)
Ginger ale

Verter los ingredientes en un vaso bajo helado lleno de cubitos. Remover bien.

GIN CASSIS

4 partes de ginebra (60 ml)
1 parte de crema de Cassis (15 ml)
1 parte de zumo natural de limón (15 ml)

Mezclar todos los ingredientes en la coctelera con hielo picado y agitar bien. Servir en un vaso bajo helado.

GIN COBBLER

4 partes de ginebra (60 ml)
1 cdta. de almíbar
Soda
1 rodaja de naranja

Verter la ginebra, el almíbar y hielo picado en un vaso alto helado. Acabar de llenar con soda y adornar con la rodaja de naranja.

GIN COOLER

4 partes de ginebra (60 ml)
1/2 cdta. de azúcar
Soda
Piel de limón

Mezclar la ginebra con el azúcar en un vaso collins helado. Añadir cubitos y llenar con soda. Remover despacio y adornar con la piel de limón.

GIN DAISY

6 partes de ginebra (90 ml)
2 partes de zumo natural de limón (30 ml)
1 Cda. de granadina
1 cdta. de almíbar
Soda
1 rodaja de naranja

Mezclar todos los ingredientes, menos la rodaja de naranja y la soda, en la coctelera con hielo picado. Agitar bien y verter en un vaso alto helado. Acabar de llenar con soda, remover despacio y adornar con la rodaja de naranja.

GIN FIX

6 partes de ginebra (90 ml)
2 partes de zumo natural de limón (30 ml)
1 cdta. de agua
1 cdta. de azúcar
1 rodaja de limón

Disolver el azúcar con el zumo de limón y el agua en un vaso alto helado. Añadir la ginebra y remover. Llenar el vaso con cubitos y adornar con la rodaja de limón.

GIN FIZZ

4 partes de ginebra (60 ml)
2 partes de zumo natural de limón (30 ml)
1 cdta. de azúcar
Soda

Mezclar todos los ingredientes, menos la soda, en la coctelera con hielo picado. Agitar bien y colar en un vaso alto helado lleno de cubitos. Acabar de llenar con soda y remover despacio.

GIN MILK PUNCH

4 partes de ginebra (60 ml)
12 partes de leche (180 ml)
1/2 cdta. de azúcar
Nuez moscada, recién rallada

Mezclar todos los ingredientes, menos la nuez moscada, en la coctelera con hielo picado. Agitar bien y verter en un vaso alto helado. Espolvorear con nuez moscada.

GIN RICKEY

4 partes de ginebra (60 ml)
2 partes de zumo natural de lima (30 ml)
Soda

Verter la ginebra y el zumo de lima en un vaso alto helado lleno de cubitos. Llenar con soda y remover despacio.

GIN SANGAREE

4 partes de ginebra (60 ml)
1 Cda. de oporto ruby
1 cdta. de agua
1/2 cdta. de azúcar
Soda

Disolver el azúcar con el agua en un vaso alto helado. Añadir la ginebra y remover. Añadir cubitos y acabar de llenar el vaso con soda. Remover despacio y agregar el oporto.

GIN SIDECAR

4 partes de ginebra (60 ml)
2 partes de Triple Sec (30 ml)
2 partes de zumo natural de limón (30 ml)

Mezclar todos los ingredientes en la coctelera con hielo picado y agitar bien. Servir en un vaso bajo helado.

GIN RICKEY

GIN SLING

4 partes de ginebra (60 ml)
1 parte de zumo natural de limón (15 ml)
1 cdta. de agua
1 cdta. de azúcar
1 espiral de piel de naranja

Disolver el azúcar con el agua y el zumo de limón en el vaso mezclador. Añadir la ginebra y remover. Verter en un vaso bajo helado lleno de cubitos y adornar con la espiral de naranja.

GIN SMASH

6 partes de ginebra (90 ml)
2 partes de soda (30 ml)
1 cdta. de azúcar
4 ramitas de menta fresca
1 espiral de piel de limón

En un vaso bajo helado mezclar las ramitas de menta con el azúcar y la soda. Llenar el vaso con cubitos y añadir la ginebra. Remover bien y adornar con la espiral de limón.

GRAPEVINE

4 partes de ginebra (60 ml)
4 partes de zumo de uva negra (60 ml)
2 partes de zumo natural de limón (30 ml)
1/2 cdta. de almíbar
1 chorrito de granadina

Poner todos los ingredientes en un vaso bajo helado lleno de cubitos y remover bien.

GRASSHOPPER

4 partes de crema de menta verde (60 ml)
4 partes de crema de cacao blanca (60 ml)
4 partes de half-and-half (60 ml)

Mezclar todos los ingredientes en la coctelera con hielo picado y agitar bien. Colar en una copa de cóctel helada.

GRASHOPPER

GREAT DANE

4 partes de ginebra (60 ml)
2 partes de Cherry Heering (30 ml)
1 parte de vermut seco (15 ml)
1 cdta. de kirschwasser
1 espiral de piel de limón

Mezclar todos los ingredientes, menos el limón, con hielo picado en la coctelera y agitar bien. Colar en una copa de cóctel helada y adornar con la espiral de limón.

GREAT SECRET

4 partes de ginebra (60 ml)
2 partes de Lillet blanc (30 ml)
3-5 chorritos de angostura
1 espiral de piel de naranja

Mezclar todos los ingredientes, menos la naranja, en la coctelera con hielo picado y agitar bien. Colar en una copa de cóctel helada y adornar con la espiral de naranja.

GREENBACK

4 partes de ginebra (60 ml)
2 partes de crema de menta verde (30 ml)
2 partes de zumo natural de limón (30 ml)

Mezclar todos los ingredientes en la coctelera con hielo picado y agitar bien. Colar en un vaso bajo helado lleno de cubitos.

GREEN DEVIL

4 partes de ginebra (60 ml)
4 partes de crema de menta verde (60 ml)
1 parte de zumo natural de lima (15 ml)

Mezclar todos los ingredientes en la coctelera con hielo picado y agitar bien. Colar en un vaso bajo helado lleno de cubitos.

GREEN DRAGON

GREEN DRAGON

4 partes de ginebra (60 ml)
2 partes de crema de menta verde (30 ml)
1 parte de Jägermeister (15 ml)
1 parte de zumo natural de lima (15 ml)
3-5 chorritos de orange bitter

Mezclar todos los ingredientes en la coctelera con hielo picado y agitar bien. Colar en una copa de cóctel helada.

GREEN ROOM

4 partes de vermut seco (60 ml)
2 partes de brandy (30 ml)
Varios chorritos de Triple Sec
1 espiral de piel de naranja

Remover todos los ingredientes, menos la espiral de naranja, con hielo picado en el vaso mezclador. Colar en una copa de cóctel helada y adornar con la espiral.

GREEN SUMMER COOLER

4 partes de zumo natural de lima (60 ml)
6 partes de zumo de piña (90 ml)
2 partes de jarabe de peppermint verde (30 ml)
Ginger ale
1 rodaja de pepino
1 rodaja de lima

Mezclar los zumos y el jarabe en la coctelera con hielo picado. Colar en un vaso collins con cubitos. Acabar de llenar con ginger ale y remover despacio. Adornar con las rodajas de pepino y lima.

GRINGO SWIZZLE

4 partes de tequila plata (60 ml)
1 parte de crema de Cassis (15 ml)
2 partes de zumo natural de lima (30 ml)
2 partes de zumo natural de naranja (30 ml)
2 partes de zumo de piña (30 ml)
Ginger ale

Mezclar todos los ingredientes, menos el ginger ale, en la coctelera con hielo picado. Agitar bien y verter en un vaso collins helado. Llenar con ginger ale y remover despacio.

GUACAMOLE COCKTAIL

1 aguacate, cortado en dados
10 partes de zumo de tomate, frío (150 ml)
4 partes de zumo natural de lima, frío (60 ml)
1 chile verde pequeño, cortado
1 diente de ajo, machacado
Sal, al gusto
Pimienta negra recién molida, al gusto
1 rodaja de lima

Poner todos los ingredientes, menos la rodaja de lima, en la batidora. Mezclar hasta que se unan sin quedar aguado. Enfriar la mezcla 1 hora y servir en un vaso collins helado. Adornar con la lima.

GYPSY COCKTAIL

4 partes de ginebra (60 ml)
2 partes de vermut dulce (30 ml)
1 guinda

Remover la ginebra y el vermut con hielo picado en el vaso mezclador. Colar en una copa de cóctel helada y adornar con la guinda.

H

HABITANT COCKTAIL

4 partes de whisky canadiense (60 ml)
2 partes de zumo natural de limón (30 ml)
1 cdta. de jarabe de arce
1 rodaja de naranja
1 guinda

Mezclar todos los ingredientes, menos la fruta, en la coctelera con hielo picado. Agitar bien y colar en una copa de cóctel helada. Adornar con la fruta.

HAIR RAISER COCKTAIL

4 partes de vodka (60 ml)
1 parte de rock & rye (15 ml)
2 partes de zumo natural de limón (30 ml)

Mezclar todos los ingredientes en la coctelera con hielo picado y agitar bien. Colar en una copa de cóctel helada.

HALLEY'S COMFORT

4 partes de Southern Comfort (60 ml)
4 partes de schnapps de melocotón (60 ml)
Soda
1 rodaja de limón

Verter el Southern Comfort y el schnapps en un vaso collins helado lleno de cubitos. Acabar de llenar con soda. Remover despacio y adornar con la rodaja de limón.

HAMMERHEAD

4 partes de amaretto (60 ml)
4 partes de Curaçao blanco (60 ml)
4 partes de ron dorado (60 ml)
1 chorrito de Southern Comfort

Mezclar todos los ingredientes en la coctelera con hielo picado y agitar bien. Colar en una copa de cóctel helada.

HAPPY APPLE

4 partes de ron dorado (60 ml)
6 partes de sidra (90 ml)
1 parte de zumo natural de limón (15 ml)
1 espiral de piel de lima

Mezclar todos los ingredientes, excepto la lima, con hielo picado en la coctelera. Agitar bien y verter en un vaso bajo helado. Adornar con la espiral de lima.

HARLEM COCKTAIL

4 partes de ginebra (60 ml)
3 partes de zumo de piña (45 ml)
1 cdta. de licor de marrasquino
1 Cda. de piña, cortada en dados

Mezclar todos los ingredientes en la coctelera con hielo picado. Agitar bien. Colar en un vaso bajo helado.

HARVARD COCKTAIL

4 partes de brandy (60 ml)
1 parte de vermut dulce (15 ml)
2 cdta. de zumo natural de limón
1 cdta. de granadina
1 chorrito de angostura

Mezclar todos los ingredientes en la coctelera con hielo picado y agitar bien. Colar en una copa de cóctel helada.

HARVARD COOLER

4 partes de brandy de manzana (60 ml)
1 cdta. de azúcar
Soda
1 espiral de limón

Disolver el azúcar con el brandy en un vaso collins helado. Añadir cubitos y llenar con soda. Adornar con la espiral de limón y remover despacio.

HARVEY WALLBANGER

4 partes de vodka (60 ml)
2 partes de Galliano (30 ml)
10 partes de zumo de naranja (150 ml)

Verter el vodka y el zumo de naranja en un vaso collins helado lleno de cubitos. Remover. Agregar el Galliano.

HARLEM COCKTAIL

HASTY COCKTAIL

4 partes de ginebra (60 ml)
1 parte de vermut seco (15 ml)
3-5 chorritos de Pernod
1 cdta. de granadina

Poner todos los ingredientes con hielo picado en el vaso mezclador. Remover bien y colar en una copa de cóctel helada.

HAVANA BANANA FIZZ

4 partes de ron blanco (60 ml)
5 partes de zumo de piña (75 ml)
3 partes de zumo natural de lima (45 ml)
3-5 chorritos de Peychaud's bitter
1/3 de plátano, en rodajas
Bitter lemon soda

Poner todos los ingredientes, menos la soda, en la batidora con hielo picado. Mezclar a velocidad mínima hasta que se unan. Verter en un vaso bajo helado, llenar con bitter lemon soda y remover.

HAVANA CLUB

6 partes de ron blanco (90 ml)
1 parte de vermut seco (15 ml)

Poner todos los ingredientes con hielo picado en el vaso mezclador. Remover bien y colar en una copa de cóctel helada.

HAVANA COCKTAIL

4 partes de ron blanco (60 ml)
4 partes de zumo de piña (60 ml)
1 parte de zumo natural de limón (15 ml)

Mezclar todos los ingredientes en la coctelera con hielo picado. Agitar bien y colar en una copa de cóctel helada.

HAWAIIAN COCKTAIL

4 partes de ginebra (60 ml)
1 parte de Triple Sec (15 ml)
1 parte de zumo de piña (15 ml)

Mezclar todos los ingredientes en la coctelera con hielo picado. Agitar bien y colar en una copa de cóctel helada.

HAWAIIAN EYE

4 partes de bourbon (60 ml)
2 partes de vodka (30 ml)
2 partes de licor de café (30 ml)
1 parte de Pernod (15 ml)
2 partes de half-and-half
4 partes de zumo de guindas (60 ml)
1 clara de huevo
1 trozo de piña
1 guinda

Poner todos los ingredientes, menos la fruta, en la batidora con hielo picado. Mezclar hasta que se unan y verter en un vaso bajo helado. Adornar con la fruta.

HAWAIIAN LEMONADE

6 partes de zumo de piña (90 ml)
Limonada natural
1 trozo de piña

Verter el zumo de piña en un vaso collins helado lleno de cubitos. Llenar con limonada y remover. Adornar con la piña.

HAWAIIAN ORANGE BLOSSOM

4 partes de ginebra (60 ml)
2 partes de Triple Sec (30 ml)
4 partes de zumo natural de naranja (60 ml)
2 partes de zumo de piña (30 ml)

Mezclar todos los ingredientes en la coctelera con hielo picado y agitar bien. Colar en una copa sour helada.

HEART'S COCKTAIL

4 partes de whiskey irlandés (60 ml)
2 partes de vermut dulce (30 ml)
2 partes de Pernod (30 ml)
3-5 chorritos angostura

Mezclar todos los ingredientes en la coctelera con hielo picado. Agitar bien y servir en un vaso bajo helado.

HEAVENLY DAYS

4 partes de jarabe de avellana (60 ml)
4 partes de zumo natural de limón (60 ml)
1 cdta. de granadina
Soda
1 rodaja de naranja

Mezclar todos los ingredientes, menos la naranja y la soda, en la coctelera con hielo picado. Agitar bien y verter en un vaso alto helado lleno de hielo. Acabar de llenar con soda y remover despacio. Adornar con la rodaja de naranja.

HENRY MORGAN'S GROG

4 partes de whisky blended (60 ml)
2 partes de Pernod (30 ml)
1 parte de ron añejo (15 ml)
2 partes de half-and-half (30 ml)
Nuez moscada, recién rallada

Mezclar todos los ingredientes, menos la nuez moscada, en la coctelera con hielo picado. Agitar bien y verter en un vaso bajo helado. Espolvorear con nuez moscada.

HIGHLAND COOLER

4 partes de Scotch (60 ml)
4 partes de soda (60 ml)
1 cdta. de azúcar
Ginger ale
1 espiral de piel de limón

Disolver el azúcar con el agua en un vaso collins helado. Añadir el scotch y cubitos. Llenar con ginger ale y remover despacio. Adornar con la espiral de limón.

HIGHLAND FLING

4 partes de Scotch (60 ml)
2 partes de vermut dulce (30 ml)
3-5 chorritos de orange bitter
1 aceituna sevillana

Remover los ingredientes líquidos con hielo picado en el vaso mezclador. Colar en una copa de cóctel helada y añadir la aceituna.

HOFFMAN HOUSE COCKTAIL

4 partes de ginebra (60 ml)
1 parte de vermut seco (15 ml)
3 chorritos de orange bitter
1 aceituna de cóctel

Remover todos los ingredientes, excepto la aceituna, en el vaso mezclador. Colar en la copa y añadir la aceituna.

HOLE-IN-ONE

4 partes de Scotch (60 ml)
1 parte de vermut seco (15 ml)
1/2 cdta. de zumo natural de limón
1 chorrito de orange bitter

Mezclar todos los ingredientes en la coctelera con hielo picado y agitar bien. Colar en una copa de cóctel helada.

HOMESTEAD COCKTAIL

4 partes de ginebra (60 ml)
2 partes de vermut dulce (30 ml)
1 rodaja de naranja

Remover la ginebra y el vermut con cubitos en el vaso mezclador. Colar en una copa de cóctel helada y adornar con la rodaja de naranja.

HONEY BEE

4 partes de ron blanco (60 ml)
1 parte de miel (15 ml)
1 parte de zumo natural de limón (15 ml)

Mezclar todos los ingredientes en la coctelera con hielo picado y agitar bien. Colar en una copa de cóctel helada.

HONEYMOON

4 partes de brandy de manzana (60 ml)
2 partes de Bénédictine (30 ml)
2 partes de zumo natural de limón (30 ml)
1 cdta. de Triple Sec

Mezclar todos los ingredientes con hielo picado en la coctelera y agitar bien. Colar en una copa de cóctel helada.

HONOLULU COCKTAIL

4 partes de ginebra (60 ml)
2 partes de zumo de piña (30 ml)
1 cdta. de zumo natural de limón
1 cdta. de zumo natural de lima
1 cdta. de zumo natural de naranja
1 chorrito de orange bitter
1/2 cdta. de azúcar

Mezclar todos los ingredientes en la coctelera con hielo picado y agitar bien. Colar en una copa de cóctel helada.

HOOPLA

2 partes de brandy (30 ml)
2 partes de Cointreau (30 ml)
2 partes de Lillet blanc (30 ml)
2 partes de zumo natural de limón (30 ml)

Mezclar todos los ingredientes en la coctelera con hielo picado. Agitar bien y colar en una copa de cóctel helada.

HOOT MAN

4 partes de Scotch (60 ml)
1 parte de Lillet blanc (15 ml)
1 parte de vermut dulce (15 ml)

Mezclar todos los ingredientes en la coctelera con hielo picado. Agitar bien y colar en una copa de cóctel helada.

HOP TOAD

4 partes de ron blanco (60 ml)
3 partes de brandy de albaricoque (45 ml)
2 partes de zumo natural de lima (30 ml)

Poner todos los ingredientes con hielo picado en el vaso mezclador y remover bien. Colar en una copa de cóctel helada.

HORSE'S NECK

4 partes de whisky blended (60 ml)
Ginger ale
3 chorritos de angostura
La piel de un limón, cortada en espiral

Poner la espiral de limón en un vaso collins helado apoyando un extremo sobre el borde. Llenar con cubitos y añadir whisky. Acabar de llenar con ginger ale y remover bien.

HOT BRANDY FLIP

4 partes de brandy (60 ml)
1 huevo
1 cdta. de azúcar
Leche caliente
Canela en rama

Batir el huevo, el azúcar y el brandy en un bol. Verter en una taza tibia y acabar de llenar con la leche caliente. Remover con la rama de canela y dejarla como adorno.

HOT BRICK TODDY

4 partes de whisky blended (60 ml)
2 partes de agua caliente (30 ml)
1 cdta. de azúcar
1 cdta. de mantequilla
Canela molida, al gusto
Agua hirviendo

Disolver todos los ingredientes, menos el whisky, con el agua caliente en una taza de café o de ponche tibia. Añadir el whisky y el agua hirviendo. Remover bien.

HOT BUTTERED RUM

HOT BUTTERED RUM

4 partes de ron añejo (60 ml)
1 cdta. de azúcar moreno
1 porción de mantequilla
Agua hirviendo
Nuez moscada, recién rallada

Poner el azúcar en una taza tibia y llenar dos tercios con agua hirviendo. Añadir el ron y remover. Agregar la mantequilla y espolvorear con nuez moscada.

HOTEL PLAZA COCKTAIL

2 partes de vermut seco (30 ml)
2 partes de vermut dulce (30 ml)
2 partes de ginebra (30 ml)
1 guinda

Remover los ingredientes con cubitos en el vaso mezclador. Colar en una copa de cóctel helada y adornar con la guinda.

HOT MILK PUNCH

6 partes de whisky (90 ml)
16 partes de leche (240 ml)
1 cdta. de azúcar
Canela en rama
Nuez moscada, recién rallada

Calentar todos los ingredientes, excepto la nuez moscada y la canela, en un cazo a fuego bajo. Remover hasta que esté muy caliente. Verter en una taza tibia y remover con la rama de canela. Espolvorear con la nuez moscada.

HOT TODDY

HOT PANTS

4 partes de tequila plata (60 ml)
1 parte de schnapps de peppermint (15 ml)
1 parte de zumo de pomelo (15 ml)
1/2 cdta. de azúcar

Decorar el borde de un vaso bajo helado con sal. Mezclar todos los ingredientes con cubitos en la coctelera y agitar bien. Servir en el vaso bajo decorado.

HOT TODDY

6 partes del licor de su elección (90 ml)
2 partes de miel o de almíbar (30 ml)
2 partes de zumo natural de limón (30 ml)
5 clavos
Canela molida, al gusto
1 rodaja de limón
Agua hirviendo o té caliente
Nuez moscada, recién rallada
Canela en rama

Poner todos los ingredientes, menos la nuez moscada, el agua y la canela, en una taza de café tibia. Llenarla con el agua hirviendo y remover. Aderezar con la canela y la nuez moscada.

HOT TOT TODDY

Té caliente
2 partes de miel (30 ml)
2 partes de zumo natural de limón (30 ml)
5 clavos
Canela molida, al gusto
1 rodaja de limón
Nuez moscada, recién rallada
Canela en rama

Calentar todos los ingredientes, menos la nuez moscada, el té y la canela en una taza de café tibia. Llenar con el té caliente y remover. Aderezar con la canela y la nuez moscada.

HUDSON BAY

4 partes de ginebra (60 ml)
2 partes de brandy de cereza (30 ml)
1 Cda. de ron de 80% vol. alcohol
1 parte de zumo natural de naranja (15 ml)
1 Cda. de zumo natural de lima

Mezclar todos los ingredientes en la coctelera con hielo picado. Agitar bien y colar en una copa de cóctel helada.

HUDSON BAY

HURRICANE

HULA-HULA

4 partes de ginebra (60 ml)
2 partes de zumo natural de naranja (30 ml)
1 Cda. de Triple Sec

Mezclar todos los ingredientes en la coctelera con hielo picado y agitar bien. Colar en una copa de cóctel helada.

HUNTER'S COCKTAIL

4 partes de whisky rye (60 ml)
1 parte de brandy de cereza (15 ml)
1 guinda

Verter el rye y el brandy en un vaso bajo helado lleno de cubitos. Remover bien y adornar con la guinda.

HUNTRESS COCKTAIL

4 partes de bourbon (60 ml)
2 partes de licor de cereza (30 ml)
2 partes de half-and-half (30 ml)
1 chorrito de Cointreau

Mezclar todos los ingredientes en la coctelera con hielo picado y agitar bien. Colar en una copa de cóctel helada.

HUNTSMAN COCKTAIL

4 partes de vodka (60 ml)
2 partes de ron añejo (30 ml)
2 partes de zumo natural de lima (30 ml)
1/2 cdta. de azúcar

Mezclar todos los ingredientes en la coctelera con hielo picado. Agitar bien y colar en una copa de cóctel helada.

HURRICANE

3 partes de ron añejo (45 ml)
3 partes de ron blanco (45 ml)
2 partes de jarabe de
fruta de la pasión (30 ml)
1 Cda. de zumo natural de lima

Agitar todos los ingredientes en la coctelera con hielo picado. Colar en una copa de cóctel helada.

I

ICE PICK

4 partes de vodka (60 ml)
Té helado
1 rodaja de lima

Verter el vodka y el té en un vaso collins helado lleno de cubitos. Exprimir la rodaja de lima sobre el cóctel y añadirla. Remover.

ICED TEA

2 cdtas. colmadas de té de su elección
12 partes de agua (180 ml)
Azúcar, al gusto
1 ramita de menta fresca
1 rodaja de limón

Preparar el té en una tetera de cerámica tibia añadiendo el agua hirviendo. Dejar en reposo 5 minutos. Remover y colar en un vaso collins helado lleno de cubitos. Añadir más hielo si es necesario. Añadir el azúcar al gusto y adornar con la menta y el limón.

ICH BIEN

4 partes de brandy de manzana (60 ml)
1 parte de Curaçao blanco (15 ml)
4 partes de half-and-half (60 ml)
1 yema de huevo
Nuez moscada, recién rallada

Poner todos los ingredientes, menos la nuez moscada, en la batidora con hielo picado. Mezclar hasta que se unan y verter en una copa sour helada. Espolvorear con nuez moscada.

IDEAL COCKTAIL

4 partes de ginebra (60 ml)
2 partes de vermut seco (30 ml)
1/2 cdta. de licor de marrasquino
1 cdta. de zumo natural de limón
1 guinda

Mezclar todos los ingredientes, menos la guinda, en la coctelera con hielo picado. Agitar bien y verter en una copa de cóctel helada. Adornar con la guinda.

IMPERIAL COCKTAIL

4 partes de ginebra (60 ml)
2 partes de vermut seco (30 ml)
1/2 cdta. de licor de marrasquino
2 chorritos de angostura

Poner todos los ingredientes con hielo picado en el vaso mezclador y remover bien. Colar en una copa de cóctel helada.

IMPERIAL FIZZ

4 partes de whisky blended (60 ml)
2 partes de ron blanco (30 ml)
2 partes de zumo natural de limón (30 ml)
1/2 cdta. de azúcar
Soda

Mezclar todos los ingredientes, menos la soda, en la coctelera con hielo picado. Colar en un vaso alto helado y añadir cubitos. Llenar con soda y remover despacio.

INCA COCKTAIL

4 partes de ginebra (60 ml)
2 partes de vermut seco (30 ml)
2 partes de vermut dulce (30 ml)
2 partes de jerez seco (30 ml)
1 chorrito de orange bitter
1 chorrito de jarabe de almendra

Poner todos los ingredientes con hielo picado en el vaso mezclador y remover bien. Colar en una copa de cóctel helada.

INCOME TAX COCKTAIL

4 partes de ginebra (60 ml)
1 Cda. de vermut seco
1 Cda. de vermut dulce
3 partes de zumo natural de naranja (45 ml)
3 chorritos de angostura

Mezclar todos los ingredientes en la coctelera con hielo picado. Agitar bien y colar en una copa de cóctel helada.

INDEPENDENCE SWIZZLE

4 partes de ron añejo (60 ml)
3 partes de zumo natural de lima (45 ml)
1 cdta. de miel
3-5 chorritos de angostura
1 rodaja de lima

Disolver la miel con un poco de agua caliente. Mezclarla con los demás ingredientes, excepto la rodaja de lima, en un vaso bajo helado lleno de hielo picado. Adornar con la rodaja de lima y servir con agitador.

INDIAN RIVER

4 partes de whisky blended (60 ml)
1 parte de licor de frambuesa (15 ml)
1 parte de vermut dulce (15 ml)
2 partes de zumo de pomelo (30 ml)

Mezclar todos los ingredientes en la coctelera con hielo picado. Agitar bien y colar en una copa de cóctel helada.

INDIAN SUMMER

4 partes de brandy de manzana (60 ml)
Sidra caliente
Canela molida
Canela en rama

Decorar una copa sour humedeciendo el borde y pasándolo por la canela molida. Añadir el brandy y la sidra caliente. Remover y adornar con la rama de canela.

INK STREET

4 partes de whisky rye (60 ml)
4 partes de zumo natural de limón (60 ml)
4 partes de zumo natural de naranja (60 ml)

Mezclar todos los ingredientes en la coctelera con hielo picado. Agitar bien y colar en una copa de cóctel helada.

INTERNATIONAL COCKTAIL

4 partes de coñac (60 ml)
1 parte de Pernod (15 ml)
1 parte de Triple Sec (15 ml)
2 cdtas. de vodka

Mezclar todos los ingredientes en la coctelera con hielo picado. Agitar bien y colar en una copa de cóctel helada.

IRISH CANADIAN SANGAREE

4 partes de whisky canadiense (60 ml)
2 partes de Irish Mist (30 ml)
2 partes de zumo natural de limón (30 ml)
2 partes de zumo natural de naranja (30 ml)
Nuez moscada, recién rallada

Verter todos los ingredientes, menos la nuez moscada, en un vaso bajo helado lleno de cubitos y remover. Espolvorear con nuez moscada.

IRISH COFFEE

4 partes de whiskey irlandés (60 ml)
Café cargado
Nata montada
Azúcar

Decorar la taza con azúcar y verter el whiskey irlandés. Acabar de llenarla hasta un centímetro del borde con café. Remover. Coronar con nata montada.

IRISH COW

4 partes de whiskey irlandés (60 ml)
16 partes de leche caliente (240 ml)
1 cdta. de azúcar

Verter la leche en una taza tibia. Añadir el whiskey y el azúcar y remover bien.

IRISH COFFEE

IRISH FIX

4 partes de whiskey irlandés (60 ml)
2 partes de Irish Mist (30 ml)
1 parte de zumo natural de limón (15 ml)
1 parte de zumo de piña (15 ml)
1 rodaja de limón
1 rodaja de naranja
1 trozo de piña

Poner todos los ingredientes, menos la fruta, en la batidora con hielo picado. Mezclar hasta que se unan. Verter en un vaso bajo helado y adornar con la fruta.

IRISH KILT

4 partes de whiskey irlandés (60 ml)
2 partes de Scotch (30 ml)
2 partes de zumo natural de limón (30 ml)
2 partes de almíbar (30 ml)
3-5 chorritos de orange bitter

Mezclar todos los ingredientes en la coctelera con hielo picado. Agitar bien y colar en una copa de cóctel helada.

IRISH SHILLELAGH

4 partes de whiskey irlandés (60 ml)
1 parte de ron blanco (15 ml)
1 parte de Sloe Gin (15 ml)
2 partes de zumo natural de limón (30 ml)
1/2 cdta. de azúcar
1/4 de taza de melocotón, en dados
Frambuesas frescas

Poner todos los ingredientes, menos las frambuesas, en la batidora con hielo picado. Mezclar hasta que se unan y verter en un vaso bajo helado. Adornar con unas frambuesas.

ISLAND COOLER

2 partes de zumo natural de limón (30 ml)
4 partes de zumo natural de naranja (60 ml)
2 partes de zumo de papaya (30 ml)
2 partes de zumo de piña (30 ml)
1/2 cdta. de granadina
Soda
1 guinda
1 trozo de piña

Mezclar los zumos y la granadina en la coctelera con hielo picado. Agitar bien y verter en un vaso collins helado lleno de cubitos. Acabar de llenar con soda y remover despacio. Adornar con la fruta.

ISLE OF THE BLESSED COCONUT

4 partes de ron blanco (60 ml)
1 parte de zumo natural de limón (15 ml)
1 parte de zumo natural de lima (15 ml)
1 parte de zumo natural de naranja (15 ml)
1 cdta. de crema de coco
1 cdta. de jarabe de almendra

Poner todos los ingredientes en la batidora con hielo picado y mezclar hasta que se unan. Verter en una copa de cóctel helada.

ISLE OF PINES

4 partes de ron blanco (60 ml)
1 parte de zumo natural de lima (15 ml)
1 cdta. de schnapps de peppermint
6 hojas de menta fresca

Poner todos los ingredientes en la batidora con hielo picado. Mezclar hasta que se unan y verter en una copa de cóctel helada.

ITALIAN SODA

2 partes de jarabe italiano de su elección (30 ml)*
Soda
1 rodaja de lima o de limón

Verter el jarabe en un vaso collins helado lleno de cubitos. Añadir soda y remover despacio. Adornar con la rodaja de lima o de limón. Si lo prefiere más dulce, ponga más jarabe.

*Nota: los jarabes italianos se encuentran, en una gran variedad de sabores, en tiendas de especialidades culinarias o de productos italianos. Los sabores van desde la almendra y la avellana a casi todas las frutas, así como menta y otras opciones insólitas y refrescantes.

ITALIAN STALLION

4 partes de bourbon (60 ml)
2 partes de Campari (30 ml)
1 parte de vermut dulce (15 ml)
1 chorrito de angostura
1 espiral de piel de limón

Poner todos los ingredientes con cubitos en el vaso mezclador y remover bien. Colar en una copa de cóctel helada y adornar con la espiral de limón.

IXTAPA

4 partes de licor de café (60 ml)
2 partes de tequila plata (30 ml)

Remover los ingredientes con hielo picado en el vaso mezclador y colar en una copa de cóctel helada.

J

JACK-IN-THE-BOX

4 partes de applejack o de brandy de manzana (60 ml)
2 partes de zumo natural de limón (30 ml)
2 partes de zumo de piña (30 ml)
3-5 chorritos de angostura

Mezclar todos los ingredientes en la coctelera con hielo picado. Agitar bien y colar en una copa de cóctel helada.

JACK ROSE

4 partes de applejack o de brandy de manzana (60 ml)
1 parte de zumo natural de lima (15 ml)
1 cdta. de granadina

Mezclar todos los ingredientes en la coctelera con hielo picado. Agitar bien y colar en una copa de cóctel helada.

JADE

1/4 cdta. de Curaçao azul
1/4 cdta. de licor de melón
1/4 cdta. de zumo natural de lima
1 chorrito de angostura
Champaña o cava
1 rodaja de lima

Mezclar todos los ingredientes, menos el champaña y la rodaja de lima, en la coctelera con hielo picado. Agitar bien y colar en una copa flauta helada. Acabar de llenar con champaña y adornar con la rodaja de lima.

JAMAICAN COFFEE

4 partes de licor de café (60 ml)
3 partes de ron blanco (45 ml)
Café cargado caliente
Nata montada
Pimienta de Jamaica, recién molida

Verter el ron y el licor en una taza con café caliente. Remover. Coronar con nata montada y espolvorear con pimienta recién molida.

JAMAICA EGG CREAM

4 partes de ron añejo (60 ml)
2 partes de ginebra (30 ml)
2 partes de half-and-half (30 ml)
1 Cda. de zumo natural de limón
1 cdta. de azúcar
Soda

Mezclar todos los ingredientes, menos la soda, en la coctelera con hielo picado y agitar bien. Verter en un vaso alto helado y acabar de llenar con soda. Remover despacio.

JAMAICA GLOW

4 partes de ginebra (60 ml)
1 parte de vino tinto seco (15 ml)
1 Cda. de ron añejo
1 parte de zumo natural de naranja (15 ml)

Mezclar todos los ingredientes en la coctelera con hielo picado. Agitar bien y colar en una copa de cóctel helada.

JAMAICA HOP

4 partes de licor de café (60 ml)
2 partes de crema de cacao blanca (30 ml)
4 partes de half-and-half (60 ml)

Mezclar todos los ingredientes en la coctelera con hielo picado. Agitar bien y colar en una copa de cóctel helada.

JAMAICA MULE

4 partes de ron blanco (60 ml)
2 partes de ron añejo (30 ml)
2 partes de ron de 80% vol. alcohol (30 ml)
2 partes de Falernum (30 ml)
2 partes de zumo natural de lima (30 ml)
Cerveza de jengibre
1 trozo de piña
1 rodaja de jengibre dulce

Mezclar todos los ingredientes, menos la cerveza, la piña y el jengibre, en la coctelera con hielo picado. Agitar bien y colar en un vaso collins helado. Acabar de llenar con la cerveza de jengibre y remover despacio. Adornar con la piña y el jengibre.

JAMAICA SHAKE

4 partes de bourbon (60 ml)
3 partes de ron añejo (45 ml)
3 partes de half-and-half (45 ml)

Mezclar todos los ingredientes en la coctelera con hielo picado y agitar bien. Colar en una copa de cóctel helada.

JAPANESE

4 partes de brandy (60 ml)
1 Cda. de zumo natural de lima
2 cdta. de jarabe de almendra
1 chorrito de angostura
1 espiral de piel de lima

Mezclar todos los ingredientes, menos la espiral de lima, en la coctelera con hielo picado. Agitar bien y colar en una copa de cóctel helada. Adornar con la espiral.

JAPANESE FIZZ

4 partes de whisky blended (60 ml)
1 Cda. de oporto
2 partes de zumo natural de limón (30 ml)
1 cdta. de azúcar
1 clara de huevo
Soda
1 trozo de piña

Mezclar todos los ingredientes, menos la soda y la piña, en la coctelera con hielo picado. Agitar enérgicamente. Colar en un vaso alto helado lleno de cubitos y acabar de llenar con soda. Remover despacio y adornar con la piña.

JERSEY LIGHTNING

4 partes de brandy de manzana (60 ml)
2 partes de vermut dulce (30 ml)
4 partes de zumo natural de lima (60 ml)

Mezclar todos los ingredientes en la coctelera con hielo picado y agitar bien. Colar en una copa de cóctel helada.

JEWEL COCKTAIL

4 partes de ginebra (60 ml)
3 partes de Chartreuse verde (45 ml)
2 partes de vermut dulce (30 ml)
3 chorritos de orange bitter
1 guinda

Poner los ingredientes líquidos y hielo picado en el vaso mezclador y remover bien. Colar en una copa de cóctel helada y adornar con la guinda.

JOCKEY CLUB COCKTAIL

4 partes de ginebra (60 ml)
1/2 cdta. de crema de cacao blanca
1 parte de zumo natural de limón (15 ml)
1 chorrito de angostura

Mezclar todos los ingredientes en la coctelera con hielo picado. Agitar bien y colar en una copa de cóctel helada.

JOCOSE JULEP

6 partes de bourbon (90 ml)
2 partes de crema de menta (30 ml)
3 partes de zumo natural de lima (45 ml)
1 cdta. de azúcar
5 hojas de menta fresca
Soda
1 ramita de menta fresca

Poner todos los ingredientes, menos la soda y la ramita de menta, en la batidora con hielo picado. Mezclar hasta que se unan y verter en un vaso collins helado lleno de cubitos. Acabar de llenar con soda y adornar con la ramita de menta. Remover despacio.

JOHN COLLINS

4 partes de whisky blended (60 ml)
2 partes de zumo natural de limón (30 ml)
1 cdta. de azúcar
Soda
1 rodaja de limón
1 rodaja de naranja
1 guinda

Mezclar todos los ingredientes, menos la soda y la fruta, en la coctelera con hielo picado. Agitar bien y colar en un vaso collins helado lleno de cubitos. Acabar de llenar con soda y remover despacio. Adornar con la fruta.

JOHNNY COCKTAIL

4 partes de Sloe Gin (60 ml)
2 partes de Triple Sec (30 ml)
1 cdta. de Pernod

Mezclar todos los ingredientes en la coctelera con hielo picado. Agitar bien y colar en una copa de cóctel helada.

JOSIAH'S BAY FLOAT

JOLLY ROGER

4 partes de ron blanco (60 ml)
2 partes de Drambuie (30 ml)
2 partes de zumo natural de lima (30 ml)
1/4 cdta. de Scotch
Soda

Mezclar todos los ingredientes, menos la soda, en la coctelera con hielo picado. Agitar bien y verter en un vaso alto helado. Acabar de llenar con soda y remover despacio.

JOSIAH'S BAY FLOAT

2 partes de ron dorado (30 ml)
1 parte de Galliano (15 ml)
2 partes de zumo de piña (30 ml)
2 cdtas. de zumo de lima
2 cdtas. de almíbar
Champaña o cava
1 rodaja de lima
1 guinda
1 piña, vaciada (opcional)

Mezclar todos los ingredientes, menos el champaña, la lima y la guinda, con hielo picado en coctelera o en batidora. Verter en un vaso collins helado o en la piña vaciada. Acabar de llenar con champaña. Remover despacio y adornar con la lima y la guinda.

JOURNALIST

JOULOUVILLE

4 partes de ginebra (60 ml)
2 partes de brandy de manzana (30 ml)
1 Cda. de vermut dulce
1 parte de zumo natural de limón (15 ml)
3 chorritos de granadina

Mezclar todos los ingredientes en la coctelera con hielo picado. Agitar bien y colar en una copa de cóctel helada.

JOURNALIST

4 partes de ginebra (60 ml)
1 cdta. de vermut seco
1 cdta. de vermut dulce
1 cdta. de Triple Sec
1 cdta. de zumo natural de lima
1 chorrito de angostura

Mezclar todos los ingredientes en la coctelera con hielo picado. Agitar bien y colar en una copa de cóctel helada.

JUICY JULEP

2 partes de zumo natural de lima (30 ml)
2 partes de zumo natural de naranja (30 ml)
2 partes de zumo de piña (30 ml)
1 parte de jarabe de frambuesa (15 ml)
5 hojas de menta fresca machacadas
Ginger ale
1 ramita de menta

Mezclar todos los ingredientes, menos el ginger ale y la ramita de menta, con hielo picado en la coctelera. Agitar bien y verter en un vaso collins helado. Acabar de llenar con ginger ale muy frío y remover despacio. Adornar con la ramita de menta.

JUDGE, JR.

4 partes de ginebra (60 ml)
4 partes de ron blanco (60 ml)
2 partes de zumo natural de limón (30 ml)
2 cdtas. de granadina

Mezclar todos los ingredientes en la coctelera con hielo picado. Agitar bien y colar en una copa de cóctel helada.

JUDGETTE COCKTAIL

4 partes de ginebra (60 ml)
3 partes de brandy de melocotón (45 ml)
2 partes de vermut seco (30 ml)
1/2 cdta. de zumo natural de lima

Mezclar todos los ingredientes en la coctelera con hielo picado. Agitar bien y colar en una copa de cóctel helada.

JUNGLE JAMES

4 partes de vodka (60 ml)
4 partes de crema de plátano (60 ml)
4 partes de leche (60 ml)

Poner todos los ingredientes en la batidora con hielo picado y mezclar hasta que se unan. Verter en un vaso bajo helado.

JUPITER COCKTAIL

4 partes de ginebra (60 ml)
2 partes de vermut seco (30 ml)
2 cdtas. de Crème de Violette
2 cdtas. de zumo natural de naranja

Mezclar todos los ingredientes en la coctelera con hielo picado. Agitar bien y colar en una copa de cóctel helada.

K

KAHLUA TOREADOR

4 partes de brandy (60 ml)
2 partes de Kahlua o de licor de café (30 ml)
1/2 clara de huevo

Poner todos los ingredientes en la batidora con hielo picado. Mezclar hasta que se unan y verter en una copa de cóctel helada.

KAMEHAMEHA PUNCH

6 partes de zumo de piña (90 ml)
2 partes de jarabe de almendra (30 ml)
4 partes de zumo natural de lima (60 ml)
2 partes de zumo natural de limón (30 ml)
1 parte de jarabe de mora (15 ml)
1 trozo de piña

Mezclar todos los ingredientes, menos el jarabe de mora y la piña, en la coctelera con hielo picado.
Agitar bien y verter en un vaso alto helado. Agregar el jarabe y adornar con la piña.

KAMEHAMEHA RUM PUNCH

4 partes de ron blanco (60 ml)
2 partes de ron añejo (30 ml)
2 cdtas. de brandy de mora
4 partes de zumo de piña (60 ml)
2 partes de jarabe de almendra (30 ml)
2 partes de zumo natural de lima (30 ml)
1 cdta. de zumo natural de limón
1 trozo de piña

Mezclar todos los ingredientes, menos el ron añejo y la piña, en la coctelera con hielo picado.
Agitar bien y verter en un vaso alto helado. Agregar el ron añejo y adornar con la piña.

KAMIKAZE

6 partes de vodka (90 ml)
1/2 cdta. de Triple Sec
1/2 cdta. de zumo natural de lima
1 rodaja de lima

Mezclar todos los ingredientes, menos la rodaja de lima, en la coctelera con hielo picado y agitar bien.
Colar en una copa de cóctel helada y adornar con la lima.

KANGAROO

4 partes de vodka (60 ml)
2 partes de vermut seco (30 ml)
1 espiral de piel de limón

Remover el vodka y el vermut con cubitos en el vaso mezclador.
Colar en un vaso bajo helado lleno de cubitos. Exprimir la espiral de limón y añadirla.

KAPTAIN KIRK

5 partes de zumo de piña (75 ml)
3 partes de zumo natural de lima (45 ml)
1/2 plátano, en rodajas
Bitter lemon soda

Mezclar todos los ingredientes, menos la soda, con hielo picado en una batidora. Mezclar hasta que se unan. Verter en un vaso alto helado lleno de cubitos, acabar de llenar con bitter lemon y remover.

KEMPINSKY FIZZ

4 partes de vodka (60 ml)
2 partes de crema de Cassis (30 ml)
2 cdtas. de zumo natural de limón
Bitter lemon soda (puede sustituirse por ginger ale o sifón)

Poner todos los ingredientes, menos la soda, en un vaso alto helado lleno de cubitos. Acabar de llenar con la soda y remover.

KENTUCKY COCKTAIL

6 partes de bourbon (90 ml)
2 partes de zumo de piña (30 ml)

Mezclar todos los ingredientes en la coctelera con hielo picado y agitar bien. Colar en una copa de cóctel helada.

KENTUCKY COLONEL COCKTAIL

6 partes de bourbon (60 ml)
2 partes de Bénédictine (30 ml)
1 espiral de piel de limón

Remover los ingredientes líquidos con cubitos en el vaso mezclador. Colar en una copa de cóctel helada y adornar con la espiral de limón.

KENTUCKY ORANGE BLOSSOM

4 partes de bourbon (60 ml)
1 parte de Cointreau (15 ml)
2 partes de zumo natural de naranja (30 ml)
1 espiral de piel de limón

Mezclar todos los ingredientes, menos el limón, en la coctelera con hielo picado. Agitar bien y verter en un vaso bajo helado. Adornar con la espiral de limón.

KERRY COOLER

4 partes de whiskey irlandés (60 ml)
3 partes de fino (45 ml)
2 partes de jarabe de almendra (30 ml)
2 partes de zumo natural de limón (30 ml)
Soda
1 rodaja de limón

Mezclar todos los ingredientes, menos la soda y la rodaja de limón, con hielo picado en la coctelera. Agitar bien y colar en un vaso alto helado lleno de cubitos. Acabar de llenar con soda y remover despacio. Adornar con el limón.

KEY CLUB COCKTAIL

4 partes de ginebra (60 ml)
1 parte de ron añejo (15 ml)
1 parte de Falernum (15 ml)
1 parte de zumo natural de lima (15 ml)
1 trozo de piña

Mezclar todos los ingredientes, menos la piña, en la coctelera con hielo picado. Agitar bien y colar en una copa de cóctel helada. Adornar con la piña.

K.G.B. COCKTAIL

1 1/2 partes de kirschwasser (22,5 ml)
4 partes de ginebra (60 ml)
1/2 cdta. de brandy de albaricoque
1 espiral de piel de limón

Mezclar todos los ingredientes, menos el limón, en la coctelera con hielo picado. Agitar bien. Colar en una copa de cóctel helada y adornar con la espiral de limón.

KING COLE COCKTAIL

4 partes de whisky blended (60 ml)
1 rodaja de naranja
1 rodaja de piña
1/2 cdta. de azúcar

Mezclar la fruta y el azúcar en un vaso bajo. Añadir el whisky y cubitos. Remover bien.

KING'S PEG

2 partes de coñac (30 ml)
Champaña

Verter el coñac en una copa flauta. Acabar de llenar con champaña y remover despacio.

KINGSTON COCKTAIL

4 partes de ron añejo (60 ml)
1 1/2 partes de licor de café (22,5 ml)
2 cdtas. de zumo natural de lima

Mezclar todos los ingredientes en la coctelera con hielo picado. Agitar bien y colar en una copa de cóctel helada.

KIR

4 partes de crema de Cassis (60 ml)
Vino blanco
1 espiral de piel de limón

Verter el Cassis sobre cubitos en una copa de vino helada. Acabar de llenar con vino blanco y remover bien. Adornar con la espiral de limón.

KIR ROYALE

KIR ROYALE

4 partes de crema de Cassis (60 ml)
Champaña

Remover el Cassis con hielo picado en el vaso mezclador. Verter en una copa de vino helada y llenar con champaña muy frío. Remover despacio.

KIRSCH RICKEY

4 partes de kirschwasser (60 ml)
1 Cda. de zumo natural de lima
Soda
2 cerezas sin hueso

Verter el kirschwasser y el zumo de lima en un vaso alto helado lleno de cubitos. Acabar de llenar con soda y remover despacio. Adornar con las cerezas.

KIRSCH RICKEY

KISS ME QUICK

4 partes de Pernod (60 ml)
1/2 cdta. de Curaçao blanco
3-5 chorritos de angostura
Soda

Mezclar todos los ingredientes, menos la soda, con hielo picado en la coctelera. Agitar bien y verter en un vaso alto helado. Acabar de llenar con soda y remover despacio.

KISS THE BOYS GOOD-BYE

4 partes de brandy (60 ml)
2 partes de Sloe Gin (30 ml)
3 partes de zumo natural de limón (45 ml)
1 clara de huevo

Mezclar todos los ingredientes en la coctelera con hielo picado y agitar enérgicamente. Colar en una copa de cóctel helada.

KLONDIKE COOLER

4 partes de whisky blended (60 ml)
4 partes de soda (60 ml)
1/2 cdta. de azúcar
Ginger ale
1 espiral de piel de limón

Mezclar el azúcar y el ginger ale en un vaso collins helado. Llenar el vaso con cubitos y añadir el whisky. Acabar de llenar con soda y remover bien. Adornar con la espiral de limón.

KNICKERBOCKER COCKTAIL

4 partes de ginebra (60 ml)
2 partes de vermut seco (30 ml)
1/2 cdta. de vermut dulce
1 espiral de piel de limón

Remover los ingredientes líquidos con cubitos de hielo en el vaso mezclador. Colar en una copa de cóctel helada y adornar con la espiral de limón.

KNICKERBOCKER SPECIAL COCKTAIL

4 partes de ron añejo (60 ml)
1/2 cdta. de Triple Sec
1 cdta. de jarabe de frambuesa
1 cdta. de jarabe de piña
1 cdta. de zumo natural de lima
1 cdta. de zumo natural de naranja
1 trozo de piña

Poner los ingredientes líquidos con hielo picado en la coctelera y agitar bien. Colar en una copa de cóctel helada y adornar con la piña.

KNICKS VICTORY COOLER

4 partes de néctar de albaricoque (60 ml)
Soda de frambuesa
Piel de naranja
Frambuesas frescas

Verter el néctar en un vaso collins helado casi lleno de cubitos. Llenar con la soda de frambuesa. Remover despacio y adornar con la piel de naranja y unas frambuesas.

KNOCKOUT COCKTAIL

4 partes de vermut seco (60 ml)
3 partes de ginebra (45 ml)
2 partes de Pernod (30 ml)
2 cdtas. de crema de menta blanca
1 guinda

Remover bien los ingredientes líquidos con cubitos de hielo en el vaso mezclador. Colar en una copa de cóctel helada y adornar con la guinda.

KREMLIN COCKTAIL

4 partes de vodka (60 ml)
3 partes de crema de cacao (45 ml)
3 partes de half-and-half (45 ml)

Poner todos los ingredientes en la batidora con hielo picado. Mezclar hasta que se unan y verter en una copa de cóctel helada.

KRETCHMA COCKTAIL

4 partes de vodka (60 ml)
3 partes de crema de cacao blanca (45 ml)
2 partes de zumo natural de limón (30 ml)
2 chorritos de granadina

Mezclar todos los ingredientes en la coctelera con hielo picado. Agitar bien y colar en una copa de cóctel helada.

KUP'S INDISPENSABLE COCKTAIL

4 partes de ginebra (60 ml)
1 1/2 partes de vermut seco (22,5 ml)
1 1/2 partes de vermut dulce (22,5 ml)
1 espiral de piel de naranja

Poner los ingredientes líquidos con cubitos en el vaso mezclador y remover bien. Colar en una copa de cóctel helada y adornar con la espiral de naranja.

KYOTO COCKTAIL

4 partes de ginebra (60 ml)
2 partes de licor de melón (30 ml)
1 parte de vermut seco (15 ml)
1/4 cdta. de zumo natural de limón

Mezclar todos los ingredientes en la coctelera con hielo picado y agitar bien. Colar en una copa de cóctel helada.

L

LA BOMBA

4 partes de ron blanco (60 ml)
2 partes de brandy de albaricoque (30 ml)
2 partes de Pernod (30 ml)
2 partes de Triple Sec (30 ml)
2 partes de zumo natural de limón (30 ml)
1 trozo de piña

Mezclar todos los ingredientes, menos la piña, en la coctelera con hielo picado. Agitar bien y colar en un vaso bajo helado. Adornar con la piña.

LA JOLLA

4 partes de brandy (60 ml)
2 partes de crema de plátanos (30 ml)
1 Cda. de zumo natural de limón
1 cdta. de zumo natural de naranja

Mezclar todos los ingredientes en la coctelera con hielo picado. Agitar bien y colar en una copa de cóctel helada.

LADIES' COCKTAIL

4 partes de whisky blended (60 ml)
1 cdta. de Pernod
3-5 chorritos de angostura
1 trozo de piña

Mezclar todos los ingredientes, menos la piña, en la coctelera con hielo picado. Agitar bien y colar en una copa de cóctel helada.

LADY BE GOOD

4 partes de brandy (60 ml)
1 parte de crema de menta blanca (15 ml)
1 parte de vermut dulce (15 ml)

Mezclar todos los ingredientes en la coctelera con hielo picado y agitar bien. Colar en una copa de cóctel helada.

LADY FINGER

4 partes de ginebra (60 ml)
3 partes de wishniak (45 ml)
2 partes de kirschwasser (30 ml)

Mezclar todos los ingredientes en la coctelera con hielo picado. Agitar bien y colar en una copa de cóctel helada.

LAFAYETTE

4 partes de bourbon (60 ml)
1 parte de vermut seco (15 ml)
1 parte de Dubonnet tinto (15 ml)
1/2 cdta. de azúcar
1/2 clara de huevo

Mezclar todos los ingredientes en la coctelera con hielo picado. Agitar enérgicamente y colar en un vaso bajo helado.

LALLAH ROOKH

4 partes de ron blanco (60 ml)
2 partes de coñac (30 ml)
1 parte de extracto de vainilla (15 ml)
1/2 cdta. de azúcar
Nata montada

Poner todos los ingredientes, menos la nata montada, en la batidora con hielo picado. Mezclar a velocidad mínima hasta que se unan. Verter en una copa de vino helada y coronar con la nata montada.

LAWHILL COCKTAIL

4 partes de whisky blended (60 ml)
2 partes de vermut seco (30 ml)
1/2 cdta. de Pernod
1/2 cdta. de licor de marrasquino
1 chorrito de angostura

Mezclar todos los ingredientes en la coctelera con cubitos de hielo y agitar bien. Colar en una copa de cóctel helada.

LEAP FROG HIGHBALL

4 partes de ginebra (60 ml)
3 partes de zumo natural de limón (45 ml)
Ginger ale

Verter la ginebra y el zumo en un vaso alto helado lleno de cubitos. Acabar de llenar con ginger ale y remover despacio.

LEAP YEAR COCKTAIL

4 partes de ginebra (60 ml)
1 parte de vermut dulce (15 ml)
1 parte de Grand Marnier (15 ml)
1/2 cdta. de zumo natural de limón

Mezclar todos los ingredientes en la coctelera con hielo picado. Agitar bien y colar en una copa de cóctel helada.

LEMON DROP

4 partes de vodka helado (60 ml)
Azúcar
1 rodaja de limón

Verter el vodka en un vaso de chupito. Humedezca el espacio entre el índice y el pulgar de su mano y cúbralo con azúcar. Chupe el azúcar, beba el chupito de un trago, y muerda y chupe el limón. Repetir si es necesario.

LEMONADE

32 partes de jarabe de azúcar (480 ml)
32 partes de zumo natural de limón (480 ml)
2,5 l de agua fría
10 ramitas de menta fresca
Rodajas de limón

Verter el zumo de limón en una jarra y añadir agua fría. Añadir la mitad del almíbar y las ramitas de menta y remover. Probar y añadir más almíbar si es necesario. Remover bien y añadir bastantes cubitos. Agregar las rodajas de limón. Para 10 personas.

Nota: Para hacer una limonada rosa añadir 125 ml de jarabe de fresa o de frambuesa y disminuir la cantidad del almíbar proporcionalmente. Para hacer Limeade, sustituir el zumo natural de limón por zumo natural de lima.

LEMON-LIME COOLER

6 partes de zumo natural de lima (90 ml)
1 parte de almíbar (15 ml)
Bitter lemon soda
1 rodaja de lima

Mezclar el zumo de lima y el almíbar en la coctelera con hielo picado. Agitar bien y colar en un vaso collins helado lleno de cubitos. Acabar de llenar con bitter lemon soda. Remover despacio y adornar con la lima.

LEPRECHAUN

4 partes de whiskey irlandés (60 ml)
2 partes de ron blanco (30 ml)
1 parte de Sloe Gin (15 ml)
2 partes de zumo natural de limón (30 ml)
1/2 cdta. de azúcar
1/4 de melocotón pelado, en dados
Frambuesas frescas

Poner todos los ingredientes, menos las frambuesas, en la batidora con hielo picado. Mezclar hasta que se unan y verter en un vaso bajo helado. Adornar con las frambuesas.

LEXINGTON AVE. EXPRESS

4 partes de ron de 80% vol. alcohol (60 ml)
2 partes de zumo natural de lima (30 ml)
1 cdta. de granadina

Mezclar todos los ingredientes en la coctelera con hielo picado. Agitar bien y colar en un vaso bajo helado lleno de cubitos.

LIBERTY COCKTAIL

4 partes de brandy de manzana (60 ml)
2 partes de ron blanco (30 ml)
1/4 cdta. de azúcar

Remover bien todos los ingredientes con hielo picado en el vaso mezclador. Colar en una copa de cóctel helada.

LIBERTY COCKTAIL

LIEBFRAUMILCH

4 partes de crema de cacao blanca (60 ml)
4 partes de half-and-half (60 ml)
4 partes de zumo natural de lima (60 ml)

Mezclar todos los ingredientes en la coctelera con hielo picado y agitar bien. Colar en una copa de cóctel helada.

LIL NAUE

4 partes de brandy (60 ml)
2 partes de oporto ruby (30 ml)
2 partes de brandy de albaricoque (30 ml)
1 cdta. de azúcar
1 yema de huevo
Canela molida

Poner todos los ingredientes, menos la canela, en la batidora con hielo picado. Mezclar hasta que se unan y verter en una copa de vino tinto helada. Espolvorear con la canela molida.

LIMBO COCKTAIL

4 partes de ron blanco (60 ml)
1 parte de crema de plátano (15 ml)
2 partes de zumo natural de naranja (30 ml)

Mezclar todos los ingredientes en la coctelera con hielo picado y agitar bien. Colar en una copa de cóctel helada.

LIMEY

4 partes de ron blanco (60 ml)
2 partes de licor de lima (30 ml)
1 parte de Triple Sec (15 ml)
1 Cda. de zumo natural de lima
1 espiral de piel de lima

Poner todos los ingredientes, menos la espiral de lima, en la batidora con hielo picado. Mezclar hasta que se unan y verter en una copa de vino tinto helada. Adornar con la lima.

LINSTEAD COCKTAIL

4 partes de Scotch (60 ml)
1/4 cdta. de Pernod
4 partes de zumo de piña (60 ml)
1/4 cdta. de zumo natural de limón
1/2 cdta. de azúcar

Mezclar todos los ingredientes en la coctelera con hielo picado y agitar bien. Colar en una copa de cóctel helada.

LITTLE DEVIL

4 partes de ginebra (60 ml)
3 partes de ron blanco (45 ml)
2 partes de Triple Sec (30 ml)
2 partes de zumo natural de limón (30 ml)

Mezclar todos los ingredientes en la coctelera con hielo picado y agitar bien. Colar en una copa de cóctel helada.

LITTLE DIX MIX

4 partes de ron añejo (60 ml)
1 parte de crema de plátano (15 ml)
1 parte de zumo natural de lima (15 ml)
1 cdta. de Triple Sec

Mezclar todos los ingredientes en la coctelera con hielo picado. Agitar bien y servir en un vaso bajo helado.

LITTLE PRINCE

4 partes de sidra (60 ml)
2 partes de néctar de albaricoque (30 ml)
2 partes de zumo natural de limón (30 ml)
1 espiral de piel de limón

Poner todos los ingredientes en el vaso mezclador con hielo picado. Remover bien y verter en un vaso bajo helado. Adornar con la espiral de limón.

LITTLE PRINCESS

4 partes de ron blanco (60 ml)
2 partes de vermut dulce (30 ml)

Mezclar todos los ingredientes en la coctelera con hielo picado y agitar bien. Colar en una copa de cóctel helada.

LOCH LOMOND

6 partes de Scotch (90 ml)
1 parte de almíbar (15 ml)
3-5 chorritos de angostura

Mezclar todos los ingredientes en la coctelera con hielo picado. Agitar bien y colar en una copa de cóctel helada.

LOCOMOTIVE

12 partes de vino tinto seco (180 ml)
1 parte de licor de marrasquino (15 ml)
1 parte de Triple Sec (15 ml)
1 parte de miel (15 ml)
1 huevo
1 rodaja de limón
Canela molida

Mezclar el vino, los licores y la miel en un cazo. Remover hasta disolver la miel. Subir el fuego y dejarlo hasta que se caliente, removiendo. No dejar que hierva. Añadir el huevo ligeramente batido. Dejar 1 minuto a fuego lento removiendo. Verter en una taza de café y adornar con la canela y la rodaja de limón.

LOLLIPOP

2 partes de Chartreuse verde (30 ml)
2 partes de kirschwasser (30 ml)
2 partes de Triple Sec (30 ml)
1 cdta. de licor de marrasquino

Mezclar todos los ingredientes en la coctelera con hielo picado y agitar bien. Colar en una copa de cóctel helada.

LONDON COCKTAIL

6 partes de ginebra (90 ml)
1/2 cdta. de licor de marrasquino
5 chorritos de orange bitter
1/2 cdta. de azúcar
1 espiral de piel de limón

Mezclar todos los ingredientes, menos el limón, en la coctelera con hielo picado. Agitar bien y colar en una copa de cóctel helada y adornar con la espiral de limón.

LONDON DOCK

6 partes de vino tinto seco (90 ml)
4 partes de ron añejo (60 ml)
2 partes de miel (30 ml)
Piel de limón
Canela en rama
Nuez moscada, recién rallada
Agua hirviendo

Disolver la miel con un poco de agua hirviendo en una taza caliente de café. Añadir los demás ingredientes, excepto la canela y la nuez moscada, y acabar de llenar con agua hirviendo. Remover con la rama de canela y espolvorear con nuez moscada.

LONDON FOG

2 partes de crema de menta blanca (30 ml)
2 partes de Pernod (30 ml)
1 bola de helado de vainilla

Poner todos los ingredientes en la batidora con hielo picado. Mezclar a velocidad media unos segundos. Servir en una copa pousse-café helada.

LONDON FRENCH '75'

4 partes de ginebra (60 ml)
2 partes de zumo natural de limón (30 ml)
1/2 cdta. de azúcar
Champaña o cava

Mezclar todos los ingredientes, menos el champaña, en la coctelera con hielo picado. Agitar bien y verter en un vaso collins helado. Acabar de llenar con champaña muy frío.

LONE TREE COCKTAIL

4 partes de ginebra (60 ml)
1 parte de vermut dulce (15 ml)
3 chorritos de orange bitter

Poner todos los ingredientes en el vaso mezclador con cubitos. Remover bien y colar en una copa de cóctel helada.

LONG ISLAND ICED TEA

4 partes de vodka (60 ml)
2 partes de ginebra (30 ml)
2 partes de tequila blanco (30 ml)
2 partes de ron blanco (30 ml)
1 parte de crema de menta blanca (15 ml)
4 partes de zumo natural de limón (60 ml)
1 cdta. de azúcar
1 rodaja de lima
Cola

Mezclar todos los ingredientes, menos la lima y la cola, en la coctelera con hielo picado. Agitar bien y colar en un vaso collins helado lleno de cubitos. Acabar de llenar con cola y remover despacio. Adornar con la rodaja de lima.

LONG ISLAND ICED TEA

LORD RODNEY

4 partes de whisky blended (60 ml)
2 partes de ron añejo (30 ml)
1/4 cdta. de crema de cacao blanca
1 cdta. de jarabe de coco

Mezclar todos los ingredientes en la coctelera con hielo picado. Agitar bien y colar en una copa de cóctel helada.

LOS ANGELES COCKTAIL

4 partes de whisky rye (60 ml)
1/4 cdta. de vermut dulce
2 partes de zumo natural de limón (30 ml)
1 cdta. de azúcar
1 huevo

Mezclar todos los ingredientes en la coctelera con hielo picado. Agitar enérgicamente y colar en una copa sour helada llena de cubitos.

LOUDSPEAKER

4 partes de brandy (60 ml)
3 partes de ginebra (45 ml)
1 parte de Triple Sec (15 ml)
2 partes de zumo natural de limón (30 ml)

Mezclar todos los ingredientes en la coctelera con hielo picado y agitar bien. Colar en una copa de cóctel helada.

LOUISIANA PLANTER'S PUNCH

4 partes de ron dorado (60 ml)
2 partes de bourbon (30 ml)
2 partes de coñac (30 ml)
1/4 cdta. de Pernod
5 chorritos de Peychaud's bitter
1 parte de almíbar (15 ml)
2 partes de zumo natural de limón (30 ml)
Soda
1 rodaja de limón
1 rodaja de naranja

Mezclar todos los ingredientes, menos la soda y la fruta, en la coctelera con hielo picado. Agitar bien y colar en un vaso alto helado lleno de cubitos. Acabar de llenar con soda y remover despacio. Adornar con las rodajas de fruta.

LOVE COCKTAIL

4 partes de Sloe Gin (60 ml)
1/2 cdta. de zumo natural de limón
1/2 cdta. de jarabe de frambuesa
1 clara de huevo

Mezclar todos los ingredientes en la coctelera con hielo picado y agitar bien. Colar en una copa de cóctel helada.

LUGGER

4 partes de brandy (60 ml)
3 partes de brandy de manzana (45 ml)
1/2 cdta. de brandy de albaricoque

Mezclar todos los ingredientes en la coctelera con hielo picado. Agitar bien y colar en una copa de cóctel helada.

M

MADEIRA COCKTAIL

4 partes de whisky blended (60 ml)
3 partes de Madeira (45 ml)
1 cdta. de granadina
1 chorrito de zumo natural de limón
1 rodaja de naranja

Mezclar todos los ingredientes, menos la naranja, en la coctelera con hielo picado. Agitar bien y colar en un vaso bajo helado lleno de cubitos. Adornar con la rodaja de naranja.

MADRAS

4 partes de vodka (60 ml)
6 partes de zumo de arándanos (90 ml)
6 partes de zumo natural de naranja (90 ml)

Poner todos los ingredientes en el vaso mezclador con hielo picado y remover. Colar en un vaso alto helado lleno de cubitos.

MAHUKONA

4 partes de ron blanco (60 ml)
1 parte de Curaçao blanco (15 ml)
1 parte de zumo natural de limón (15 ml)
1/2 cdta. de jarabe de almendra
5 chorritos de orange bitter
1 trozo de piña

Poner todos los ingredientes, menos la piña natural, en la batidora con hielo picado. Mezclar hasta que se unan y verter en un vaso alto helado. Adornar con la piña.

MAI KAI NO

4 partes de ron blanco (60 ml)
4 partes de ron añejo (60 ml)
1 parte de ron de 80% vol. alcohol (15 ml)
4 partes de zumo natural de lima (60 ml)
2 partes de jarabe de fruta de la pasión (30 ml)
1 parte de jarabe de almendra (15 ml)
Soda
1 trozo de piña

Mezclar todos los ingredientes, menos la soda y la piña, en la coctelera con hielo picado. Agitar bien y verter en un vaso collins helado lleno de cubitos. Acabar de llenar con soda. Remover despacio y adornar con la piña.

MAI TAI

4 partes de ron añejo (60 ml)
4 partes de ron blanco (60 ml)
2 partes de Curaçao (30 ml)
2 partes de zumo natural de lima (30 ml)
1 Cda. de granadina
1 Cda. de jarabe de almendra
1 trozo de piña
(1 orquídea o sombrilla de papel, opcional)

Mezclar todos los ingredientes en la coctelera con hielo picado y agitar bien. Colar en un vaso alto helado lleno de cubitos. Decorar con la piña y los demás adornos.

MAIDEN'S BLUSH

4 partes de ginebra (60 ml)
1/2 cdta. de Triple Sec
1/2 cdta. de granadina
1/2 cdta. de zumo natural de limón

Mezclar todos los ingredientes en la coctelera con hielo picado. Agitar bien y colar en una copa de cóctel helada.

MAIDEN'S PRAYER

4 partes de ginebra (60 ml)
2 partes de Curaçao (30 ml)
1 parte de zumo natural de limón (15 ml)
1 Cda. de zumo natural de naranja

Mezclar todos los ingredientes en la coctelera con hielo picado y agitar bien. Colar en una copa de cóctel helada.

MAINBRACE

4 partes de ginebra (60 ml)
2 partes de Curaçao blanco (30 ml)
2 partes de zumo de uva blanca (30 ml)

Mezclar todos los ingredientes en la coctelera con hielo picado y agitar bien. Colar en una copa de cóctel helada.

MAI TAI

MAMIE TAYLOR

6 partes de Scotch (90 ml)
2 partes de zumo natural de lima (30 ml)
Ginger ale
1 rodaja de lima

Verter el scotch y el zumo de lima en un vaso collins helado lleno de cubitos. Llenar con ginger ale y remover despacio. Adornar con la rodaja de lima.

MANDEVILLE

4 partes de ron añejo (60 ml)
4 partes de ron blanco (60 ml)
1 Cda. de Pernod
1/2 cdta. de granadina
1 Cda. de zumo natural de limón
1 parte de cola (15 ml)

Mezclar todos los ingredientes en la coctelera con hielo picado. Agitar bien y colar en un vaso bajo helado lleno de cubitos.

MANDY'S CURE

8 partes de zumo de arándanos (120 ml)
8 partes de zumo de pomelo (120 ml)
2 partes de zumo natural de lima (30 ml)
1 rodaja de lima

Remover los zumos en el vaso mezclador con hielo picado. Verter en un vaso collins helado lleno de cubitos. Adornar con la rodaja de lima.

MANGO DELIGHT

1/4 de taza de mango maduro, troceado
3 fresas grandes
2 partes de zumo natural de lima (30 ml)
1 rodaja de lima

Poner todos los ingredientes, menos 1 fresa y la rodaja de lima, en la batidora con hielo picado. Mezclar hasta que se unan. Verter en una copa de vino helada y adornar con la fresa y la rodaja de lima.

MANHASSET

4 partes de whisky rye (60 ml)
1/2 parte de vermut seco (7,5 ml)
1/2 parte de vermut dulce (7,5 ml)
1 Cda. de zumo natural de limón
1 espiral de piel de limón

Mezclar todos los ingredientes, menos la espiral de limón, en la coctelera con hielo picado. Agitar bien y colar en una copa de cóctel helada. Adornar con la espiral.

MANHASSET

MANHATTAN

MANHATTAN

6 partes de whisky rye (90 ml)
2 partes de vermut dulce (30 ml)
1 chorrito de angostura
1 guinda

Mezclar todos los ingredientes, menos la guinda, en el vaso mezclador con cubitos. Remover bien y colar en una copa de cóctel helada. Adornar con la guinda.

MANHATTAN COOLER

8 partes de vino tinto seco (120 ml)
4 partes de zumo natural de limón (60 ml)
1/4 cdta. de ron dorado
1 Cda. de almíbar

Poner todos los ingredientes en el vaso mezclador con hielo picado. Remover bien y colar en un vaso alto helado lleno de cubitos.

MAN O'WAR

4 partes de bourbon (60 ml)
2 partes de Triple Sec (30 ml)
1 parte de vermut dulce (15 ml)
2 partes de zumo natural de lima (30 ml)

Mezclar todos los ingredientes en la coctelera con hielo picado y agitar bien. Colar en una copa de cóctel helada.

MARCONI WIRELESS

6 partes de brandy de manzana (90 ml)
1 parte de vermut dulce (15 ml)
3-5 chorritos de orange bitter

Mezclar todos los ingredientes en la coctelera con hielo picado. Agitar bien y colar en una copa de cóctel helada.

MARGARITA

6 partes de tequila oro o plata (90 ml)
2 partes de Triple Sec (30 ml)
4 partes de zumo natural de lima (60 ml)
Sal gruesa
1 rodaja de lima

Decorar una copa de cóctel grande humedeciendo el borde con la rodaja de lima y pasándolo por sal gruesa. Mezclar los demás ingredientes en la coctelera con hielo picado.
Agitar bien y colar en la copa de cóctel helada, decorada.

MARGIE'S MIMOSA

Zumo espumoso de uva blanca helado
Zumo natural de naranja

Llenar hasta la mitad una copa flauta helada con zumo de naranja. Llenar hasta arriba con zumo de uva y remover despacio.

MARGARITA

MARTINI CON OLIVA

MARTINI

6 partes de ginebra (90 ml)
1/4 cdta. o menos de vermut seco
1 aceituna de cóctel

Poner la ginebra y el vermut en el vaso mezclador con cubitos. Remover bien y verter en una copa de cóctel helada. Adornar con la aceituna.

Nota: Una de las muchas variantes del Martini en este libro combina la ginebra y el vermut con un chorro de Dubonnet. Adornar con una espiral de limón en vez de la aceituna.

MARY GARDEN COCKTAIL

4 partes de Dubonnet tinto (60 ml)
2 partes de vermut seco (30 ml)

Mezclar todos los ingredientes en la coctelera con hielo picado y agitar bien. Colar en una copa de cóctel helada.

MARTINI CON DUBONNET

MARY PICKFORD

4 partes de ron blanco (60 ml)
1/2 cdta. de licor de marrasquino
4 partes de zumo de piña (60 ml)
1/2 cdta. de granadina

Mezclar todos los ingredientes en la coctelera con hielo picado y agitar bien. Colar en una copa de cóctel helada.

MATADOR

4 partes de tequila oro (60 ml)
1 parte de Triple Sec (15 ml)
6 partes de zumo de piña (90 ml)
2 partes de zumo natural de lima (30 ml)

Mezclar todos los ingredientes en la coctelera con hielo picado. Agitar bien y colar en una copa sour helada.

MATINEE

4 partes de ginebra (60 ml)
2 partes de vermut dulce (30 ml)
1 parte de Chartreuse verde (15 ml)
1 parte de zumo natural de naranja (15 ml)
1 chorrito de orange bitter

Mezclar todos los ingredientes en la coctelera con hielo picado y agitar bien. Colar en una copa de cóctel helada.

MAURICE

4 partes de ginebra (60 ml)
1 parte de vermut seco (15 ml)
1 parte de vermut dulce (15 ml)
2 partes de zumo natural de naranja (30 ml)
1 chorrito de angostura

Mezclar todos los ingredientes en la coctelera con hielo picado. Agitar bien y colar en una copa de cóctel helada.

MC CLELLAND

4 partes de Sloe Gin (60 ml)
2 partes de Curaçao blanco (30 ml)
3-5 chorritos de orange bitter

Mezclar todos los ingredientes en la coctelera con hielo picado y agitar bien. Colar en una copa de cóctel helada.

MELON BALL

4 partes de vodka (60 ml)
4 partes de licor de melón (60 ml)
8 partes de zumo de piña (120 ml)
1 rodaja de melón dulce o de cantaloupe

Poner todos los ingredientes, menos la rodaja de melón, en el vaso mezclador con hielo picado y remover. Colar en un vaso alto helado lleno de cubitos y adornar con el melón.

MELON COCKTAIL

4 partes de ginebra (60 ml)
1 parte de licor de marrasquino (15 ml)
1 parte de zumo natural de limón (15 ml)
1 guinda
1 espiral de piel de limón

Mezclar todos los ingredientes, menos la guinda y la espiral, en la coctelera con hielo picado. Agitar bien y colar en una copa de cóctel helada. Adornar con la guinda y la espiral de limón.

MELON MEDLEY

8 partes de zumo natural de naranja
8 partes de melón cantaloupe, en dados (120 ml)
1 parte de zumo natural de limón (15 ml)

Poner todos los ingredientes en la batidora con hielo picado. Mezclar hasta que se unan y verter en un vaso collins helado.

MERMAID'S SONG

4 partes de zumo de naranja (60 ml)
2 partes de zumo de fruta de la pasión (30 ml)
2 partes de leche de coco (30 ml)
2 partes de zumo piña (30 ml)
1 parte de zumo natural de lima (15 ml)
1 guinda

Mezclar todos los ingredientes, menos la guinda, en la coctelera con hielo picado. Agitar bien y colar en una copa de vino tinto helada. Adornar con la guinda.

MERRY WIDOW

4 partes de ginebra (60 ml)
2 partes de vermut seco (30 ml)
1 parte de Pernod (15 ml)
3-5 chorritos de Peychaud's bitter
1 espiral de piel de limón

Mezclar todos los ingredientes, menos la espiral de limón, en la coctelera con hielo picado. Agitar bien y colar en una copa de cóctel helada. Adornar con la espiral.

METROPOLITAN

MERRY WIDOW FIZZ

4 partes de Dubonnet tinto (60 ml)
4 partes de zumo natural de naranja (60 ml)
2 partes de zumo natural de limón (30 ml)
1 clara de huevo
Soda

Mezclar todos los ingredientes, menos la clara de huevo, en la coctelera con hielo picado. Agitar enérgicamente y colar en un vaso collins helado. Acabar de llenar con soda y remover despacio.

METROPOLITAN

4 partes de brandy (60 ml)
2 partes de vermut dulce (30 ml)
1/2 cdta. de azúcar
1 chorrito de angostura

Mezclar todos los ingredientes en la coctelera con hielo picado y agitar bien. Colar en una copa de cóctel helada.

MEXICAN COFFEE

MEXICANA

4 partes de tequila plata (60 ml)
4 partes de zumo de piña (60 ml)
2 partes de zumo natural de lima (30 ml)
1/2 cdta. de granadina

Mezclar todos los ingredientes en la coctelera con hielo picado.
Agitar bien y colar en un vaso alto helado lleno de cubitos.

MEXICAN COFFEE

4 partes de tequila oro (60 ml)
1 parte de licor de café (15 ml)
Café cargado caliente
Nata montada

Mezclar el tequila y el licor en una taza de café. Añadir el café caliente y remover otra vez. Coronar con nata montada.

MEXICOLA

4 partes de tequila blanco (60 ml)
Cola
1 rodaja de lima

Verter el tequila en un vaso collins helado lleno de cubitos. Añadir cola y exprimir la lima sobre el cóctel. Remover despacio y adornar con la lima.

MIAMI

4 partes de ron blanco (60 ml)
2 partes de schnapps de peppermint (30 ml)
1/4 cdta. de zumo natural de lima

Mezclar todos los ingredientes en la coctelera con hielo picado y agitar bien. Colar en una copa de cóctel helada.

MIAMI BEACH COCKTAIL

4 partes de Scotch (60 ml)
3 partes de vermut seco (45 ml)
4 partes de zumo de pomelo (60 ml)

Mezclar todos los ingredientes en la coctelera con hielo picado. Agitar bien y colar en un vaso bajo helado lleno de cubitos.

MIDNIGHT COCKTAIL

4 partes de brandy de albaricoque (60 ml)
1 Cda. de Triple Sec
1 Cda. de zumo natural de limón

Mezclar todos los ingredientes en la coctelera con hielo picado y agitar bien. Colar en una copa de cóctel helada.

MIDNIGHT SUN

4 partes de aquavit (60 ml)
2 partes de zumo de pomelo (30 ml)
1/4 cdta. de granadina
1 rodaja de naranja

Mezclar todos los ingredientes, menos la naranja, en la coctelera con hielo picado. Agitar bien y colar en una copa de cóctel helada. Adornar con la rodaja de naranja.

MIKADO

6 partes de brandy (90 ml)
1/4 cdta. de crema de noyaux
1/4 cdta. de Triple Sec
1/4 cdta. de jarabe de almendra
3-5 chorritos de angostura

Mezclar todos los ingredientes en la coctelera con hielo picado. Agitar bien y colar en una copa de cóctel helada.

MILK PUNCH

4 partes de whisky blended (60 ml)
14 partes de leche (240 ml)
1 cdta. de almíbar
Nuez moscada, recién rallada

Verter la leche en un vaso collins helado. Añadir el whisky y el almíbar. Espolvorear con nuez moscada.

MILLIONAIRE

4 partes de bourbon (60 ml)
2 partes de Pernod (30 ml)
1/4 cdta. de Triple Sec
1/4 cdta. de granadina
1 clara de huevo

Mezclar todos los ingredientes en la coctelera con hielo picado y agitar enérgicamente. Colar en una copa de cóctel helada.

MILLION-DOLLAR COCKTAIL

4 partes de ginebra (60 ml)
2 partes de vermut dulce (30 ml)
2 partes de zumo de piña (30 ml)
1 cdta. de granadina
1 clara de huevo

Mezclar todos los ingredientes en la coctelera con hielo picado y agitar enérgicamente. Colar en una copa de cóctel helada.

MIMOSA

Champaña o cava helado
Zumo natural de naranja

Llenar hasta la mitad una copa flauta con zumo de naranja. Añadir champaña hasta arriba y remover despacio.

MINOR MADRAS

8 partes de zumo de arándanos (120 ml)
8 partes de zumo natural de naranja (120 ml)
2 partes de zumo natural de limón (30 ml)
1 rodaja de lima

Poner los ingredientes, menos la lima, en el vaso mezclador con hielo picado y remover. Verter en un vaso collins helado lleno de cubitos. Adornar con la rodaja de lima.

MIMOSA

MINT COLLINS

6 partes de ginebra (90 ml)
2 partes de zumo natural de limón (30 ml)
1 cdta. de azúcar
7 hojas de menta fresca
Soda
1 rodaja de limón
Ramitas de menta fresca

Verter la ginebra, el zumo de limón y el azúcar en un vaso collins helado. Añadir las hojas de menta y aplastarlas con la cuchara de bar. Añadir cubitos y llenar con soda. Remover despacio y adornar con la rodaja de limón y ramitas de menta.

MINT JULEP

6 partes de bourbon (90 ml)
1 Cda. de almíbar
10-15 hojas grandes de menta fresca
1 ramita de menta

Mezclar las hojas de menta con el almíbar en un vaso alto helado. Llenar el vaso con hielo picado y añadir el bourbon. Adornar con la ramita de menta.

MINT SUNRISE

MINT SUNRISE

3 partes de Scotch (45 ml)
1 parte de brandy (15 ml)
1 parte de Curaçao (15 ml)
1 rodaja de limón
1 ramita de menta

Verter todos los ingredientes, menos el limón y la menta, en un vaso alto helado lleno de cubitos. Remover despacio. Adornar con la rodaja de limón y la ramita de menta.

MISSISSIPPI MULE

4 partes de ginebra (60 ml)
1 parte de crema de Cassis (15 ml)
1 parte de zumo natural de limón (15 ml)

Mezclar todos los ingredientes en la coctelera con hielo picado. Agitar bien y colar en un vaso bajo helado.

MISTER PIP'S ST. THOMAS SPECIAL

4 partes de ron añejo (60 ml)
1 Cda. de jarabe de fruta de la pasión
Zumo natural de naranja
Nuez moscada, recién rallada

Remover el ron y el jarabe con hielo picado en el vaso mezclador. Colar en un vaso collins helado lleno de cubitos. Acabar de llenar con zumo de naranja y remover. Espolvorear con nuez moscada.

MOCHA MINT

3 partes de licor de café (45 ml)
3 partes de crema de cacao blanca (45 ml)
3 partes de crema de menta blanca (45 ml)

Mezclar todos los ingredientes en la coctelera con hielo picado y agitar bien. Colar en una copa de cóctel helada.

MOCHA SLUSH

4 partes de jarabe de café (60 ml)
2 partes de jarabe de chocolate (30 ml)
8 partes de leche (120 ml)
Virutas de chocolate

Poner todos los ingredientes, menos el chocolate, en la batidora con hielo picado. Mezclar hasta que se unan y verter en una copa de vino helada. Espolvorear con el chocolate.

MODERN COCKTAIL

5 partes de Scotch (75 ml)
1 cdta. de ron añejo
1 cdta. de Pernod
1 cdta. de zumo natural de limón
3-5 chorritos de orange bitter
1 guinda

Mezclar todos los ingredientes, menos la guinda, en la coctelera con hielo picado. Agitar bien y verter en un vaso bajo helado. Adornar con la guinda.

MOJITO

4 partes de ron blanco (60 ml)
2 partes de zumo natural de lima (30 ml)
1 cdta. de azúcar
5-7 hojas de menta fresca
1 chorrito de angostura

Mezclar todos los ingredientes en la coctelera con hielo picado y agitar bien. Colar en una copa de cóctel helada.

MOLDAU

4 partes de ginebra (60 ml)
2 partes de Slivovitz (30 ml)
1 parte de zumo natural de naranja (15 ml)
1 parte de zumo natural de limón (15 ml)

Mezclar todos los ingredientes en la coctelera con hielo picado. Agitar bien y colar en una copa de cóctel helada.

MOLL COCKTAIL

3 partes de ginebra (45 ml)
2 partes de Sloe Gin (30 ml)
2 partes de vermut seco (30 ml)
1 chorrito de angostura

Mezclar todos los ingredientes en la coctelera con hielo picado y agitar bien. Colar en una copa de cóctel helada.

MONTANA

4 partes de brandy (60 ml)
2 partes de oporto ruby (30 ml)
2 partes de vermut seco (30 ml)
1 chorrito de angostura

Poner los ingredientes en el vaso mezclador con hielo picado. Remover bien y colar en un vaso bajo helado lleno de cubitos.

MONTEZUMA

4 partes de tequila oro (60 ml)
2 partes de Madeira (30 ml)
1 yema de huevo

Poner los ingredientes en la batidora con hielo picado y mezclar hasta que se unan. Verter en una copa de cóctel helada.

MONTMARTRE

4 partes de ginebra (60 ml)
1 parte de vermut dulce (15 ml)
1 parte de Curaçao blanco (15 ml)

Mezclar todos los ingredientes en la coctelera con hielo picado y agitar bien. Colar en una copa de cóctel helada.

MOONLIGHT

4 partes de brandy de manzana (60 ml)
4 partes de zumo natural de limón (60 ml)
1/2 cdta. de azúcar

Mezclar todos los ingredientes en la coctelera con hielo picado y agitar bien. Colar en un vaso bajo helado lleno de cubitos.

MOONSHOT

4 partes de ginebra (60 ml)
6 partes de jugo de almeja (90 ml)
1 chorrito de tabasco

Poner todos los ingredientes en el vaso mezclador con cubitos y remover. Verter en un vaso bajo helado.

MORNING COCKTAIL

4 partes de brandy (60 ml)
2 partes de vermut seco (30 ml)
1 cdta. de Curaçao blanco
1 cdta. de licor de marrasquino
1 cdta. de Pernod
3-5 chorritos de orange bitter
1 guinda

Mezclar todos los ingredientes, menos la guinda, en la coctelera con hielo picado. Agitar bien y colar en una copa de cóctel helada. Adornar con la guinda.

MORNING GLORY FIZZ

6 partes de Scotch (90 ml)
1 parte de Pernod (15 ml)
2 partes de zumo natural de limón (30 ml)
1/2 cdta. de azúcar
1 clara de huevo
1 chorrito de angostura
Soda

Mezclar todos los ingredientes, menos la soda, con hielo picado en la coctelera. Agitar bien y colar en un vaso alto helado lleno de cubitos. Acabar de llenar con soda y remover despacio.

MORNING JOY

4 partes de ginebra (60 ml)
3 partes de crema de plátano (45 ml)
6 partes de zumo natural de naranja (90 ml)

Mezclar todos los ingredientes en la coctelera con hielo picado. Agitar bien y colar en una copa sour helada.

MORRO

4 partes de ginebra (60 ml)
2 partes de ron añejo (30 ml)
1 parte de zumo natural de lima (15 ml)
1 parte de zumo de piña (15 ml)
1/2 cdta. de azúcar

Mezclar todos los ingredientes en la coctelera con hielo picado. Agitar bien y colar en un vaso bajo decorado con azúcar y lleno de cubitos.

MOSCOW MULE

6 partes de vodka (90 ml)
1 Cda. de zumo natural de lima
Cerveza de jengibre
1 rodaja de lima

Verter el vodka y el zumo de lima en una jarra helada de cerveza llena de cubitos. Acabar de llenar con la cerveza de jengibre y remover despacio. Adornar con la rodaja de lima.

MOTHER'S MILK

8 partes de leche (120 ml)
1 parte de miel (15 ml)
1/4 cdta. de extracto de vainilla
Nuez moscada, recién rallada

Mezclar todos los ingredientes, menos la nuez moscada, en la coctelera con hielo picado. Agitar bien. Colar en un vaso bajo helado y espolvorear con nuez moscada.

MOULIN ROUGE

4 partes de Sloe Gin (60 ml)
1 parte de vermut dulce (15 ml)
3-5 chorritos de angostura

Mezclar todos los ingredientes en la coctelera con hielo picado. Agitar bien y colar en una copa de cóctel helada.

MOUNTAIN COCKTAIL

4 partes de whisky blended (60 ml)
1 parte de vermut seco (15 ml)
1 parte de vermut dulce (15 ml)
1 parte de zumo natural de limón (15 ml)
1 clara de huevo

Mezclar todos los ingredientes en la coctelera con hielo picado y agitar bien. Colar en una copa de cóctel helada.

MUDSLIDE

3 partes de vodka (45 ml)
3 partes de licor de café (45 ml)
3 partes de licor de crema irlandesa (45 ml)

Mezclar todos los ingredientes en la coctelera con hielo picado. Agitar bien y colar en una copa de cóctel helada.

MULE'S HIND LEG

4 partes de brandy de manzana (60 ml)
2 partes de ginebra (30 ml)
1 Cda. de brandy de albaricoque
1 Cda. de Bénédictine
1 Cda. de jarabe de arce

Mezclar todos los ingredientes en la coctelera con hielo picado. Agitar bien y colar en un vaso bajo helado lleno de cubitos.

NOTA: Los combinados tipo "mulled" y "hot-buttered" pueden prepararse en el microondas. En vez de usar un cazo, poner los ingredientes en una taza y calentar unos 45-60 segundos.

MULLED CIDER

4 partes de ron dorado (60 ml)
12 partes de sidra (180 ml)
1 cdta. de miel
Canela en rama
Nuez moscada recién rallada, al gusto
3 clavos
1 espiral de piel de limón

Poner todos los ingredientes en un cazo. Calentar a fuego medio, removiendo de vez en cuando. No hervir. Verter en una taza caliente de café.

MULLED CIDER WARMER

1 l de sidra
2 partes de miel (30 ml)
1/4 cdta. de pimienta de Jamaica molida
5 semillas de cardamomo
1/2 cdta. de canela recién molida
1/4 cdta. de jengibre rallado
1/4 cdta. de nuez moscada, recién rallada
8 clavos
1 Cda. de piel de naranja seca
Canela en rama

Poner todos los ingredientes, menos la canela en rama, en un cazo. Calentar y remover a fuego fuerte hasta que se disuelva la miel. Bajar el fuego y dejar unos 15 minutos o más. Servir en tazas calientes de café y adornar con la canela en rama. Para 6 personas.

MULLED CRANBERRY JUICE

12 partes de zumo de arándanos (180 ml)
2 rodajas de limón
3 clavos
1/4 cdta. de nuez moscada, recién rallada
Miel, al gusto
Canela en rama

Poner todos los ingredientes, menos la canela en rama, en un cazo y calentar a fuego bajo hasta que rompa a hervir. Remover bien y verter en una taza caliente. Adornar con canela en rama.

MULLED WINE

12 partes de vino tinto seco (180 ml)
2 partes de oporto ruby (30 ml)
2 partes de brandy (30 ml)
Canela en rama
Nuez moscada recién rallada, al gusto
3 clavos
1 espiral de piel de limón

Poner todos los ingredientes en un cazo. Calentar a fuego medio (que no hierva) y servir en una taza caliente de café.

MYRTLE BANK PUNCH

4 partes de ron de 80% vol. alcohol (60 ml)
2 partes de licor de marrasquino (30 ml)
3 partes de zumo natural de lima (45 ml)
1 cdta. de granadina
1/2 cdta. de azúcar

Poner todos los ingredientes, menos el marrasquino, en la batidora con hielo picado. Mezclar hasta que se unan y verter en un vaso alto helado. Añadir el marrasquino.

N

NAPOLEON

4 partes de ginebra (60 ml)
1 parte de Curaçao blanco (15 ml)
1 cdta. de Dubonnet tinto
1 cdta. de Amer Picon

Poner los ingredientes en el vaso mezclador con hielo picado y remover. Servir en una copa de cóctel helada.

NARAGANSETT

4 partes de bourbon (60 ml)
2 partes de vermut dulce (30 ml)
1 chorrito de Pernod
1 espiral de piel de limón

Remover los ingredientes líquidos en un vaso bajo helado lleno de cubitos. Adornar con la espiral.

NAVY GROG

2 partes de ron añejo (30 ml)
2 partes de ron blanco (30 ml)
2 partes de ron Demerara (30 ml)
1 parte de zumo de guayaba (15 ml)
1 parte de zumo natural de lima (15 ml)
1 parte de zumo de piña (15 ml)
1 parte de jarabe de almendra (15 ml)
1 Cda. de jarabe de tamarindo
1 rodaja de lima

Poner todos los ingredientes, menos la rodaja de lima, con hielo picado en la batidora. Mezclar hasta que se unan y verter en un vaso alto helado. Adornar con la lima.

NEGRONI

4 partes de ginebra (60 ml)
2 partes de Campari (30 ml)
1 parte de vermut dulce (15 ml)
1 espiral de piel de naranja

Mezclar todos los ingredientes, menos la naranja, en la coctelera con hielo picado. Agitar bien y colar en un vaso bajo helado lleno de cubitos. Adornar con la espiral de naranja.

NEGUS PUNCH

1 botella (de 750 ml) de oporto ruby
La piel de 1 limón
8 terrones de azúcar
2 ramas de canela
1 nuez moscada, machacada
7 clavos
1/2 cdta. de pimienta de Jamaica molida
1 parte de zumo natural de limón (15 ml)
Agua hirviendo

Poner la piel del limón y los terrones en una jarra grande caliente. Añadir agua suficiente para disolver el azúcar. Añadir las especias, el zumo de limón y el vino. Remover bien y añadir dos tazas de agua hirviendo justo antes de servir. Para 10-12 personas.

NETHERLANDS

4 partes de brandy (60 ml)
2 partes de Curaçao blanco (30 ml)
1 chorrito de orange bitter

Mezclar todos los ingredientes en la coctelera con hielo picado. Agitar bien y colar en un vaso bajo helado lleno de cubitos.

NEVADA COCKTAIL

4 partes de ron añejo (60 ml)
4 partes de zumo de pomelo (60 ml)
1 parte de zumo natural de lima (15 ml)
1/2 cdta. de azúcar
1 chorrito de angostura

Mezclar todos los ingredientes en la coctelera con hielo picado y agitar bien. Colar en una copa de cóctel helada.

NEVINS

4 partes de bourbon (60 ml)
1 parte de brandy de albaricoque (15 ml)
2 partes de zumo de pomelo (30 ml)
1 parte de zumo natural de limón (15 ml)
1 chorrito de angostura

Mezclar todos los ingredientes en la coctelera con hielo picado. Agitar bien y colar en una copa de cóctel helada.

NEW ORLEANS BUCK

4 partes de ron blanco (60 ml)
2 partes de zumo natural de lima (30 ml)
2 partes de zumo natural de naranja (30 ml)
Ginger ale
1 rodaja de lima

Mezclar todos los ingredientes, menos el ginger ale y la rodaja de lima, con hielo picado en la coctelera. Agitar bien y colar en un vaso collins helado lleno de cubitos. Acabar de llenar con ginger ale y remover despacio. Adornar con la lima.

NEW ORLEANS COCKTAIL

4 partes de bourbon (60 ml)
1 parte de Pernod (15 ml)
1 chorrito de angostura
1 chorrito de anisette
1 chorrito de orange bitter
1/2 cdta. de almíbar
1 espiral de piel de limón

Mezclar todos los ingredientes, menos el limón, en la coctelera con hielo picado. Agitar bien y verter en un vaso bajo helado. Adornar con la espiral de limón.

NEW ORLEANS GIN FIZZ

4 partes de ginebra (60 ml)
2 partes de zumo natural de limón (30 ml)
2 partes de zumo natural de lima (30 ml)
1 cdta. de almíbar
1 parte de half-and-half (15 ml)
1 clara de huevo
Soda
1 rodaja de lima

Mezclar todos los ingredientes, menos la soda y la rodaja de lima, en la coctelera con hielo picado. Agitar enérgicamente. Colar en un vaso collins helado lleno de cubitos. Acabar de llenar con soda y remover despacio. Adornar con la lima.

NEW YORK SOUR

NEW WORLD

6 partes de whisky blended (90 ml)
2 partes de zumo natural de lima (30 ml)
2 cdtas. de granadina
1 espiral de piel de lima

Mezclar todos los ingredientes, excepto la espiral de lima, en la coctelera con hielo picado. Agitar bien y colar en una copa de cóctel helada. Adornar con la espiral.

NEW YORK SOUR

4 partes de whisky blended (60 ml)
3 partes de zumo natural de limón (45 ml)
1 cdta. de azúcar
1 Cda. de vino tinto seco

Mezclar todos los ingredientes, menos el vino, en la coctelera con hielo picado. Agitar bien y colar en una copa sour helada. Acabar de llenar con el vino.

NEW YORKER COCKTAIL

4 partes de whisky blended (60 ml)
2 partes de zumo natural de limón (30 ml)
1/2 cdta. de granadina
1 cdta. de almíbar
1 espiral de piel de limón

Mezclar todos los ingredientes, menos la espiral de limón, en la coctelera con hielo picado. Agitar bien y colar en una copa de cóctel helada. Adornar con el limón.

NEW YORKER COCKTAIL

NEWBURY

4 partes de ginebra (60 ml)
3 partes de vermut dulce (45 ml)
1/4 cdta. de Triple Sec
1 espiral de piel de limón

Mezclar todos los ingredientes, menos el limón, en la coctelera con hielo picado. Agitar bien y colar en una copa de cóctel helada y adornar con la espiral de limón.

NEWPORT COOLER

4 partes de ginebra (60 ml)
1 parte de brandy (15 ml)
1 parte de licor de melocotón (15 ml)
1/4 cdta. de zumo natural de lima
Ginger ale

Verter todos los ingredientes, excepto el ginger ale, en un vaso collins helado lleno de cubitos. Llenar con ginger ale y remover despacio.

NIGHT CAP

4 partes de ron blanco (60 ml)
1 cdta. de almíbar
Leche tibia
Nuez moscada, recién rallada

Verter el ron y el almíbar en una taza de café. Acabar de llenarla con la leche tibia y remover. Espolvorear con nuez moscada.

NIGHTMARE

4 partes de ginebra (60 ml)
2 partes de Madeira (30 ml)
2 partes de brandy de cereza (30 ml)
1 cdta. de zumo natural de naranja

Mezclar todos los ingredientes en la coctelera con hielo picado. Agitar bien y colar en una copa de cóctel helada.

NINETEEN

6 partes de vermut seco (90 ml)
1 parte de ginebra (15 ml)
1 parte de kirschwasser (15 ml)
1/4 cdta. de Pernod
1/4 cdta. de almíbar

Mezclar todos los ingredientes en la coctelera con hielo picado. Agitar bien y colar en una copa de cóctel helada.

NINETEEN PICK-ME-UP

4 partes de Pernod (60 ml)
2 partes de ginebra (30 ml)
1/4 cdta. de almíbar
3-5 chorritos de angostura
3-5 chorritos de orange bitter
Soda

Mezclar todos los ingredientes, menos la soda, en la coctelera con hielo picado. Agitar bien y colar en un vaso alto helado lleno de cubitos.
Acabar de llenar con soda y remover despacio.

NINOTCHKA

4 partes de vodka (60 ml)
2 partes de crema de cacao blanca (30 ml)
1 parte de zumo natural de limón (15 ml)

Mezclar todos los ingredientes en la coctelera con hielo picado. Agitar bien y colar en una copa de cóctel helada.

NIGHT CAP

NIRVANA

4 partes de ron añejo (60 ml)
1 parte de granadina (15 ml)
1 parte de jarabe de tamarindo (15 ml)
1 cdta. de almíbar
Zumo de pomelo

Mezclar todos los ingredientes, menos el zumo de pomelo, en la coctelera con hielo picado. Agitar bien y verter en un vaso collins helado lleno de cubitos. Acabar de llenar con el zumo de pomelo y remover.

NORMANDY COCKTAIL

4 partes de ginebra (60 ml)
2 partes de Calvados (30 ml)
1 parte de brandy de albaricoque (15 ml)
1/4 cdta. de zumo natural de limón

Mezclar todos los ingredientes en la coctelera con hielo picado. Agitar bien y colar en una copa de cóctel helada.

NOVEMBER CIDER

6 partes de sidra (90 ml)
6 partes de zumo natural de naranja (90 ml)
6 partes de té negro frío (90 ml)
3 partes de zumo natural de limón (45 ml)
1 rodaja de limón

Poner todos los ingredientes en el vaso mezclador con cubitos y remover bien. Verter en un vaso collins helado y adornar con el limón.

NUTCRACKER

4 partes de crema de noisette (60 ml)
4 partes de amaretto de coco (60 ml)
4 partes de half-and-half (60 ml)

Mezclar todos los ingredientes en la coctelera con hielo picado. Agitar bien y colar en una copa de cóctel helada.

NUTTY COLA

4 partes de jarabe de almendra o jarabe de avellana (60 ml)
4 partes de zumo natural de lima (60 ml)
Cola

Mezclar el jarabe y el zumo de lima en la coctelera y agitar bien. Verter en un vaso collins helado lleno de cubitos. Acabar de llenar con cola y remover despacio.

NUTTY COLADA

6 partes de amaretto (90 ml)
2 partes de ron dorado (30 ml)
2 partes de leche de coco (30 ml)
1 Cda. de jarabe de coco
4 partes de zumo de piña (60 ml)
1/4 de crema de noyaux
1 trozo de piña

Poner todos los ingredientes, menos la piña natural, en la batidora con hielo picado. Mezclar hasta que se unan. Verter en un vaso collins helado y adornar con la piña.

O

OCHO RIOS

4 partes de ron añejo (60 ml)
2 partes de néctar de guayaba (30 ml)
2 partes de zumo natural de lima (30 ml)
1 cdta. de Falernum
2 partes de half-and-half

Poner todos los ingredientes en la batidora con hielo picado. Mezclar a velocidad mínima hasta que se unan. Servir en una copa flauta helada.

OH, HENRY!

4 partes de whisky blended (60 ml)
1 parte de Bénédictine (15 ml)
Ginger ale
1 rodaja de limón

Verter el whisky y el Bénédictine en un vaso bajo lleno de cubitos. Acabar de llenar con ginger ale y remover. Adornar con el limón.

OLD FASHIONED

4 partes de whisky blended, bourbon o rye (60 ml)
1 terrón de azúcar
1 chorrito de angostura
1 cdta. de agua
1 espiral de piel de limón

Poner el terrón de azúcar en el fondo de un vaso bajo. Añadir angostura y agua. Mezclar hasta que se disuelva el azúcar. Añadir el whisky y remover. Añadir la espiral de limón y cubitos.

OLD PAL COCKTAIL

4 partes de whisky rye (60 ml)
3 partes de Campari (45 ml)
2 partes de vermut dulce (30 ml)

Mezclar todos los ingredientes en la coctelera con hielo picado. Agitar bien y colar en una copa de cóctel helada.

OLÉ

4 partes de tequila blanco (60 ml)
2 partes de licor de café (30 ml)
1 cdta. de almíbar
1 Cda. de half-and-half

Remover todos los ingredientes, excepto el half-and-half, en el vaso mezclador. Verter en una copa de cóctel helada sobre hielo picado. Agregar el half-and-half.

OLYMPIC COCKTAIL

4 partes de brandy (60 ml)
3 partes de Curaçao blanco (45 ml)
3 partes de zumo natural de naranja (45 ml)
1 espiral de piel de naranja

Mezclar todos los ingredientes en la coctelera con hielo picado y agitar bien. Colar en una copa de cóctel helada y adornar con la espiral.

ONE IRELAND

4 partes de whiskey irlandés (60 ml)
1 parte de crema de menta verde (15 ml)
1 cdta. de helado de vainilla

Poner todos los ingredientes en la batidora. Mezclar hasta que se unan y servir en una copa de cóctel helada.

OPAL COCKTAIL

4 partes de ginebra (60 ml)
1 parte de Triple Sec (15 ml)
2 partes de zumo natural de naranja (30 ml)
1/4 cdta. de azúcar

Mezclar todos los ingredientes en la coctelera con hielo picado. Agitar bien y colar en una copa de cóctel helada.

OPENING COCKTAIL

4 partes de whisky canadiense (60 ml)
2 partes de vermut dulce (30 ml)
1 parte de granadina (15 ml)

Remover los ingredientes en el vaso mezclador con hielo picado. Colar en una copa de cóctel helada.

OLD FASHIONED

OPERA

4 partes de ginebra (60 ml)
2 partes de Dubonnet tinto (30 ml)
1 parte de licor de marrasquino (15 ml)

Remover los ingredientes en el vaso mezclador con hielo picado. Colar en una copa de cóctel helada.

ORANGE BLOSSOM COCKTAIL

4 partes de ginebra (60 ml)
4 partes de zumo natural de naranja (60 ml)
1 rodaja de naranja

Mezclar todos los ingredientes, menos la rodaja de naranja, en la coctelera con hielo picado. Agitar bien y colar en una copa de cóctel helada. Adornar con la naranja.

ORANGE BUCK

4 partes de ginebra (60 ml)
4 partes de zumo natural de naranja (60 ml)
2 partes de zumo natural de lima (30 ml)
Ginger ale
1 rodaja de lima

Mezclar todos los ingredientes, menos el ginger ale y la rodaja de lima, en la coctelera con hielo picado. Agitar bien y colar en un vaso collins helado lleno de cubitos. Acabar de llenar con ginger ale y remover despacio. Adornar con la lima.

ORANGE JOEY

4 partes de jarabe de vainilla (60 ml)
8 partes de zumo natural de naranja (120 ml)
4 partes de half-and-half (60 ml)
1 rodaja de naranja

Poner todos los ingredientes, menos la rodaja de naranja, con hielo picado en la batidora. Mezclar hasta que se unan y verter en un vaso alto helado. Adornar con la naranja.

ORANGE OASIS

4 partes de ginebra (60 ml)
2 partes de brandy de cereza (30 ml)
8 partes de zumo natural
de naranja (120 ml)
Ginger ale

Mezclar todos los ingredientes, menos el ginger ale, en la coctelera con hielo picado. Colar en un vaso alto helado lleno de cubitos. Acabar de llenar con ginger ale y remover despacio.

ORIENTAL

4 partes de whisky blended (60 ml)
1 parte de vermut dulce (15 ml)
1 parte de Curaçao blanco (15 ml)
2 partes de zumo natural de lima (30 ml)

Mezclar todos los ingredientes en la coctelera con hielo picado. Agitar bien y colar en una copa de cóctel helada.

OSTEND FIZZ

4 partes de kirschwasser (60 ml)
2 partes de crema de Cassis (30 ml)
2 partes de zumo natural de limón (30 ml)
Soda
1 rodaja de limón

Mezclar todos los ingredientes, menos la soda y la rodaja de limón, en la coctelera con hielo picado. Agitar bien y verter en un vaso collins helado lleno de cubitos. Acabar de llenar con soda y remover despacio. Adornar con el limón.

OUTRIGGER

4 partes de ron dorado (60 ml)
1 parte de Curaçao blanco (15 ml)
1 parte de licor de albaricoque (15 ml)
2 partes de zumo natural de lima (30 ml)
1 rodaja de lima

Mezclar todos los ingredientes, menos la rodaja de lima, en la coctelera con hielo picado y agitar bien. Colar en un vaso bajo helado y adornar con la rodaja de lima.

P

PACIFIC PACIFIER

3 partes de Cointreau (45 ml)
2 partes de crema de plátano (30 ml)
2 partes de half-and-half (30 ml)

Mezclar todos los ingredientes en la coctelera con hielo picado.
Agitar bien y colar en un vaso bajo helado lleno de cubitos.

PADDY COCKTAIL

4 partes de whiskey irlandés (60 ml)
2 partes de vermut dulce (30 ml)
3-5 chorritos de angostura

Mezclar todos los ingredientes en la coctelera con hielo picado. Agitar bien y colar en una copa de cóctel helada.

PAGO PAGO

6 partes de ron dorado (90 ml)
1 cdta. de crema de cacao blanca
1 cdta. de Chartreuse verde
2 partes de zumo natural de lima (30 ml)
2 partes de zumo de piña (30 ml)

Mezclar todos los ingredientes en la coctelera con hielo picado. Agitar bien y colar en un vaso bajo helado.

PAIN KILLER

6 partes de ron añejo (90 ml)
2 partes de zumo de piña (30 ml)
2 partes de zumo de naranja (30 ml)
1 parte de crema de coco (15 ml)
2-3 pizcas de nuez moscada
1 guinda

Mezclar los ingredientes líquidos con hielo picado en la coctelera. Agitar bien y servir en un vaso alto lleno de hielo. Aderezar con la guinda y la nuez moscada.

PAISLEY MARTINI

6 partes de ginebra (90 ml)
1/2 cdta. de vermut seco
1/2 cdta. de Scotch

Poner todos los ingredientes en el vaso mezclador con cubitos. Remover bien y colar en una copa de cóctel helada.

PALL MALL

4 partes de ginebra (60 ml)
1 parte de vermut seco (15 ml)
1 parte de vermut dulce (15 ml)
1 cdta. de crema de menta blanca
1 chorrito de orange bitter

Mezclar todos los ingredientes en el vaso mezclador con cubitos. Remover bien y colar en una copa de cóctel helada.

PALM BEACH COCKTAIL

4 partes de ginebra (60 ml)
1 cdta. de vermut dulce
4 partes de zumo de pomelo (60 ml)

Mezclar todos los ingredientes en la coctelera con hielo picado. Agitar bien y colar en una copa de cóctel helada.

PALMER COCKTAIL

4 partes de whisky rye (60 ml)
1/2 cdta. de zumo natural de limón
1 chorrito de angostura

Remover los ingredientes en el vaso mezclador con cubitos. Colar en una copa de cóctel helada.

PALMETTO COCKTAIL

4 partes de ron blanco (60 ml)
2 partes de vermut seco (30 ml)
3 chorritos de angostura

Remover los ingredientes en el vaso mezclador con cubitos. Colar en una copa de cóctel helada.

PANAMA COCKTAIL

4 partes de brandy (60 ml)
3 partes de crema de cacao blanca (45 ml)
3 partes de half-and-half (45 ml)

Mezclar todos los ingredientes en la coctelera con hielo picado. Agitar bien y colar en una copa de cóctel helada.

PANCHO VILLA

4 partes de ron blanco (60 ml)
2 partes de ginebra (30 ml)
2 partes de brandy de albaricoque (30 ml)
1 Cda. de brandy de cereza
1 Cda. de zumo de piña

Mezclar todos los ingredientes en la coctelera con hielo picado. Agitar bien y colar en una copa de cóctel helada.

PANDA

2 partes de brandy de manzana (30 ml)
2 partes de Slivovitz (30 ml)
2 partes de ginebra (30 ml)
2 partes de zumo natural de naranja (30 ml)
1 chorrito de almíbar

Mezclar todos los ingredientes en la coctelera con hielo picado. Agitar bien y colar en una copa de cóctel helada.

PANTOMIME

6 partes de vermut seco (90 ml)
3-5 chorritos de granadina
3-5 chorritos de jarabe de almendra
1 clara de huevo

Poner los ingredientes en la batidora con hielo picado. Mezclar hasta que se unan y colar en una copa de cóctel helada.

PAPAYA SMOOTHIE

1 plátano, en rodajas
1/2 papaya, en dados
1 parte de miel (15 ml)
12 partes de zumo natural de naranja frío (180 ml)
1/4 cdta. de extracto de vainilla

Mezclar todos los ingredientes en la batidora hasta que se unan. Servir en un vaso collins helado.

PARADISE COCKTAIL

4 partes de brandy de albaricoque (60 ml)
1 parte de ginebra (15 ml)
3 partes de zumo natural de naranja (45 ml)
1/2 cdta. de granadina

Mezclar todos los ingredientes en la coctelera con hielo picado y agitar bien. Colar en una copa de cóctel helada.

PARISIAN

4 partes de ginebra (60 ml)
2 partes de vermut seco (30 ml)
1 parte de crema de Cassis (15 ml)

Mezclar todos los ingredientes en la coctelera con hielo picado y agitar bien. Colar en una copa de cóctel helada.

PARK AVENUE

4 partes de ginebra (60 ml)
1 parte de vermut dulce (15 ml)
1 parte de zumo de piña (15 ml)

Remover los ingredientes en el vaso mezclador con hielo picado. Colar en una copa de cóctel helada.

PASSION CUP

4 partes de vodka (60 ml)
4 partes de zumo de naranja (60 ml)
2 partes de zumo de fruta de la pasión (30 ml)
1 parte de leche de coco (15 ml)
1 parte de zumo de piña (15 ml)
1 guinda

Mezclar todos los ingredientes, excepto la guinda, en la coctelera con hielo picado. Agitar bien y colar en una copa de vino tinto helada. Adornar con la guinda.

PASSIONATE DAIQUIRI

4 partes de ron blanco (60 ml)
2 partes de zumo natural de lima (30 ml)
1 parte de jarabe de fruta de la pasión (15 ml)

Mezclar todos los ingredientes en la coctelera con hielo picado y agitar bien. Colar en una copa de cóctel helada.

PEACH BLOW FIZZ

6 partes de ginebra (90 ml)
2 partes de zumo natural de limón (30 ml)
2 partes de half-and-half (30 ml)
1 cdta. de almíbar
5 fresas, trituradas
Soda
1 rodaja de melocotón

Mezclar todos los ingredientes, menos la soda y el melocotón, en la coctelera con hielo picado. Agitar bien y verter en un vaso alto helado. Acabar de llenar con soda y remover despacio. Adornar con el melocotón.

PEACH BUCK

4 partes de vodka (60 ml)
2 partes de brandy de melocotón (30 ml)
2 partes de zumo natural de limón (30 ml)
Ginger ale
1 rodaja de melocotón

Mezclar todos los ingredientes, menos el ginger ale y el melocotón, en la coctelera con hielo picado. Agitar bien y verter en un vaso alto helado. Acabar de llenar con ginger ale y remover despacio. Adornar con el melocotón.

PEACH DAIQUIRI

4 partes de ron blanco (60 ml)
2 partes de zumo natural de lima (30 ml)
1/2 cdta. de azúcar
1/2 melocotón pelado, en dados

Poner todos los ingredientes en la batidora con hielo picado. Mezclar hasta que se unan y servir en una copa balón helada.

PEACH FUZZ

4 partes de zumo natural de limón (60 ml)
4 partes de half-and-half (60 ml)
1 cdta. de almíbar
5 fresas, trituradas
Soda
1 rodaja de melocotón

Mezclar todos los ingredientes, menos la soda y el melocotón, en la coctelera con hielo picado. Agitar bien y verter en un vaso alto helado. Acabar de llenar con soda y remover despacio. Adornar con el melocotón.

PEACH MARGARITA

4 partes de tequila plata (60 ml)
1 parte de licor de melocotón (15 ml)
1 Cda. de Triple Sec
4 partes de zumo natural de lima (60 ml)
Sal gruesa
1 rodaja de lima
1 rodaja de melocotón

Decorar una copa de cóctel helada humedeciendo su borde con la rodaja de lima y pasándolo por sal gruesa. Mezclar los demás ingredientes, menos el melocotón, en la coctelera con hielo picado. Agitar bien y colar en la copa de cóctel decorada con sal. Adornar con el melocotón.

PEACHES AND CREAM

4 partes de licor de melocotón (60 ml)
4 partes de half-and-half (60 ml)

Mezclar todos los ingredientes en la coctelera con hielo picado. Agitar bien y colar en un vaso bajo helado lleno de cubitos.

PEACHY CREAM

4 partes de néctar de melocotón (60 ml)
4 partes de half-and-half (60 ml)

Mezclar todos los ingredientes en la coctelera con hielo picado. Agitar bien y colar en un vaso bajo helado lleno de cubitos.

PEACHY MELBA

6 partes de néctar de melocotón (90 ml)
2 partes de granadina (30 ml)
2 partes de zumo natural de limón (30 ml)
2 partes de zumo natural de lima (30 ml)
1 rodaja de melocotón

Mezclar todos los ingredientes, menos el melocotón, en la coctelera con hielo picado. Agitar bien y verter en un vaso bajo helado. Adornar con el melocotón.

PEGGY COCKTAIL

4 partes de ginebra (60 ml)
1 parte de vermut dulce (15 ml)
1/4 cdta. de Dubonnet tinto
1/4 cdta. de Pernod

Mezclar todos los ingredientes en la coctelera con hielo picado y agitar bien. Colar en una copa de cóctel helada.

PEGU CLUB COCKTAIL

4 partes de ginebra (60 ml)
2 partes de Curaçao blanco (30 ml)
1 Cda. de zumo natural de lima
1 chorrito de angostura
1 chorrito de orange bitter

Mezclar todos los ingredientes en la coctelera con hielo picado. Agitar bien y colar en una copa de cóctel helada.

PENDENNIS CLUB COCKTAIL

4 partes de ginebra (60 ml)
2 partes de brandy de albaricoque (30 ml)
2 partes de zumo natural de lima (30 ml)
1 cdta. de almíbar
3-5 chorritos de Peychaud's bitter

Mezclar todos los ingredientes en la coctelera con hielo picado. Agitar bien y colar en una copa de cóctel helada.

PEPPER POT

8 partes de zumo de piña (60 ml)
2 partes de jarabe de almendra (30 ml)
2 partes de zumo natural de limón (30 ml)
3-5 chorritos de tabasco
Pimienta de Cayena, al gusto
Curry en polvo

Mezclar todos los ingredientes, menos el curry, en la coctelera con hielo picado. Agitar bien y verter en un vaso alto helado. Espolvorear con curry.

PEPPERMINT PATTY

PEPPERMINT PATTY

4 partes de crema de cacao blanca (60 ml)
4 partes de crema de menta blanca (60 ml)
2 partes de half-and-half (30ml)

Mezclar todos los ingredientes en la coctelera con hielo picado y agitar bien. Servir en un vaso bajo helado.

PERFECT MANHATTAN

6 partes de whisky rye (90 ml)
1 parte de vermut seco (15 ml)
1 parte de vermut dulce (15 ml)
1 guinda

Mezclar todos los ingredientes, menos la guinda, en la coctelera con hielo picado. Agitar bien y colar en una copa de cóctel helada. Adornar con la guinda.

PERFECT MARTINI

6 partes de ginebra (90 ml)
1/2 cdta. de vermut seco
1/2 cdta. de vermut dulce
1 aceituna de cóctel

Poner los ingredientes líquidos en el vaso mezclador con cubitos y remover bien. Colar en una copa de cóctel helada y adornar con la aceituna.

PERNOD COCKTAIL

PERNOD COCKTAIL

4 partes de Pernod (60 ml)
1 parte de agua (15 ml)
1/4 cdta. de almíbar
3-5 chorritos de angostura

Llenar un vaso bajo con hielo picado, el almíbar, la angostura y el agua. Remover bien y añadir el Pernod. Remover otra vez.

PERNOD FLIP

4 partes de Pernod (60 ml)
3 partes de half-and-half (45 ml)
1 parte de jarabe de almendra (15 ml)
1 huevo
Nuez moscada, recién rallada

Poner todos los ingredientes, menos la nuez moscada, en la batidora con hielo picado. Mezclar hasta que se unan y verter en una copa de vino helada. Espolvorear con nuez moscada.

PERNOD FRAPPE

6 partes de Pernod (90 ml)
1 parte de anisette (15 ml)
2 partes de half-and-half (30 ml)
1 clara de huevo

Mezclar todos los ingredientes en la coctelera con hielo picado. Agitar enérgicamente y colar en una copa de vino helada.

PEYTON PLACE

3 partes de Sloe Gin (45 ml)
2 partes de ginebra (30 ml)
5 partes de zumo de pomelo (75 ml)
1 parte de almíbar (15 ml)
Soda

Mezclar todos los ingredientes, menos la soda, en la coctelera con hielo picado. Verter en un vaso collins helado. Acabar de llenar con soda y remover despacio.

PEYTON PLACE

PHOEBE SNOW

4 partes de Dubonnet tinto (60 ml)
4 partes de Pernod (60 ml)

Mezclar todos los ingredientes en la coctelera con hielo picado. Agitar bien y colar en una copa de cóctel helada.

PICCADILLY COCKTAIL

4 partes de ginebra (60 ml)
2 partes de vermut seco (30 ml)
1/4 cdta. de Pernod
1 chorrito de granadina

Remover los ingredientes en el vaso mezclador con hielo y colar en una copa de cóctel helada.

PICON

4 partes de Amer Picon (60 ml)
4 partes de vermut dulce (60 ml)

Mezclar todos los ingredientes en la coctelera con hielo picado. Agitar bien y colar en una copa de cóctel helada.

PICON FIZZ

4 partes de Amer Picon (60 ml)
1 parte de granadina (15 ml)
1 parte de brandy (15 ml)
Soda

Verter el Amer Picon y la granadina en un vaso alto helado lleno de cubitos y remover bien. Acabar de llenar con soda y remover despacio. Agregar el brandy.

PILOT BOAT

4 partes de ron añejo (60 ml)
2 partes de crema de plátano (30 ml)
4 partes de zumo natural de lima (60 ml)

Mezclar todos los ingredientes en la coctelera con hielo picado. Agitar bien y colar en una copa de cóctel helada.

PIMM'S CUP

4 partes de Pimm's Cup No. 1 (60 ml)
1 cdta. de Cointreau
4 partes de zumo natural de lima (60 ml)
1 cdta. de almíbar
Soda de lima-limón
2 rodajas finas de pepino
1 ramita de menta fresca
1 rodaja de lima

Mezclar el almíbar y el zumo de lima en un vaso collins helado. Llenar con cubitos. Añadir el Pimm's y el Cointreau. Acabar de llenar con la soda y remover despacio. Adornar con el pepino, la menta y la rodaja de lima.

PHOEBE SNOW

PIMM'S CUP

PIÑA

4 partes de tequila oro (60 ml)
6 partes de zumo natural de piña (90 ml)
2 partes de zumo natural de lima (30 ml)
1 cdta. de miel
1 rodaja de lima

Mezclar todos los ingredientes, menos la rodaja de lima, en la coctelera con hielo picado. Agitar bien y verter en un vaso bajo helado. Adornar con la lima.

PIÑA COLADA FOR FRIENDS

16 partes de ron blanco (240 ml)
4 partes de ron añejo (60 ml)
10 partes de crema de coco (150 ml)
20 partes de zumo de piña (300 ml)
4 partes de half-and-half (60 ml)
4 trozos de piña

Poner todos los ingredientes, menos la piña natural, en la batidora con hielo picado. Mezclar hasta que se unan. Verter en vasos collins helados y adornar con la piña. Para 4 personas.

PIÑA COLADA

4 partes de ron blanco (60 ml)
2 partes de ron añejo (30 ml)
6 partes de zumo de piña (90 ml)
4 partes de crema de coco (60 ml)
1 trozo de piña

Poner todos los ingredientes, menos la piña natural, en la batidora con hielo picado. Mezclar hasta que se unan y verter en un vaso collins helado. Adornar con la piña.

PIÑATA

4 partes de tequila oro (60 ml)
2 partes de crema de plátano (30 ml)
3 partes de zumo natural de lima (45 ml)

Mezclar todos los ingredientes en la coctelera con hielo picado. Agitar bien y colar en una copa de cóctel helada.

PINEAPPLE COOLER

6 partes de vino blanco helado (90 ml)
6 partes de zumo de piña (90 ml)
1 parte de zumo natural de limón (15 ml)
1 cdta. de azúcar
Soda
1 espiral de piel de limón

Mezclar todos los ingredientes, menos la espiral de limón y la soda, en la coctelera con hielo picado. Agitar bien y colar en un vaso collins helado lleno de cubitos. Acabar de llenar con soda y remover despacio. Adornar con la espiral.

PIÑA COLADA

PINEAPPLE COOLER

PINEAPPLE DAIQUIRI

4 partes de ron blanco (60 ml)
1 parte de Triple Sec (15 ml)
6 partes de zumo de piña (90 ml)
1 parte de zumo natural de lima (15 ml)
1 trozo de piña

Poner todos los ingredientes, menos la piña natural, en la batidora con hielo picado. Mezclar hasta que se unan y servir en una copa de vino helada.

PINEAPPLE FIZZ

4 partes de ron blanco (60 ml)
6 partes de zumo de piña (90 ml)
1 cdta. de almíbar
Soda

Mezclar todos los ingredientes, menos la soda, en la coctelera con hielo picado y agitar bien. Verter en un vaso collins helado lleno de cubitos. Acabar de llenar con soda y remover despacio.

PINEAPPLE LEMONADE

4 partes de vodka (60 ml)
6 partes de zumo de piña (90 ml)
Limonada natural

Verter el vodka y el zumo de piña en un vaso collins helado lleno de cubitos. Acabar de llenar con limonada y remover.

PINEAPPLE SPARKLER

8 partes de zumo de piña (120 ml)
1 parte de almíbar (15 ml)
Soda
1 rodaja de lima

Mezclar todos los ingredientes, menos la soda y la lima, en la coctelera con hielo picado y agitar bien. Verter en un vaso collins helado lleno de cubitos. Acabar de llenar con soda y remover despacio. Adornar con la rodaja de lima.

PINK ALMOND

4 partes de whisky blended (60 ml)
2 partes de amaretto (30 ml)
1 parte de crema de noyaux (15 ml)
1 parte de kirschwasser (15 ml)
2 partes de zumo natural de limón (30 ml)
1 rodaja de limón

Mezclar todos los ingredientes, menos la rodaja de limón, en la coctelera con hielo picado. Agitar bien y verter en una copa sour helada. Adornar con el limón.

PINK CREOLE

4 partes de ron blanco (60 ml)
1 parte de zumo natural de lima (15 ml)
1 cdta. de granadina
1 cdta. de half-and-half
1 guinda empapada en ron

Mezclar todos los ingredientes, menos la guinda, en la coctelera con hielo picado. Agitar bien y colar en una copa de cóctel helada. Adornar con la guinda.

PINK LADY

4 partes de ginebra (60 ml)
1 cdta. de granadina
1 cdta. de half-and-half
1 cdta. de zumo natural de limón
1 clara de huevo

Mezclar todos los ingredientes en la coctelera con hielo picado.
Agitar enérgicamente y colar en una copa de cóctel helada.

PINK LEMONADE

4 partes de vodka (60 ml)
2 partes de licor de marrasquino (30 ml)
Limonada natural

Verter el vodka y el marrasquino en un vaso collins helado lleno de cubitos. Añadir limonada y remover.

PINK PANTHER

4 partes de vodka (60 ml)
2 partes de vermut seco (30 ml)
1 parte de crema de Cassis (15 ml)
2 partes de zumo de naranja (30 ml)
1/2 clara de huevo

Mezclar todos los ingredientes en la coctelera con hielo picado.
Agitar enérgicamente. Colar en una copa de cóctel helada.

PINK PUSSYCAT

4 partes de ginebra (60 ml)
Zumo de piña
1 chorrito de granadina
1 trozo de piña

Verter la ginebra en un vaso alto helado lleno de cubitos. Añadir zumo de piña y un golpe de granadina. Remover despacio y adornar con la piña.

PINK ROSE

4 partes de ginebra (60 ml)
1 cdta. de zumo natural de limón
1 cdta. de half-and-half
1/4 cdta. de granadina
1 clara de huevo

Mezclar todos los ingredientes en la coctelera con hielo picado. Agitar bien y colar en una copa de cóctel helada.

PINK SQUIRREL

2 partes de crema de cacao oscura (30 ml)
2 partes de crema de noyaux (30 ml)
2 partes de half-and-half (30 ml)

Mezclar todos los ingredientes en la coctelera con hielo picado. Agitar bien y colar en una copa de cóctel helada.

PINK VERANDA

2 partes de ron dorado (30 ml)
2 partes de ron añejo (30 ml)
4 partes de zumo de arándanos (60 ml)
1 parte de zumo natural de lima (15 ml)
1 cdta. de almíbar
1/2 clara de huevo

Mezclar todos los ingredientes en la coctelera con hielo picado.
Agitar enérgicamente y servir en un vaso bajo helado.

PIRATE'S JULEP

6 partes de ron dorado (90 ml)
1 cdta. de Curaçao blanco
1 cdta. de jarabe de almendra
3-5 chorritos de Peychaud's bitter
10 hojas de menta
1 ramita de menta fresca

Mezclar las hojas de menta con el jarabe de almendra en un vaso alto helado. Añadir el Peychaud's, llenar el vaso con hielo picado y verter el ron. Remover hasta que el vaso se enfríe. Agregar el curaçao y adornar con la ramita de menta.

PLANTATION PUNCH

4 partes de ron añejo (60 ml)
2 partes de Southern Comfort (30 ml)
2 partes de zumo natural de limón (30 ml)
1 cdta. de oporto ruby
1 cdta. de azúcar moreno
Soda
1 rodaja de limón
1 rodaja de naranja

Mezclar todos los ingredientes, menos la soda, el oporto y la fruta, en la coctelera con hielo picado. Agitar bien y verter en un vaso collins helado. Llenar casi hasta arriba con soda y agregar el oporto. Adornar con la fruta.

PLANTER'S COCKTAIL

4 partes de ron añejo (60 ml)
2 partes de zumo natural de limón (30 ml)
1 cdta. de almíbar

Mezclar todos los ingredientes en la coctelera con hielo picado y agitar bien. Colar en una copa de cóctel helada.

PLANTER'S PUNCH

4 partes de ron añejo (60 ml)
4 partes de ron blanco (60 ml)
2 partes de zumo natural de lima (30 ml)
2 partes de zumo natural de limón (30 ml)
1/4 cdta. de Triple Sec
1 chorrito de granadina
1 cdta. de azúcar
Soda
1 rodaja de lima
1 guinda
1 rodaja de naranja
1 trozo de piña

Mezclar todos los ingredientes, menos la soda y la fruta, en la coctelera con hielo picado. Agitar bien y colar en un vaso collins helado lleno de cubitos. Acabar de llenar con soda y remover despacio. Adornar con la fruta.

PLANTER'S PUNCH

PLUM FIZZ

PLAZA COCKTAIL

2 partes de vermut seco (30 ml)
2 partes de vermut dulce (30 ml)
2 partes de ginebra (30 ml)

Poner todos los ingredientes en el vaso mezclador con cubitos y remover. Colar en una copa de cóctel helada.

PLUGGY'S FAVORITE

4 partes de ginebra (60 ml)
4 partes de Pernod (60 ml)
4 partes de agua (60 ml)

Mezclar todos los ingredientes en la coctelera con hielo picado.
Agitar bien y colar en un vaso bajo helado lleno de cubitos.

PLUM FIZZ

4 partes de Slivovitz (brandy de ciruela) (60 ml)
1 parte de zumo de lima (15 ml)
1 cdta. de almíbar
Soda
1 rodaja de ciruela

Mezclar todos los ingredientes, menos la soda y la ciruela, en la coctelera. Agitar bien. Verter en un vaso alto helado. Añadir más hielo si es necesario y llenar con soda. Adornar con la ciruela.

POKER COCKTAIL

6 partes de ron blanco (90 ml)
2 partes de vermut dulce (30 ml)

Mezclar todos los ingredientes en la coctelera con hielo picado. Agitar bien y colar en una copa de cóctel helada.

POLISH SIDECAR

4 partes de ginebra (60 ml)
2 partes de brandy de mora (30 ml)
2 partes de zumo natural de limón (30 ml)
Moras frescas

Mezclar todos los ingredientes, menos las moras, en la coctelera con hielo picado. Agitar bien y colar en una copa de cóctel helada. Adornar con moras.

POLLYANNA

6 partes de ginebra (90 ml)
1 parte de vermut dulce (15 ml)
1/2 cdta. de granadina
3 rodajas de naranja
3 rodajas de piña

Machacar las rodajas de fruta con los demás ingredientes en un mortero. Verterlo todo en la coctelera con hielo picado. Agitar bien y colar en una copa de cóctel helada.

POLISH SIDECAR

POLO DREAM

4 partes de bourbon (60 ml)
2 partes de zumo natural de naranja (30 ml)
1 parte de jarabe de almendra (15 ml)

Mezclar todos los ingredientes en la coctelera con hielo picado y agitar bien. Colar en una copa de cóctel helada.

POLONAISE

4 partes de brandy (60 ml)
1 parte de brandy de mora (15 ml)
1 parte de jerez seco (15 ml)
3 chorritos de zumo natural de limón
1 chorrito de orange bitter

Mezclar todos los ingredientes en la coctelera con hielo picado. Agitar bien y colar en un vaso bajo helado lleno de cubitos.

POLYNESIAN COCKTAIL

4 partes de vodka (60 ml)
2 partes de brandy de cereza (30 ml)
1 parte de zumo natural de lima (15 ml)
1 parte de zumo natural de limón (15 ml)
1 rodaja de lima
Azúcar

Decorar el borde de una copa de cóctel helada pasándole la rodaja de lima y cubriéndolo con azúcar. Desechar la lima. Mezclar todos los demás ingredientes con hielo picado en la coctelera y agitar bien. Colar en la copa de cóctel.

POLYNESIAN PEPPER POT

4 partes de vodka (60 ml)
2 partes de ron dorado (30 ml)
8 partes de zumo de piña (120 ml)
1 parte de jarabe de almendra (15 ml)
1 cdta. de zumo natural de limón
3-5 chorritos de tabasco
1/4 cdta. de cayena o al gusto
Curry en polvo

Mezclar todos los ingredientes, menos el curry, en la coctelera con hielo picado. Agitar bien y verter en un vaso alto helado. Espolvorear con curry.

POLYNESIAN SOUR

4 partes de ron blanco (60 ml)
1 parte de néctar de guayaba (15 ml)
1 parte de zumo natural de limón (15 ml)
1 parte de zumo natural de naranja (15 ml)

Poner todos los ingredientes en la batidora con hielo picado. Mezclar hasta que se unan y servir en una copa de cóctel helada.

POLYNESIAN SWEET AND SOUR

4 partes de néctar de guayaba (60 ml)
4 partes de zumo natural de limón (60 ml)
2 partes de zumo natural de naranja (30 ml)

Poner todos los ingredientes en la batidora con hielo picado. Mezclar hasta que se unan y servir en una copa de cóctel helada.

POMPANO

4 partes de ginebra (60 ml)
2 partes de vermut seco (30 ml)
4 partes de zumo de pomelo (60 ml)
1 chorrito de orange bitter

Mezclar todos los ingredientes en la coctelera con hielo picado y agitar bien. Colar en una copa de cóctel helada.

POOP DECK COCKTAIL

4 partes de brandy (60 ml)
2 partes de oporto ruby (30 ml)
1 parte de brandy de mora (15 ml)

Mezclar todos los ingredientes en la coctelera con hielo picado. Agitar bien y colar en una copa de cóctel helada.

PORT ANTONIO

2 partes de ron dorado (30 ml)
2 partes de ron añejo (30 ml)
1 parte de licor de café (15 ml)
1 parte de zumo natural de lima (15 ml)
1 cdta. de Falernum
1 rodaja de lima

Mezclar todos los ingredientes, menos la rodaja de lima, en la coctelera con hielo picado. Agitar bien y verter en un vaso bajo helado. Adornar con la lima.

PORT MILK PUNCH

6 partes de oporto ruby (90 ml)
16 partes de leche (240 ml)
1 cdta. de almíbar
Nuez moscada, recién rallada

Mezclar todos los ingredientes, menos la nuez moscada, en la coctelera con hielo picado. Agitar bien y colar en un vaso collins helado. Espolvorear con nuez moscada.

PORT WINE COBBLER

6 partes de oporto ruby (90 ml)
1 cdta. de azúcar
4 partes de soda (60 ml)
1 rodaja de naranja
1 guinda

Disolver el azúcar con la soda en una copa de vino tinto helada. Añadir hielo picado y el oporto. Remover y adornar con la fruta.

PORT WINE COCKTAIL

6 partes de oporto ruby (90 ml)
1 cdta. de brandy

Remover los ingredientes en el vaso mezclador con cubitos. Colar en una copa de cóctel helada.

PORT WINE FLIP

4 partes de oporto ruby (60 ml)
1 cdta. de almíbar
1 Cda. de half-and-half
1 huevo
Nuez moscada, recién rallada

Mezclar todos los ingredientes, excepto la nuez moscada, en la coctelera con hielo picado. Agitar enérgicamente y colar en una copa sour helada. Espolvorear con nuez moscada.

PORT WINE SANGAREE

6 partes de oporto ruby (90 ml)
1 Cda. de brandy
1/2 cdta. de azúcar
1 cdta. de agua
Soda

Disolver el azúcar con agua en un vaso alto helado. Añadir el oporto y llenar el vaso con cubitos. Acabar de llenar con soda casi hasta arriba. Remover despacio y agregar el brandy.

POST-MODERN LEMONADE

4 partes de Sloe Gin (60 ml)
4 partes de jerez seco (60 ml)
2 partes de aquavit (30 ml)
6 partes de zumo natural de limón (90 ml)
1 Cda. de Slivovitz
2 partes de almíbar (30 ml)
Soda
1 espiral de piel de limón

Mezclar todos los ingredientes, menos la espiral de limón y la soda, en la coctelera con hielo picado. Agitar bien y colar en un vaso collins helado lleno de cubitos. Remover despacio y adornar con la espiral.

POUSSE-CAFÉ

1 parte de granadina (15 ml)
1 parte de crema de cacao blanca (15 ml)
1 parte de licor de marrasquino (15 ml)
1 parte de Curaçao blanco (15 ml)
1 parte de crema de menta verde (15 ml)
1 parte de brandy (15 ml)

Verter los ingredientes en el orden dado, despacio y con cuidado, en una copa pousse-café, de modo que cada ingrediente forme una capa separada.

POUSSE L'AMOUR

1 parte de licor de marrasquino (15 ml)
1 yema de huevo
1 parte de Bénédictine (15 ml)
1 parte de coñac (15 ml)

Verter los ingredientes en el orden dado, despacio y con cuidado, en una copa pousse-café, de modo que cada ingrediente forme una capa separada.

PRADO

4 partes de tequila plata (60 ml)
2 partes de zumo natural de lima (30 ml)
1 Cda. de licor de marrasquino
1 cdta. de granadina
1 clara de huevo
1 rodaja de lima

Mezclar todos los ingredientes en la coctelera con hielo picado. Agitar enérgicamente y colar en una copa sour helada. Adornar con la lima.

PRAIRIE OYSTER

4 partes de brandy (60 ml)
1 parte de vinagre de vino tinto (15 ml)
1 parte de salsa Worcester (15 ml)
1 cdta. de ketchup
1 chorrito de tabasco
Pimienta de Cayena, al gusto
1 yema de huevo

Mezclar todos los ingredientes, menos la yema de huevo y la pimienta de cayena, en la coctelera con hielo picado. Colar en un vaso bajo helado. Agregar la yema entera y espolvorear con cayena. Beber de un solo trago sin romper la yema.

PREAKNESS COCKTAIL

4 partes de whisky blended (60 ml)
2 partes de vermut dulce (30 ml)
1 cdta. de Bénédictine
1 chorrito de angostura
1 espiral de piel de limón

Mezclar todos los ingredientes, menos la espiral, en la coctelera con hielo picado. Agitar bien y colar en una copa de cóctel helada. Adornar con el limón.

PRESIDENTE COCKTAIL

PRESBYTERIAN

6 partes de bourbon (90 ml)
Ginger ale
Soda

Verter el bourbon con cubitos en un vaso alto helado. Añadir partes iguales de ginger ale y soda. Remover despacio.

PRESIDENTE COCKTAIL

4 partes de ron blanco (60 ml)
1 parte de vermut seco (15 ml)
1 parte de Triple Sec (15 ml)
1 chorrito de granadina
1 espiral de piel de limón

Mezclar todos los ingredientes, menos el limón, en la coctelera con hielo picado. Agitar bien y colar en una copa de cóctel helada. Adornar con la espiral.

PRESTO COCKTAIL

4 partes de brandy (60 ml)
2 partes de vermut dulce (30 ml)
1 cdta. de Pernod
1 parte de zumo natural de naranja (15 ml)

Mezclar todos los ingredientes en la coctelera con hielo picado y agitar bien. Colar en una copa de cóctel helada.

PRINCE EDWARD

4 partes de Scotch (60 ml)
1 parte de Lillet blanc (15 ml)
1 parte de Drambuie (15 ml)
1 rodaja de naranja

Mezclar todos los ingredientes, menos la rodaja de naranja, en la coctelera con hielo picado. Agitar bien y verter en un vaso bajo helado. Adornar con la naranja.

PRINCE OF WALES

2 partes de brandy (30 ml)
2 partes de Madeira (30 ml)
1 parte de Curaçao blanco (15 ml)
3-5 chorritos de angostura
Champaña o cava
1 rodaja de naranja

Mezclar todos los ingredientes, menos el champaña y la naranja, en la coctelera con hielo picado. Agitar bien y colar en una copa de vino tinto helada. Acabar de llenar con champaña y remover despacio. Adornar con la naranja.

PRINCE'S SMILE

4 partes de ginebra (60 ml)
2 partes de brandy de manzana (30 ml)
2 partes de brandy de albaricoque (30 ml)
1 cdta. de zumo natural de limón

Mezclar todos los ingredientes en la coctelera con hielo picado y agitar bien. Colar en una copa de cóctel helada.

PRINCESS MARY'S PRIDE

4 partes de brandy de manzana (60 ml)
2 partes de Dubonnet tinto (30 ml)
1 parte de vermut seco (15 ml)

Mezclar todos los ingredientes en la coctelera con hielo picado. Agitar bien y colar en una copa de cóctel helada.

PRINCETON COCKTAIL

6 partes de ginebra (90 ml)
2 partes de oporto ruby (30 ml)
3-5 chorritos de angostura
1 espiral de piel de limón

Mezclar todos los ingredientes en la coctelera con hielo picado y agitar bien. Colar en una copa de cóctel helada y adornar con la espiral.

PUERTO APPLE

4 partes de brandy de manzana (60 ml)
2 partes de ron blanco (30 ml)
1 parte de zumo natural de lima (15 ml)
1 parte de jarabe de almendra (15 ml)
1 rodaja de lima

Mezclar todos los ingredientes, menos la rodaja de lima, en la coctelera con hielo picado. Agitar bien y colar en un vaso bajo helado lleno de cubitos. Adornar con la lima.

PURPLE PASSION

4 partes de vodka (60 ml)
8 partes de zumo de uva negra (120 ml)
8 partes de zumo de pomelo (120 ml)

Mezclar todos los ingredientes en la coctelera con hielo picado. Agitar bien y colar en un vaso collins helado lleno de cubitos.

PURPLE PEOPLE EATER

8 partes de zumo de uva negra (120 ml)
1 parte de zumo natural de lima (15 ml)
Soda
1 rodaja de lima

Mezclar los zumos en la coctelera con hielo picado y agitar bien. Verter en un vaso collins helado lleno de cubitos. Acabar de llenar con soda y remover despacio. Adornar con la lima.

Q

QUAKER COCKTAIL

5 partes de brandy (75 ml)
3 partes de ron blanco (45 ml)
1 parte de zumo natural de limón (15 ml)
1 parte de jarabe de frambuesa (15 ml)
1 espiral de piel de limón

Mezclar todos los ingredientes, menos la espiral de limón, en la coctelera con hielo picado. Agitar bien y colar en una copa de cóctel helada. Adornar con la espiral.

QUARTER DECK COCKTAIL

4 partes de ron añejo (60 ml)
2 partes de jerez cream (30 ml)
1 Cda. de zumo natural de lima

Mezclar todos los ingredientes en la coctelera con hielo picado y agitar bien. Colar en una copa de cóctel helada.

QUÉBEC COCKTAIL

6 partes de whisky canadiense (90 ml)
2 partes de Amer Picon (30 ml)
2 partes de vermut seco (30 ml)
1 parte de licor de marrasquino (15 ml)

Mezclar todos los ingredientes en la coctelera con hielo picado y agitar bien. Colar en una copa de cóctel helada.

QUEEN ELIZABETH

6 partes de ginebra (90 ml)
1 parte de vermut seco (15 ml)
2 cdtas. de Bénédictine

Poner los ingredientes en el vaso mezclador con cubitos y remover bien. Colar en una copa de cóctel helada.

QUEEN ELIZABETH WINE

4 partes de Bénédictine (60 ml)
2 partes de vermut seco (30 ml)
2 partes de zumo natural de limón (30 ml)
1 espiral de piel de limón

Poner todos los ingredientes, menos la espiral de limón, con cubitos en el vaso mezclador. Remover bien y colar en una copa de cóctel helada. Adornar con el limón.

QUICK PICK

Té helado, sin azúcar
4 partes de jarabe de peppermint (60 ml)
1 rodaja de lima
1 ramita de menta fresca

Verter el jarabe y el té en un vaso collins helado lleno de cubitos. Exprimir la rodaja de lima sobre el cóctel y añadirla. Remover y adornar con la ramita de menta.

QUIET PASSION

8 partes de zumo de uva blanca (120 ml)
8 partes de zumo de pomelo (120 ml)
2 partes de zumo de fruta de la pasión (30 ml)

Mezclar todos los ingredientes en la coctelera con hielo picado. Agitar bien y colar en un vaso collins helado lleno de cubitos.

R

RACQUET CLUB COCKTAIL

4 partes de ginebra (60 ml)
1 1/2 partes de vermut seco (22,5)
1 chorrito de orange bitter

Poner todos los ingredientes en el vaso mezclador con cubitos. Remover bien y colar en una copa de cóctel helada.

RAMOS FIZZ

6 partes de ginebra (90 ml)
1 parte de zumo natural de limón (15 ml)
1 parte de zumo natural de lima (15 ml)
1 cdta. de azúcar
1 cdta. de half-and-half
3-5 chorritos de agua de azahar
1 clara de huevo
Soda

Mezclar todos los ingredientes, menos la clara y la soda, en la coctelera con hielo picado. Agitar enérgicamente y verter en un vaso collins helado. Añadir soda y la clara de huevo y remover despacio.

RAMPART STREET PARADE

4 partes de ron blanco (60 ml)
2 partes de crema de plátano (30 ml)
1 parte de Southern Comfort (15 ml)
2 partes de zumo natural de lima (30 ml)

Mezclar todos los ingredientes en la coctelera con hielo picado. Agitar bien y colar en una copa de cóctel helada.

RATTLESNAKE

4 partes de whisky blended (60 ml)
1 parte de zumo natural de limón (15 ml)
1 cdta. de almíbar
1 clara de huevo
1/4 cdta. de Pernod

Mezclar todos los ingredientes en la coctelera con hielo picado. Agitar enérgicamente y servir en un vaso bajo helado.

RED APPLE

4 partes de brandy de manzana (60 ml)
4 partes de zumo de pomelo (60 ml)
3-5 chorritos de granadina

Mezclar todos los ingredientes en la coctelera con hielo picado y agitar bien. Colar en una copa de cóctel helada.

RED APPLE SUNSET

4 partes de zumo de manzana (60 ml)
4 partes de zumo de pomelo (60 ml)
3-5 chorritos de granadina

Mezclar todos los ingredientes en la coctelera con hielo picado. Agitar bien y colar en una copa de cóctel helada.

RED CLOUD

4 partes de ginebra (60 ml)
2 partes de licor de albaricoque (30 ml)
2 partes de zumo natural de limón (30 ml)
1 cdta. de granadina
1 chorrito de angostura

Mezclar todos los ingredientes en la coctelera con hielo picado. Agitar bien y colar en una copa de cóctel helada.

RED LION

4 partes de ginebra (60 ml)
3 partes de licor de naranja (45 ml)
1 parte de zumo natural de limón (15 ml)
1 parte de zumo natural de naranja (15 ml)
1/2 cdta. de granadina

Mezclar todos los ingredientes en la coctelera con hielo picado y agitar bien. Colar en una copa de cóctel helada.

RED SNAPPER

4 partes de vodka (60 ml)
6 partes de zumo de tomate (90 ml)
3-5 chorritos de salsa Worcester
Sal, al gusto
Pimienta negra, recién molida, al gusto
Pimienta de Cayena, al gusto
1 chorrito de zumo de limón
1 rama de apio

Mezclar todos los ingredientes, excepto el vodka, el zumo de tomate y el apio, en la coctelera. Agitar bien. Añadir cubitos, el vodka y el zumo de tomate y agitar otra vez. Verter en un vaso alto; adornar con el apio.

REFORM COCKTAIL

4 partes de fino (60 ml)
2 partes de vermut dulce (30 ml)
3-5 chorritos de angostura

Poner todos los ingredientes en el vaso mezclador con cubitos. Remover bien y colar en una copa de cóctel helada.

REFRIGERATOR TEA

4 cdtas. colmadas de té de su elección
10-15 hojas de menta fresca machacadas (opcional)
1 l de agua
Azúcar, al gusto

Mezclar el té y el agua en una jarra y cubrir. Dejar enfriar toda una noche. Colar en vasos collins helados llenos de cubitos y endulzar al gusto.

REGENT'S PUNCH

1 botella (de 750 ml) de vino blanco dulce (tipo Riesling o Sauterne)
2 botellas (de 750 ml) de Madeira
1 botella (de 750 ml) de Triple Sec
1 botella (de 750 ml) de coñac
3 botellas (de 750 ml) de Champaña o cava
32 partes de ron añejo (480 ml)
32 partes de té negro cargado helado (480 ml)
16 partes de zumo natural de limón (240 ml)
750 ml de zumo de naranja
1/4 de taza de azúcar
2 l de soda

Enfriar los ingredientes al menos dos horas. Verterlos todos, excepto el champaña y la soda, en una ponchera grande y remover. Añadir un bloque de hielo. Antes de servir, añadir el champaña y la soda. Remover despacio. Para 80 personas.

REMSEN COOLER

6 partes de Scotch (90 ml)
1 cdta. de almíbar
Soda
1 espiral de piel de limón

Verter el Scotch y el almíbar en un vaso collins helado lleno de cubitos. Añadir la soda y remover despacio. Adornar con la espiral de limón.

RENAISSANCE

4 partes de ginebra (60 ml)
1 parte de fino (15 ml)
1 parte de half-and-half (15 ml)
Nuez moscada, recién rallada

Mezclar todos los ingredientes, menos la nuez moscada, en la coctelera con hielo picado. Agitar bien y colar en un vaso bajo helado lleno de cubitos. Espolvorear con nuez moscada.

RENDEZ-VOUS

4 partes de ginebra (60 ml)
2 partes de kirschwasser (30 ml)
1 parte de Campari (15 ml)
1 espiral de piel de limón

Mezclar todos los ingredientes, menos la espiral, en la coctelera con hielo picado. Agitar bien y colar en una copa de cóctel helada. Adornar con el limón.

RESOLUTE COCKTAIL

4 partes de ginebra (60 ml)
2 partes de brandy de albaricoque (30 ml)
1 parte de zumo natural de limón (15 ml)

Mezclar todos los ingredientes en la coctelera con hielo picado y agitar bien. Colar en una copa de cóctel helada.

ROB ROY

RHETT BUTLER

4 partes de Southern Comfort (60 ml)
1 parte de zumo natural de lima (15 ml)
1 parte de Curaçao blanco (15 ml)
1 cdta. de zumo natural de limón
1 espiral de piel de limón

Mezclar todos los ingredientes, menos la espiral de limón, en la coctelera con hielo picado. Agitar bien. Colar en una copa de cóctel helada y adornar con la espiral.

ROAD RUNNER

4 partes de ginebra (60 ml)
1 parte de vermut seco (15 ml)
1 cdta. de granadina
1/4 cdta. de Pernod

Mezclar todos los ingredientes en la coctelera con hielo picado y agitar bien. Colar en una copa de cóctel helada.

ROB ROY

6 partes de Scotch (90 ml)
2 partes de vermut dulce (30 ml)
1 chorrito de angostura
1 guinda

Poner todos los ingredientes, menos la guinda, en el vaso mezclador con cubitos. Remover bien y colar en una copa de cóctel helada. Adornar con la guinda.

ROBSON COCKTAIL

4 partes de ron añejo (60 ml)
1 parte de zumo natural de limón (15 ml)
1 parte de zumo natural de naranja (15 ml)
1 Cda. de granadina

Mezclar todos los ingredientes en la coctelera con hielo picado y agitar bien. Colar en una copa de cóctel helada.

ROCK AND RYE COOLER

4 partes de vodka (60 ml)
3 partes de rock and rye (45 ml)
2 partes de zumo natural de lima (30 ml)
Bitter lemon soda
1 rodaja de lima

Mezclar todos los ingredientes, menos la soda y la rodaja de lima, en la coctelera con hielo picado. Colar en un vaso collins helado lleno de cubitos y acabar de llenar con bitter lemon. Remover despacio y adornar con la lima.

ROCKY GREEN DRAGON

4 partes de ginebra (60 ml)
2 partes de Chartreuse verde (30 ml)
1 parte de coñac (15 ml)

Mezclar todos los ingredientes en la coctelera con hielo picado y agitar bien. Colar en una copa de cóctel helada.

ROLLS ROYCE

6 partes de ginebra (90 ml)
2 partes de vermut seco (30 ml)
2 partes de vermut dulce (30 ml)
1/4 cdta. de Bénédictine

Poner todos los ingredientes en el vaso mezclador con cubitos. Remover bien y colar en una copa de cóctel helada.

ROMAN COOLER

4 partes de ginebra (60 ml)
2 partes de Punt e Mes (30 ml)
1 parte de zumo natural de limón (15 ml)
1 cdta. de almíbar
1/2 cdta. de vermut dulce
Soda
1 espiral de piel de naranja

Mezclar todos los ingredientes, menos la soda y la espiral, en la coctelera con hielo picado. Colar en un vaso alto helado lleno de cubitos. Acabar de llenar con soda y remover despacio. Adornar con la espiral.

ROMAN SNOWBALL

6 partes de Sambuca blanco (90 ml)
5 granos de café

Verter el Sambuca en una copa flauta medio llena con hielo picado.
Añadir los granos de café y servir con una pajita. Una vez se hayan impregnado, mascar los granos.

ROSE COCKTAIL

4 partes de ginebra (60 ml)
2 partes de brandy de albaricoque (30 ml)
2 partes de vermut seco (30 ml)
1 cdta. de granadina
1 cdta. de zumo natural de limón
1 rodaja de limón
Azúcar

Decorar una copa de cóctel helada humedeciendo su borde con la rodaja de limón y pasándolo por azúcar. Desechar el limón.
Mezclar los demás ingredientes en la coctelera con hielo picado y agitar bien. Colar en la copa de cóctel decorada.

ROSE HALL NIGHTCAP

4 partes de coñac (60 ml)
2 partes de Pernod (30 ml)
1 Cda. de crema de cacao oscura
4 partes de half-and-half (60 ml)

Mezclar todos los ingredientes, menos la crema de cacao, en la coctelera con hielo picado. Agitar bien y colar en una copa de cóctel helada.

ROSELYN COCKTAIL

4 partes de ginebra (60 ml)
2 partes de vermut seco (30 ml)
1 cdta. de granadina
1 espiral de piel de limón

Poner todos los ingredientes, menos el limón, en el vaso mezclador con cubitos. Remover bien y colar en una copa de cóctel helada. Adornar con la espiral.

ROSITA

4 partes de tequila blanco (60 ml)
4 partes de Campari (60 ml)
1 parte de vermut seco (15 ml)
1 parte de vermut dulce (15 ml)
1 espiral de piel de limón

Poner todos los ingredientes, menos el limón, en el vaso mezclador con cubitos. Remover bien y colar en una copa de cóctel helada. Adornar con la espiral.

ROSY DAWN

2 partes de zumo natural de limón (30 ml)
2 partes de zumo natural de lima (30 ml)
4 partes de zumo natural de naranja (60 ml)
1 parte de crema de coco (15 ml)
1 cdta. de granadina
1 cdta. de jarabe de almendra

Poner todos los ingredientes en la batidora con hielo picado. Mezclar hasta que se unan. Servir en una copa de cóctel helada.

ROYAL GIN FIZZ

4 partes de ginebra (60 ml)
2 partes de zumo natural de limón (30 ml)
1 cdta. de azúcar
1 huevo
Soda

Mezclar todos los ingredientes, menos la soda, en la coctelera con cubitos. Agitar enérgicamente y colar en un vaso alto helado lleno de cubitos. Acabar de llenar con soda y remover despacio.

ROYAL MATADOR

8 partes de tequila oro (120 ml)
3 partes de Framboise (45 ml)
1 Cda. de amaretto
4 partes de zumo natural de lima (60 ml)
1 piña madura entera

Cortar la parte superior de la piña y reservarla. Vaciar la piña, procurando no estropear la cáscara. Poner la pulpa en la batidora y hacer zumo. Colarlo y volverlo a poner en la batidora. Añadir los demás ingredientes y hielo picado, batir hasta que se unan y verter en el armazón de la piña. Añadir más hielo si es necesario. Poner otra vez la tapa de la piña y servir con pajitas. Para 2 personas.

ROYAL ROOST

4 partes de bourbon (60 ml)
2 partes de Dubonnet tinto (30 ml)
1/4 cdta. de Curaçao blanco
1/4 cdta. de Pernod
1 chorrito de Peychaud's bitter
1 espiral de piel de limón
1 rodaja de naranja
1 trozo de piña

Poner todos los ingredientes excepto la fruta, en el vaso mezclador con hielo picado. Remover y colar en un vaso bajo helado. Adornar con la fruta.

ROYAL SMILE COCKTAIL

4 partes de brandy de manzana (60 ml)
2 partes de ginebra (30 ml)
2 partes de zumo natural de limón (30 ml)
1 cdta. de granadina

Poner todos los ingredientes en el vaso mezclador con cubitos y remover. Colar en una copa de cóctel helada.

RUBY FIZZ

6 partes de Sloe Gin (90 ml)
3 partes de zumo natural de limón (45 ml)
1 Cda. de granadina
1 cdta. de almíbar
1 clara de huevo
Soda

Mezclar todos los ingredientes, menos la soda, en la coctelera con hielo picado. Agitar bien y colar en un vaso alto helado lleno de cubitos. Acabar de llenar con soda y remover despacio.

RUM BUCK

4 partes de ron blanco (60 ml)
2 partes de zumo natural de lima (30 ml)
Ginger ale
1 rodaja de lima

Mezclar el ron y el zumo de lima con hielo picado en la coctelera. Agitar bien y verter en un vaso collins helado. Acabar de llenar con ginger ale y remover despacio. Adornar con la rodaja de lima.

RUM COBBLER

4 partes de ron blanco (60 ml)
4 partes de soda (60 ml)
1 cdta. de azúcar
1 trozo de piña
1 rodaja de lima
1 rodaja de naranja

Disolver el azúcar con la soda en una copa de vino helada. Llenar la copa con hielo picado y añadir el ron. Remover y adornar con la fruta.

RUM COLLINS

6 partes de ron blanco (90 ml)
3 partes de zumo natural de lima (45 ml)
1 cdta. de azúcar
Soda
1 rodaja de limón
1 guinda

Mezclar todos los ingredientes, menos la soda y la fruta, en la coctelera con hielo picado. Agitar bien y colar en un vaso collins helado lleno de cubitos. Acabar de llenar con soda y remover despacio. Adornar con la fruta.

RUM COOLER

6 partes de ron blanco (90 ml)
1 cdta. de almíbar
Ginger ale
1 espiral de piel de naranja

Verter el ron y el almíbar en un vaso collins helado. Llenar con cubitos y ginger ale. Remover despacio y adornar con la espiral de naranja.

RUM DAISY

4 partes de ron dorado (60 ml)
2 partes de zumo natural de limón (30 ml)
1 cdta. de azúcar
1/2 cdta. de granadina
1 guinda
1 rodaja de naranja

Mezclar todos los ingredientes, menos la fruta, en la coctelera con hielo picado. Agitar bien y colar en un vaso bajo helado. Adornar con la fruta.

RUM DUBONNET

4 partes de ron blanco (60 ml)
1 parte de Dubonnet tinto (15 ml)
1 parte de zumo natural de limón (15 ml)

Mezclar todos los ingredientes en la coctelera con hielo picado y agitar bien. Colar en una copa de cóctel helada.

RUM FIX

4 partes de ron dorado (60 ml)
2 partes de zumo natural de limón (30 ml)
1 parte de agua (15 ml)
1 cdta. de azúcar
1 guinda
1 rodaja de lima

Mezclar el azúcar, el zumo de limón y agua en la coctelera con hielo picado. Agitar bien y colar en un vaso alto helado lleno de hielo picado. Añadir el ron y remover bien. Adornar con fruta.

RUM MARTINI

6 partes de ron blanco (90 ml)
1/2 cdta. de vermut seco
1 chorrito de orange bitter

Poner todos los ingredientes en el vaso mezclador con cubitos. Remover bien y colar en una copa de cóctel helada.

RUM OLD FASHIONED

4 partes de ron blanco (60 ml)
1 Cda. de ron Demerara
1/2 cdta. de almíbar
1 chorrito de angostura
1 espiral de piel de lima

Poner la angostura y el almíbar en un vaso bajo helado. Remover y añadir cubitos. Añadir el ron blanco y remover otra vez. Agregar el Demerara y adornar con la espiral.

RUM PUNCH

6 partes de ron añejo (90 ml)
2 partes de zumo natural de lima (30 ml)
2 Cda. de azúcar moreno
1 Cda. de azúcar
1 cdta. de granadina

Poner todos los ingredientes en la batidora con hielo picado. Mezclar hasta que se unan y servir en un vaso collins helado.

RUM SCREWDRIVER

4 partes de ron añejo (60 ml)
Zumo natural de naranja

Verter el ron en un vaso alto helado lleno de cubitos. Acabar de llenar con zumo de naranja y remover.

RUM SOUR

4 partes de ron blanco (60 ml)
2 partes de zumo natural de limón (30 ml)
1 cdta. de azúcar
1 rodaja de limón
1 guinda

Mezclar todos los ingredientes, menos la fruta, en la coctelera con hielo picado. Agitar bien y colar en una copa sour helada. Adornar con la fruta.

RUM SWIZZLE

4 partes de ron añejo (60 ml)
3 partes de zumo natural de lima (45 ml)
2 chorritos de angostura
1 cdta. de azúcar
Soda

Mezclar todos los ingredientes, menos la soda, en la coctelera con hielo picado. Colar en un vaso collins helado lleno de cubitos. Acabar de llenar con soda y remover despacio. Servir con un agitador.

RUMFUSTIAN

250 ml de ale
4 partes de ginebra (60 ml)
4 partes de fino (60 ml)
1 cdta. de azúcar
2 yemas de huevo
1 espiral de piel de limón
Canela en rama
5 clavos
1 pizca de pimienta de Jamaica
Nuez moscada, recién rallada

Batir las yemas y el azúcar en un bol. En un cazo, mezclar los demás ingredientes, excepto la nuez moscada, y calentar hasta que rompa a hervir. Añadir la mezcla de yema, moviendo sin parar con un batidor manual unos 45 segundos. Servir en una taza caliente y espolvorear con nuez moscada.

RUSSIAN BEAR

4 partes de vodka (60 ml)
2 partes de crema de cacao oscura (30 ml)
1 parte de half-and-half (15 ml)

Mezclar todos los ingredientes en la coctelera con hielo picado y agitar bien. Colar en una copa de cóctel helada.

RUSSIAN COCKTAIL

4 partes de vodka (60 ml)
3 partes de ginebra (45 ml)
3 partes de crema de cacao blanca (45 ml)

Mezclar todos los ingredientes en la coctelera con hielo picado. Agitar bien y colar en una copa de cóctel helada.

RUSSIAN COFFEE

4 partes de licor de café (60 ml)
2 partes de vodka (30 ml)
3 partes de half-and-half (45 ml)

Poner todos los ingredientes en la batidora con hielo picado. Mezclar y servir en una copa de coñac helada.

RUSSIAN QUAALUDE

4 partes de vodka (60 ml)
2 partes de Frangélico (30 ml)
2 partes de licor de crema irlandesa

Mezclar todos los ingredientes en la coctelera con hielo picado. Agitar bien y colar en un vaso bajo helado.

RUSSIAN ROSE

6 partes de vodka (90 ml)
1 parte de granadina (15 ml)
1 chorrito de orange bitter

Mezclar todos los ingredientes en la coctelera con hielo picado y agitar bien. Colar en una copa de cóctel helada.

RUSTY NAIL

RUSTY NAIL

4 partes de Scotch (60 ml)
2 partes de Drambuie (30 ml)

Verter los ingredientes en un vaso bajo helado lleno de cubitos y remover.

RYE FLIP

4 partes de whisky rye (60 ml)
1 cdta. de almíbar
1 huevo
Nuez moscada, recién rallada

Mezclar todos los ingredientes, menos la nuez moscada, en la coctelera con hielo picado. Agitar enérgicamente y colar en una copa de vino helada. Espolvorear con nuez moscada.

RYE WHISKEY COCKTAIL

6 partes de whisky rye (90 ml)
1 cdta. de azúcar
1 chorrito de angostura
1 guinda

Mezclar todos los ingredientes, menos la guinda, en la coctelera con hielo picado. Agitar bien y colar en una copa de cóctel helada. Adornar con la guinda.

S

S.F. SOUR

4 partes de whisky blended (60 ml)
2 partes de Bénédictine (30 ml)
1 cdta. de zumo natural de limón
1 cdta. de zumo natural de lima
1 chorrito de granadina
1 rodaja de naranja

Mezclar todos los ingredientes, menos la naranja, en la coctelera con hielo picado. Colar en una copa sour helada y adornar con la rodaja de naranja.

SADIE SMASH

6 partes de bourbon (90 ml)
2 partes de soda (30 ml)
1 cdta. de azúcar
4 ramitas de menta fresca
1 rodaja de naranja
1 guinda

Mezclar la ramita de menta con azúcar y soda en un vaso bajo helado. Llenar el vaso con cubitos y añadir el bourbon. Remover y adornar con la fruta.

SAFE SEX ON THE BEACH

4 partes de néctar de melocotón (60 ml)
6 partes de zumo de arándanos (90 ml)
6 partes de zumo de piña (90 ml)
1 guinda

Verter los ingredientes, menos la guinda, en un vaso collins helado lleno de cubitos y remover bien. Adornar con la guinda.

SAKETINI

6 partes de ginebra (90 ml)
1 parte de sake (15 ml)
1 espiral de piel de limón

Mezclar todos los ingredientes, excepto el limón, en la coctelera con hielo picado. Agitar bien y colar en una copa de cóctel helada. Adornar con la espiral de limón.

SALLY'S SUMMER COOLER

6 partes de schnapps de peppermint (90 ml)
2 partes de zumo natural de lima (30 ml)
Soda
1 rodaja de lima

Verter el schnapps y el zumo de lima en un vaso collins helado lleno de cubitos. Acabar de llenar con soda y remover despacio. Adornar con la lima.

SALTY DOG

4 partes de vodka (60 ml)
Zumo de pomelo
Sal gruesa
Azúcar blanquilla
1 rodaja de lima

Mezclar la sal y el azúcar en un plato. Humedecer el borde de un vaso bajo helado con la rodaja de lima y cubrirlo con la mezcla de sal y azúcar. Desechar la lima. Llenar el vaso con cubitos y verter el vodka y zumo de pomelo. Remover.

SALTY DOG

SALTY PUPPY

Zumo de pomelo
Sal gruesa
Azúcar blanquilla
1 rodaja de lima

Mezclar la sal y el azúcar en un plato. Humedecer el borde de un vaso bajo helado con la rodaja de lima y cubrirlo con la mezcla de sal y azúcar. Desechar la lima. Llenar el vaso con cubitos y zumo de pomelo. Remover bien.

SAN FRANCISCO COCKTAIL

3 partes de vermut seco (45 ml)
3 partes de vermut dulce (45 ml)
3 partes de Sloe Gin (45 ml)
3-5 chorritos de angostura
3-5 chorritos de orange bitter
1 guinda

Mezclar todos los ingredientes, menos la guinda, en la coctelera con hielo picado. Agitar bien y colar en una copa de cóctel helada.

SAN JUAN

4 partes de ron blanco (60 ml)
1 Cda. de brandy
3 partes de zumo de pomelo (45 ml)
1 Cda. de leche de coco
1 Cda. de zumo natural de lima

Poner todos los ingredientes, menos el brandy, en la batidora con hielo picado. Mezclar hasta que se unan y verter en una copa de vino helada. Agregar el brandy.

SAN JUAN CAPISTRANO

4 partes de zumo de pomelo (60 ml)
2 partes de leche de coco (30 ml)
2 partes de zumo natural de lima (30 ml)
1 espiral de piel de lima

Poner todos los ingredientes en la batidora con hielo picado. Mezclar hasta que se unan y verter en una copa de vino helada. Adornar con la espiral.

SAN SEBASTIAN

4 partes de ginebra (60 ml)
1 parte de ron blanco (15 ml)
1 parte de Triple Sec (15 ml)
1 parte de zumo natural de limón (15 ml)
1 parte de zumo de pomelo (15 ml)

Mezclar todos los ingredientes en la coctelera con hielo picado. Agitar bien y colar en una copa de cóctel helada.

SANCTUARY

4 partes de Dubonnet tinto (60 ml)
2 partes de Amer Picon (30 ml)
2 partes de Triple Sec (30 ml)
1 espiral de piel de limón

Mezclar todos los ingredientes, menos la espiral de limón, en la coctelera con hielo picado y agitar bien. Colar en una copa de cóctel helada y adornar con la espiral.

SANGRIA

2 botellas (de 750 ml) de vino tinto seco
8 partes de Triple Sec (120 ml)
6 partes de brandy (90 ml)
6 partes de zumo natural de naranja (90 ml)
4 partes de zumo natural de limón (60 ml)
4 partes de zumo natural de lima (60 ml)
125 ml de almíbar
Rodajas de limón
Rodajas de lima
Rodajas de naranja

Enfriar los ingredientes al menos una hora. Verter en una ponchera y remover. Añadir un bloque de hielo y las rodajas de fruta. Para 20 personas.

SANGRITA

32 partes de zumo de tomate (480 ml)
16 partes de zumo natural de naranja (240 ml)
6 partes de zumo natural de lima (90 ml)
1/2 jalapeño, sin semillas y cortado fino
1 Cda. de tabasco
2 cdtas. de salsa Worcester
1/4 cdta. de pimienta blanca
Sal de apio, al gusto
4 partes de tequila plata por persona (60 ml)

SANGRIA

Verter todos los ingredientes, excepto el tequila, en una jarra grande. Enfriar al menos una hora (cuanto más se enfría, más picante resulta). Cuando esté listo para servir, colar en una jarra fría. Verter el tequila en un vaso de chupito y la sangrita en otro. Beber el tequila de un trago seguido y otro de la sangrita. Para 14 personas.

SANGRITA SECA

32 partes de zumo de tomate (480 ml)
16 partes de zumo natural de naranja (240 ml)
6 partes de zumo natural de lima (90 ml)
1 jalapeño, sin semillas y cortado fino
1 parte de tabasco (15 ml)
2 cdtas. de salsa Worcester
1/2 cdta. de pimienta blanca
Sal de apio, al gusto

Verter todos los ingredientes en una jarra grande. Enfriar al menos una hora (cuanto más se enfría, más picante resulta). Cuando esté listo para servir, colar en una jarra fría. Servir en vasos altos con cubitos. Para 6-8 personas.

SARATOGA COCKTAIL

SANTIAGO COCKTAIL

4 partes de ron blanco (60 ml)
4 partes de zumo natural de lima (60 ml)
1 chorrito de granadina
1/2 cdta. de almíbar

Mezclar todos los ingredientes en la coctelera con hielo picado. Agitar bien y colar en una copa de cóctel helada.

SARATOGA COCKTAIL

6 partes de brandy (90 ml)
1/2 cdta. de licor de marrasquino
1 cdta. de zumo natural de limón
1 Cda. de zumo de piña

Mezclar todos los ingredientes en la coctelera con hielo picado y agitar bien. Colar en una copa de cóctel helada.

SAUCY SUE-SUE

4 partes de brandy de manzana (60 ml)
2 partes de brandy de albaricoque (30 ml)
1/4 cdta. de Pernod
1 espiral de piel de naranja

Mezclar todos los ingredientes, menos la naranja, en la coctelera con hielo picado. Agitar bien y colar en una copa de cóctel helada. Adornar con la espiral.

SAUZALIKY

4 partes de tequila oro (60 ml)
125 ml de zumo natural de naranja
1/2 cdta. de zumo natural de lima
1/2 plátano, en rodajas

Poner todos los ingredientes en la batidora con hielo picado y mezclar hasta que se unan. Servir en una copa de vino helada.

SAVOY HOTEL

1 1/2 partes de crema de cacao oscura (22,5 ml)
1 1/2 partes de Bénédictine (22,5 ml)
1 1/2 partes de coñac (22,5 ml)

Verter los ingredientes, en el orden dado, despacio y con cuidado en una copa pousse-café helada, de modo que cada uno forme una capa separada.

SAXON COCKTAIL

4 partes de ron blanco (60 ml)
2 partes de zumo natural de lima (30 ml)
1/4 cdta. de granadina
1 espiral de piel de naranja

Mezclar todos los ingredientes, menos la espiral, en la coctelera con hielo picado. Agitar bien y colar en una copa de cóctel helada. Adornar con la naranja.

SAZERAC

6 partes de whiskey bourbon o rye (90 ml)
1/2 cdta. de Pernod
1/2 cdta. de azúcar
2 chorritos de angostura o de Peychaud's
1 cdta. de agua
1 espiral de piel de limón

Verter el Pernod en un vaso bajo helado y hacerlo girar hasta que el interior quede cubierto de Pernod. Añadir el azúcar, el agua y la angostura. Mezclar hasta que se disuelva el azúcar. Llenar con cubitos y añadir el bourbon. Remover bien y decorar con la espiral.

SCARLETT O'HARA

4 partes de Southern Comfort (60 ml)
4 partes de zumo de arándanos (60 ml)
2 partes de zumo natural de lima (30 ml)

Mezclar todos los ingredientes en la coctelera con hielo picado y agitar bien. Colar en una copa de cóctel helada.

SCARLETT O'HARA

SCORPION

SCORPION

4 partes de ron dorado (60 ml)
2 partes de brandy (30 ml)
1 parte de jarabe de almendra (15 ml)
3 partes de zumo natural de limón (45 ml)
4 partes de zumo natural de naranja (60 ml)
1 rodaja de naranja
1 rodaja de limón

Poner todos los ingredientes, menos la fruta, en la batidora con hielo picado. Mezclar hasta que se unan y verter en una copa de vino helada. Adornar con la fruta.

SCOTCH COBBLER

4 partes de Scotch (60 ml)
1 parte de miel (15 ml)
1 parte de Curaçao blanco (15 ml)
1 ramita de menta fresca

Mezclar todos los ingredientes, menos la menta, en la coctelera con hielo picado. Agitar bien y colar en un vaso bajo helado lleno de cubitos. Adornar con la ramita de menta.

SCOTCH COOLER

6 partes de Scotch (90 ml)
1 parte de crema de menta blanca (15 ml)
Soda

Verter la soda y la crema de menta en un vaso alto helado lleno de cubitos. Acabar de llenar con soda y remover despacio.

SCOTCH HOLIDAY SOUR

4 partes de Scotch (60 ml)
2 partes de Cherry Heering (30 ml)
2 partes de zumo natural de limón (30 ml)
1 parte de vermut dulce (15 ml)
1 rodaja de limón

Mezclar todos los ingredientes en la coctelera con hielo picado. Agitar bien y colar en una copa sour helada. Adornar con el limón.

SCOTCH MIST

6 partes de Scotch (90 ml)
1 espiral de piel de limón

Verter el Scotch en un vaso bajo lleno de hielo picado. Adornar con la espiral de piel de limón.

SCOTCH SOUR

SCOTCH ORANGE FIX

4 partes de Scotch (60 ml)
1 Cda. de Triple Sec
2 partes de zumo natural de limón (30 ml)
1/2 cdta. de azúcar
1 espiral de piel de naranja

Mezclar todos los ingredientes, menos el Triple Sec y la espiral de naranja, en la coctelera con hielo picado. Agitar bien y colar en un vaso alto helado lleno de cubitos. Agregar el Triple Sec y decorar con la piel de naranja.

SCOTCH SANGAREE

4 partes de Scotch (60 ml)
1 cdta. de miel
1 espiral de piel de limón
Soda
Nuez moscada, recién rallada

Mezclar la miel con un poco de soda en un vaso alto helado hasta que se disuelva. Añadir el Scotch, la espiral de limón y cubitos. Acabar de llenar con soda y remover despacio. Espolvorear con nuez moscada.

SCOTCH SMASH

6 partes de Scotch (90 ml)
1 Cda. de miel
8 hojas de menta fresca
1 chorrito de orange bitter
1 ramita de menta fresca

Mezclar las hojas de menta con la miel en un vaso alto helado. Llenar el vaso con hielo picado y añadir el Scotch. Remover bien y agregar el orange bitter y la ramita de menta.

SCOTCH SOUR

4 partes de Scotch (60 ml)
2 partes de zumo natural de limón (30 ml)
1 cdta. de almíbar
1 guinda
1 rodaja de naranja

Mezclar los ingredientes líquidos en la coctelera con hielo picado. Agitar bien y colar en una copa de cóctel helada. Adornar con la fruta.

SCREWDRIVER

SCREWDRIVER

4 partes de vodka (60 ml)
Zumo natural de naranja
1 rodaja de naranja

Verter el vodka y el zumo en un vaso alto lleno de cubitos. Remover y adornar con la rodaja de naranja.

SEA BREEZE

4 partes de vodka (60 ml)
4 partes de zumo de arándanos (60 ml)
Zumo de pomelo

Verter el vodka y el zumo de arándanos en un vaso alto helado lleno de cubitos. Añadir zumo de pomelo y remover.

SEABOARD

4 partes de whisky blended (60 ml)
2 partes de ginebra (30 ml)
1 parte de zumo natural de limón (15 ml)
1 cdta. de azúcar
1 ramita de menta fresca

Mezclar todos los ingredientes, menos la menta, en la coctelera con hielo picado. Agitar bien y colar en un vaso bajo helado lleno de cubitos. Adornar con la ramita de menta.

SEA BREEZE

SECRET

4 partes de Scotch (60 ml)
1/2 cdta. de crema de menta blanca
Soda

Mezclar el Scotch y la crema con hielo picado en la coctelera y agitar bien. Colar en un vaso alto helado lleno de cubitos y añadir la soda. Remover despacio.

SELF-STARTER

4 partes de ginebra (60 ml)
2 partes de Lillet blanc (30 ml)
1 parte de brandy de albaricoque (15 ml)
1/4 cdta. de Pernod

Mezclar todos los ingredientes en la coctelera con hielo picado y agitar bien. Colar en una copa de cóctel helada.

SEPTEMBER MORN

6 partes de ron blanco (90 ml)
2 partes de zumo natural de lima (30 ml)
1 cdta. de granadina
1 clara de huevo

Mezclar todos los ingredientes en la coctelera con hielo picado. Agitar enérgicamente y colar en una copa de cóctel helada.

SERPENT'S TOOTH

4 partes de whiskey irlandés (60 ml)
2 partes de vermut dulce (30 ml)
1 parte de Jägermeister (15 ml)
3 partes de zumo natural de limón (45 ml)
3-5 chorritos de angostura
1 espiral de piel de limón

Mezclar todos los ingredientes, menos la espiral de limón, en la coctelera con hielo picado. Agitar bien y colar en un vaso bajo helado. Adornar con el limón.

7 & 7

4 partes de Seagram's 7-Crown (whisky blended; 60 ml)
7-Up

Verter el whisky en un vaso alto helado lleno de cubitos. Añadir 7-Up y remover despacio.

SEVENTH HEAVEN

4 partes de ginebra (60 ml)
1 parte de licor de marrasquino (15 ml)
1 parte de zumo de pomelo (15 ml)
1 ramita de menta fresca

Mezclar todos los ingredientes, menos la menta, en la coctelera con hielo picado y agitar bien. Colar en una copa de cóctel helada y adornar con la ramita de menta.

SEVILLA

4 partes de ron blanco (60 ml)
4 partes de oporto ruby (60 ml)
1/2 cdta. de azúcar
1 huevo

Mezclar los ingredientes con hielo picado y agitar enérgicamente. Colar en una copa de vino helada.

SEVILLE

4 partes de ginebra (60 ml)
1 parte de fino (15 ml)
1 parte de zumo natural de limón (15 ml)
1 parte de zumo natural de naranja (15 ml)
1 Cda. de almíbar

Mezclar todos los ingredientes en la coctelera con hielo picado. Agitar bien y servir en un vaso bajo helado.

SEX ON THE BEACH

4 partes de vodka (60 ml)
3 partes de schnapps de melocotón (45 ml)
6 partes de zumo de arándanos (90 ml)
6 partes de zumo de piña (90 ml)
1 guinda

Verter todos los ingredientes, excepto la guinda, en un vaso alto helado lleno de cubitos y remover bien. Adornar con la guinda.

SHADY LADY

4 partes de tequila plata (60 ml)
2 partes de licor de melón (30 ml)
Zumo de pomelo

Remover el tequila y el licor con cubitos en un vaso alto helado. Añadir el zumo de pomelo y remover otra vez.

SHAMROCK

4 partes de whiskey irlandés (60 ml)
1 parte de vermut seco (15 ml)
1 parte de crema de menta verde (15 ml)
1 cdta. de Chartreuse verde

Mezclar todos los ingredientes en la coctelera con hielo picado y agitar bien. Colar en una copa de cóctel helada.

SHANDY GAFF

Cerveza
Ginger ale

Verter partes iguales simultáneamente en un vaso collins helado.

SHARK ATTACK

SHANGHAI COCKTAIL

4 partes de ron añejo (60 ml)
1 parte de Pernod (15 ml)
2 partes de zumo natural de limón (30 ml)
1/4 cdta. de granadina

Mezclar todos los ingredientes en la coctelera con hielo picado y agitar bien. Colar en una copa de cóctel helada.

SHARK ATTACK

6 partes de vodka (90 ml)
3 partes de limonada (45 ml)
2 chorritos de granadina

Verter los ingredientes en un vaso collins lleno de cubitos y remover.

SHARK'S TOOTH

SHARK BITE

4 partes de ron añejo (60 ml)
6 partes de zumo natural de naranja (90 ml)
2 partes de zumo natural de limón (30 ml)
2 partes de granadina (30 ml)

Poner todos los ingredientes en la batidora con hielo picado. Mezclar hasta que se unan y servir en una copa de vino helada.

SHARK'S TOOTH

4 partes de ron de 80% vol. alcohol (60 ml)
2 partes de zumo natural de lima (30 ml)
2 partes de zumo natural de limón (30 ml)
1 chorrito de granadina
1/4 cdta. de almíbar
Soda
1 rodaja de lima

Mezclar todos los ingredientes, menos la soda y la lima, en la coctelera con hielo picado. Agitar bien y verter en un vaso alto helado. Acabar de llenar con soda y adornar con la rodaja de lima.

SHARKY PUNCH

4 partes de brandy de manzana (60 ml)
2 partes de whisky rye (30 ml)
1/2 cdta. de azúcar
Soda

Mezclar todos los ingredientes, menos la soda, en la coctelera con hielo picado. Agitar bien y verter en un vaso bajo helado. Acabar de llenar con soda y remover despacio.

SHERRY AND EGG

Jerez manzanilla
1 huevo

Romper un huevo en una copa de vino helada, procurando que no se rompa la yema. Llenar con jerez.

SHERRY COBBLER

8 partes de amontillado (120 ml)
1/4 cdta. de Curaçao blanco
1/4 cdta. de almíbar
1 espiral de piel de limón
1 trozo de piña

Llenar una copa de vino con hielo picado y añadir el Curaçao y el almíbar. Remover bien hasta que se enfríe el vaso. Añadir el jerez y remover otra vez. Adornar con la espiral y la piña.

SHERRY COCKTAIL

6 partes de amontillado (90 ml)
3 chorritos de angostura
1 espiral de piel de naranja

Remover los ingredientes en el vaso mezclador con cubitos. Colar en una copa de cóctel helada y adornar con la piel de naranja.

SHERRY EGGNOG

6 partes de jerez cream (90 ml)
1/2 cdta. de azúcar
1 huevo
Leche
Nuez moscada, recién rallada

Mezclar todos los ingredientes, menos la leche y la nuez moscada, en la coctelera con hielo picado. Agitar enérgicamente. Colar en un vaso collins helado, acabar de llenar con leche y remover bien. Espolvorear con nuez moscada.

SHERRY FLIP

4 partes de fino (60 ml)
1 cdta. de azúcar
1 parte de half-and-half (15 ml)
1 huevo
Nuez moscada, recién rallada

Mezclar todos los ingredientes, menos la nuez moscada, en la coctelera con hielo picado. Agitar enérgicamente y colar en una copa sour helada. Espolvorear con nuez moscada.

SHERRY SANGAREE

4 partes de fino (60 ml)
1 Cda. de oporto ruby
1/2 cdta. de azúcar
1 cdta. de agua
2 partes de soda (30 ml)

En un vaso bajo helado, disolver el azúcar con agua, añadir el jerez y remover. Llenar el vaso con cubitos y soda. Agregar el oporto.

SHERRY TWIST

4 partes de jerez cream (60 ml)
2 partes de brandy (30 ml)
1 parte de vermut seco (15 ml)
1 parte de Curaçao blanco (15 ml)
1 cdta. de zumo natural de limón
1 espiral de piel de naranja

Mezclar todos los ingredientes, menos la naranja, en la coctelera con hielo picado. Agitar bien y colar en una copa de cóctel helada. Adornar con la espiral de naranja.

SHIRLEY TEMPLE

2 partes de zumo natural de limón (30 ml)
1 parte de almíbar (15 ml)
1 parte de granadina (15 ml)
Ginger ale
1 guinda
1 rodaja de naranja

Mezclar todos los ingredientes, menos la fruta y el ginger ale, en la coctelera con hielo picado. Agitar bien y colar en un vaso bajo helado lleno de cubitos. Acabar de llenar con ginger ale y remover despacio. Adornar con la fruta.

SHRINER COCKTAIL

4 partes de brandy (60 ml)
2 partes de Sloe Gin (30 ml)
3 chorritos de angostura
1 espiral de piel de limón

Mezclar todos los ingredientes, menos el limón, en la coctelera con hielo picado. Agitar bien y colar en una copa de cóctel helada. Adornar con la espiral de limón.

SIDECAR

4 partes de brandy (60 ml)
2 partes de Triple Sec (30 ml)
2 partes de zumo natural de limón (30 ml)

Mezclar todos los ingredientes en la coctelera con hielo picado y agitar bien. Colar en una copa de cóctel helada.

SILK STOCKINGS

4 partes de tequila plata (60 ml)
2 partes de crema de cacao blanca (30 ml)
4 partes de half-and-half (60 ml)
1 chorrito de granadina
Canela molida

Mezclar todos los ingredientes, menos la canela, en la coctelera con hielo picado. Agitar bien y colar en una copa de cóctel helada. Espolvorear con canela.

SILVER BULLET

4 partes de ginebra (60 ml)
2 partes de Jägermeister (30 ml)
1 parte de zumo natural de limón

Mezclar todos los ingredientes en la coctelera con hielo picado. Agitar bien y colar en una copa de cóctel helada.

SILVER COCKTAIL

4 partes de ginebra (60 ml)
2 partes de vermut seco (30 ml)
1 cdta. de licor de marrasquino
3 chorritos de orange bitter
1 espiral de piel de limón

Mezclar todos los ingredientes, menos la espiral de limón, en la coctelera con hielo picado. Agitar bien y colar en una copa de cóctel helada. Adornar con el limón.

SILVER FIZZ

6 partes de ginebra (90 ml)
3 partes de zumo natural de limón (45 ml)
1 cdta. de azúcar
1 clara
Soda

Mezclar todos los ingredientes, menos la soda, en la coctelera con hielo picado. Agitar bien y colar en un vaso alto helado lleno de cubitos. Acabar de llenar con soda y remover despacio.

SILVER KING COCKTAIL

4 partes de ginebra (60 ml)
2 partes de zumo natural de limón (30 ml)
1 cdta. de almíbar
1 clara
1 chorrito de angostura

Mezclar todos los ingredientes en la coctelera con hielo picado y agitar enérgicamente. Colar en una copa de cóctel helada.

SILVER STALLION

4 partes de ginebra (60 ml)
2 partes de zumo natural de lima (30 ml)
1 Cda. de helado de vainilla
Soda

Poner todos los ingredientes, menos la soda, en la batidora con hielo picado. Mezclar brevemente hasta que se unan y verter en un vaso alto helado. Añadir la soda.

SILVER STREAK

6 partes de ginebra (90 ml)
3 partes de Jägermeister (45 ml)

Mezclar todos los ingredientes en la coctelera con hielo picado y agitar bien. Colar en una copa de cóctel helada.

SINGAPORE SLING

6 partes de ginebra (90 ml)
2 partes de brandy de cereza (30 ml)
2 partes de zumo natural de limón (30 ml)
1 cdta. de azúcar
Soda
1 guinda
1 rodaja de naranja

Mezclar todos los ingredientes, menos la soda, el brandy y la fruta, en la coctelera con hielo picado. Agitar bien y colar en un vaso collins helado lleno de cubitos. Acabar de llenar con soda y agregar el brandy. Adornar con la fruta.

SINGAPORE SLING

SINK OR SWIM

4 partes de brandy (60 ml)
1 parte de vermut dulce (15 ml)
3-5 chorritos de angostura

Mezclar todos los ingredientes en la coctelera con hielo picado. Agitar bien y colar en una copa de cóctel helada.

SIR WALTER RALEIGH COCKTAIL

4 partes de ron añejo (60 ml)
3 partes de brandy (45 ml)
1 parte de granadina (15 ml)
1 parte de Curaçao blanco (15 ml)
1 parte de zumo natural de limón (15 ml)

Mezclar todos los ingredientes en la coctelera con hielo picado y agitar bien. Colar en una copa de cóctel helada.

SLEDGEHAMMER

2 partes de brandy de manzana (30 ml)
2 partes de brandy (30 ml)
2 partes de ron dorado (30 ml)
1/4 cdta. de Pernod

Mezclar todos los ingredientes en la coctelera con hielo picado. Agitar bien y colar en una copa de cóctel helada.

SLEEPING BULL

8 partes de caldo de carne (120 ml)
8 partes de zumo de tomate (120 ml)
Tabasco, al gusto
1/4 cdta. de salsa Worcester
1 parte de zumo natural de lima (15 ml)
Sal de apio, al gusto
Pimienta recién molida, al gusto

Poner todos los ingredientes en un cazo. Calentar, moviendo de vez en cuando, sin dejar hervir. Servir en una taza caliente de café.

SLEEPY HEAD

6 partes de brandy (90 ml)
5 hojas de menta fresca
Ginger ale
1 espiral de piel de naranja

Mezclar las hojas de menta con el brandy en un vaso alto helado. Llenar con cubitos y ginger ale. Remover despacio y adornar con la espiral de naranja.

SLIPPERY NIPPLE

4 partes de Sambuca blanco (60 ml)
2 partes de licor de crema irlandesa (30 ml)
1 chorrito de granadina

Verter el Sambuca en una copa de cóctel helada. Añadir el licor de crema irlandesa y agregar la granadina en el centro de la copa.

SLOE GIN COCKTAIL

6 partes de Sloe Gin (90 ml)
1 cdta. de vermut seco
2 chorritos de angostura

Remover los ingredientes en el vaso mezclador con cubitos y colar en una copa de cóctel helada.

SLOE GIN FIZZ

4 partes de Sloe Gin (60 ml)
3 partes de zumo natural de limón (45 ml)
1 cdta. de almíbar
Soda
1 rodaja de limón

Mezclar todos los ingredientes, excepto la soda y la rodaja de limón, en la coctelera con hielo picado. Agitar bien y colar en un vaso alto helado lleno de cubitos. Acabar de llenar con soda. remover despacio y adornar con el limón.

SLOE GIN FLIP

4 partes de Sloe Gin (60 ml)
2 partes de half-and-half (30 ml)
1/2 cdta. de azúcar
1 huevo
Nuez moscada, recién rallada

Mezclar todos los ingredientes, menos la nuez moscada, en la coctelera con hielo picado. Agitar enérgicamente y colar en una copa sour helada. Espolvorear con nuez moscada.

SLOE SCREW

SLOE GIN RICKEY

4 partes de Sloe Gin (60 ml)
2 partes de zumo natural de lima (30 ml)
Soda
1 rodaja de lima

Verter la Sloe Gin y el zumo de lima en un vaso alto helado lleno de cubitos. Acabar de llenar con soda y remover despacio. Adornar con la rodaja de lima.

SLOE SCREW

4 partes de Sloe Gin (60 ml)
Zumo natural de naranja

Verter la Sloe Gin en un vaso alto helado lleno de cubitos. Acabar de llenar con el zumo y remover.

SLOE TEQUILA

4 partes de tequila plata (60 ml)
2 partes de Sloe Gin (30 ml)
1 parte de zumo natural de lima (15 ml)
1 rodaja de pepino

Poner todos los ingredientes, menos el pepino, en la batidora con hielo picado. Mezclar hasta que se unan y verter en un vaso bajo helado. Añadir más hielo si es necesario y adornar con el pepino.

SLOE VERMOUTH

4 partes de vermut seco (60 ml)
2 partes de Sloe Gin (30 ml)
1 parte de zumo natural de limón (15 ml)

Mezclar todos los ingredientes en la coctelera con hielo picado. Agitar bien y colar en una copa de cóctel helada.

SLOPPY JOE'S COCKTAIL

4 partes de ron blanco (60 ml)
3 partes de vermut seco (45 ml)
1/2 cdta. de granadina
1/2 cdta. de Triple Sec
3 partes de zumo natural de lima (45 ml)

Mezclar todos los ingredientes en la coctelera con hielo picado. Agitar bien y colar en una copa de cóctel helada.

SLOPPY RUDY'S COCKTAIL

4 partes de brandy (60 ml)
3 partes de oporto ruby (45 ml)
1/2 cdta. de granadina
1/2 cdta. de Triple Sec
3 partes de zumo de piña (45 ml)

Mezclar todos los ingredientes en la coctelera con hielo picado. Agitar bien y colar en una copa de cóctel helada.

SLOW COMFORTABLE SCREW

4 partes de vodka (60 ml)
2 partes de Southern Comfort (30 ml)
1 parte de Sloe Gin (15 ml)
Zumo natural de naranja

Mezclar todos los ingredientes, menos el zumo, en la coctelera con hielo picado. Colar en un vaso alto helado lleno de cubitos y llenar con el zumo. Remover bien.

SMILER COCKTAIL

2 partes de vermut seco (30 ml)
2 partes de vermut dulce (30 ml)
2 partes de ginebra (30 ml)
1 chorrito de angostura
1/2 cdta. de zumo natural de naranja

Mezclar todos los ingredientes en la coctelera con hielo picado y agitar bien. Colar en una copa de cóctel helada.

SMOKIN' TEXAS MARY

6 partes de vodka (90 ml)
1 parte de zumo natural de lima (15 ml)
1 parte de salsa barbacoa (15 ml)
Tabasco, al gusto
3-5 chorritos de salsa Worcester
Pimienta recién molida
Zumo de tomate
1 jalapeño
1 rodaja de lima

Mezclar todos los ingredientes, menos el zumo de tomate, el jalapeño y la rodaja de lima, en la coctelera con hielo picado. Agitar bien y colar en un vaso alto helado. Acabar de llenar con el zumo de tomate y remover. Adornar con el jalapeño y la lima.

SNEAKY PETE

4 partes de tequila plata o de mescal (60 ml)
2 partes de crema de menta blanca (30 ml)
2 partes de zumo natural de lima (30 ml)
2 partes de zumo de piña (30 ml)
1 rodaja de lima

Mezclar todos los ingredientes, menos la rodaja de lima, en la coctelera con hielo picado. Agitar bien y colar en una copa de cóctel helada. Adornar con la lima.

SNOWBALL

4 partes de ginebra (60 ml)
2 partes de Pernod (30 ml)
1 parte de half-and-half (15 ml)

Mezclar todos los ingredientes en la coctelera con hielo picado y agitar bien. Colar en una copa de cóctel helada.

SOMBRERO

SOBER STRAWBERRY COLADA

2 partes de crema de coco (30 ml)
10 partes de zumo de piña (150 ml)
6 fresas
1 trozo de piña

Poner todos los ingredientes, menos una fresa y la piña natural, en la batidora con hielo picado. Mezclar hasta que se unan y verter en un vaso alto helado. Adornar con la piña y la fresa restante.

SOMBRERO

4 partes de licor de café (60 ml)
2 partes de half-and-half (30 ml)

Verter el licor en un vaso bajo lleno de cubitos. Agregar el half-and-half.

SOUL KISS

SOUL KISS

4 partes de bourbon (60 ml)
2 partes de vermut seco (30 ml)
1 parte de Dubonnet tinto (15 ml)
1 parte de zumo natural de naranja (15 ml)

Mezclar todos los ingredientes en la coctelera con hielo picado. Agitar bien y colar en una copa de cóctel helada.

SOUTH PACIFIC

4 partes de brandy (60 ml)
2 partes de vodka (30 ml)
6 partes de zumo de piña (90 ml)
2 partes de zumo natural de limón (30 ml)
1/4 cdta. de granadina

Mezclar todos los ingredientes en la coctelera con hielo picado. Agitar bien y colar en una copa de cóctel helada.

SOUTHERN BRIDE

6 partes de ginebra (90 ml)
1 cdta. de licor de marrasquino
4 partes de zumo de pomelo (60 ml)

Mezclar todos los ingredientes en la coctelera con hielo picado. Agitar bien y colar en una copa de cóctel helada.

SOUTHERN GIN COCKTAIL

6 partes de ginebra (90 ml)
1 parte de Triple Sec (15 ml)
3 chorritos orange bitter
1 espiral de piel de limón

Poner todos los ingredientes, excepto la piel de limón, en el vaso mezclador con cubitos. Remover bien y colar en una copa de cóctel helada. Adornar con la espiral.

SOUTHERN GINGER

4 partes de bourbon (60 ml)
1 parte de brandy de jengibre (15 ml)
1 parte de zumo natural de limón (15 ml)
Ginger ale
1 espiral de piel de limón

Mezclar todos los ingredientes, menos el ginger ale y la espiral de limón, en la coctelera con hielo picado y verter en un vaso alto helado. Acabar de llenar con ginger ale y remover despacio. Adornar con el limón.

SOUTHSIDE COCKTAIL

6 partes de ginebra (90 ml)
3 partes de zumo natural de limón (45 ml)
1 cdta. de azúcar
1 ramita de menta fresca

Mezclar todos los ingredientes, menos la menta, en la coctelera con hielo picado. Agitar bien y colar en una copa de cóctel helada. Adornar con la menta.

SOVIET COCKTAIL

6 partes de vodka (90 ml)
2 partes de jerez manzanilla (30 ml)
1 parte de vermut seco (15 ml)
1 espiral de piel de limón

Mezclar todos los ingredientes, menos la espiral de limón, en la coctelera con hielo picado. Agitar bien y colar en un vaso bajo helado lleno de cubitos. Adornar con el limón.

SOYER AU CHAMPAGNE

1/4 cdta. de coñac
1/4 cdta. de licor de marrasquino
1/4 cdta. de Triple Sec
2 Cdas. colmadas de helado de vainilla
Champaña o cava
1 guinda

Mezclar el helado con el coñac y los licores en una copa de vino helada. Acabar de llenar con champaña y remover despacio. Adornar con la guinda.

SPANISH MOSS

6 partes de tequila blanco (90 ml)
2 partes de licor de café (30 ml)
1 parte de crema de menta verde (15 ml)

Mezclar todos los ingredientes en la coctelera con hielo picado y agitar bien. Colar en un vaso bajo helado lleno de cubitos.

SPANISH TOWN COCKTAIL

6 partes de ron blanco (90 ml)
1 parte de Triple Sec (15 ml)

Poner los ingredientes en el vaso mezclador con cubitos y remover. Colar en una copa de cóctel helada.

SPARKLING PEACH MELBA

1/4 taza de frambuesas congeladas
8 partes de néctar de melocotón (120 ml)
Soda

Hacer puré con las frambuesas y colar las semillas. Mezclar con el néctar en la coctelera y agitar bien. Verter en un vaso collins helado y acabar de llenar con soda. Remover despacio.

SPECIAL ROUGH

4 partes de brandy de manzana (60 ml)
3 partes de brandy (45 ml)
1 cdta. de Pernod

Poner los ingredientes en el vaso mezclador con cubitos. Verter en copa de cóctel.

SPENCER COCKTAIL

4 partes de ginebra (60 ml)
2 partes de brandy de albaricoque (30 ml)
1/2 cdta. de zumo natural de naranja
1 chorrito de angostura
1 guinda
1 espiral de piel de naranja

Mezclar todos los ingredientes, menos la fruta, en la coctelera con hielo picado. Agitar bien y colar en una copa de cóctel helada. Adornar con la guinda y la espiral.

SPICED ICED COFFEE

1 l de café cargado caliente
4 ramas de canela
12 clavos
1/2 cdta. de nuez moscada molida
1/2 cdta. de jengibre molido
Piel de 2 limones y de 2 naranjas, en tiras finas
4 terrones de azúcar

En una jarra resistente al calor, machacar la canela, los clavos, las pieles y el azúcar. Añadir el café caliente, remover y enfriar en la nevera. Servir en vasos altos helados con cubitos. Para 6-8 personas.

SPRITZER

6 partes de vino, blanco o tinto (90 ml)
Soda
1 espiral de piel de limón

Verter el vino en una copa de vino helada llena de cubitos. Acabar de llenar con soda y adornar con la espiral.

ST. MARK'S PLACE LEMONADE

4 partes de zumo natural de limón (60 ml)
4 partes de zumo natural de lima (60 ml)
1 cdta. de azúcar
2 cdtas. de jarabe de fruta de la pasión
Soda
1 rodaja de naranja

Mezclar los zumos, el azúcar y el jarabe en la coctelera con hielo picado. Agitar bien. Colar en un vaso alto helado casi lleno de cubitos. Acabar de llenar con soda. Remover despacio y adornar con la naranja.

ST. PETERSBURG

6 partes de vodka (90 ml)
1/2 cdta. de orange bitter
1 rodaja de naranja

Verter el vodka y el bitter en el vaso mezclador con hielo picado. Remover bien y colar en un vaso bajo helado lleno de cubitos. Adornar con la naranja.

STANLEY SPRITZER

4 partes de zumo natural de lima (60 ml)
4 partes de zumo natural de naranja (60 ml)
Ginger ale
1 rodaja de lima

Mezclar todos los ingredientes, menos el ginger ale y la rodaja de lima, en la coctelera con hielo picado. Agitar bien y colar en un vaso collins helado lleno de cubitos. Acabar de llenar con ginger ale y remover despacio. Adornar con la lima.

SPRITZER

STAR COCKTAIL

4 partes de brandy de manzana (60 ml)
2 partes de vermut dulce (30 ml)
1 chorrito de angostura
1 espiral de piel de limón

Mezclar todos los ingredientes, excepto la espiral de limón, en la coctelera con hielo picado. Agitar bien y colar en una copa de cóctel helada. Adornar con la espiral.

STAR DAISY

4 partes de ginebra (60 ml)
3 partes de brandy de manzana (45 ml)
3 partes de zumo natural de limón (45 ml)
1/2 cdta. de Triple Sec
1 cdta. de almíbar

Mezclar todos los ingredientes en la coctelera con hielo picado. Agitar bien y colar en una copa de cóctel helada.

STARS AND STRIPES

1 1/2 partes de Cherry Heering (22,5)
1 1/2 partes de half-and-half (22,5)
1 1/2 partes de Curaçao azul (22,5)

Verter despacio los ingredientes, en el orden dado, en una copa pousse-café helada, de modo que cada ingrediente forme una capa separada.

STEAMING BULL

4 partes de tequila blanco (60 ml)
6 partes de caldo de carne (90 ml)
6 partes de zumo de tomate (90 ml)
Tabasco, al gusto
1/4 cdta. de salsa Worcester
1 parte de zumo natural de lima (15 ml)
Sal de apio, al gusto
Pimienta recién molida, al gusto

Mezclar todos los ingredientes, excepto el tequila, en un cazo. Calentar sin dejar hervir. Verter el tequila en una taza caliente de café y acabar de llenar con la mezcla de caldo. Remover.

STILETTO

4 partes de bourbon (60 ml)
1 parte de amaretto (15 ml)
2 partes de zumo natural de limón (30 ml)

Mezclar los ingredientes en la coctelera con hielo picado. Agitar bien y colar en un vaso bajo helado lleno de cubitos.

STINGER

4 partes de brandy (60 ml)
2 partes de crema de menta blanca (30 ml)

Mezclar los ingredientes en la coctelera con hielo picado. Agitar bien y servir en un vaso bajo helado.

STIRRUP CUP

4 partes de brandy (60 ml)
3 partes de brandy de cereza (45 ml)
3 partes de zumo natural de limón (45 ml)
1 cdta. de azúcar

Mezclar los ingredientes en la coctelera con hielo picado. Agitar bien y colar en un vaso bajo helado lleno de cubitos.

STINGER

STONE FENCE

4 partes de Scotch (60 ml)
1 chorrito de angostura
Sidra

Verter el Scotch y la angostura en un vaso alto helado lleno de cubitos. Añadir la sidra y remover.

STRAIGHT LAW COCKTAIL

6 partes de amontillado (90 ml)
2 partes de ginebra (30 ml)

Poner los ingredientes en el vaso mezclador con cubitos y remover. Colar en una copa de cóctel helada.

STRAWBERRY COLADA

6 partes de ron dorado (90 ml)
2 partes de crema de coco (30 ml)
8 partes de zumo de piña (120 ml)
6 fresas frescas
1 trozo de piña

Poner todos los ingredientes, menos una fresa y la piña natural, en la batidora con hielo picado. Mezclar hasta que se unan y verter en un vaso collins helado. Adornar con la piña y la fresa restante.

STRAWBERRY COLADA

STRAWBERRY DAIQUIRI

4 partes de ron blanco (60 ml)
2 partes de zumo natural de lima (30 ml)
1 cdta. de almíbar
7 fresas grandes (si no es temporada: congeladas)

Poner todos los ingredientes, menos una fresa, en la batidora con hielo picado. Mezclar hasta que se unan y verter en una copa de cóctel helada. Adornar con la fresa restante.

STRAWBERRY MARGARITA

4 partes de tequila plata (60 ml)
1 Cda. de Triple Sec
1 parte de jarabe de fresa (15 ml)
4 partes de zumo natural de lima (60 ml)
1 fresa
Sal gruesa
1 rodaja de lima

Decorar el borde de una copa de cóctel helada humedeciéndolo con la rodaja de lima y cubriéndolo con sal. Mezclar los demás ingredientes en la coctelera con hielo picado y agitar bien.
Colar en la copa de cóctel decorada y adornar con la fresa.

STRAWBERRY / BANANA KEFIR

1 plátano, en rodajas
1 taza de fresas frescas
2 partes de miel (30 ml)
16 partes de yogur de vainilla (240 ml)
16 partes de zumo de manzana (240 ml)

Poner todos los ingredientes en la batidora, excepto el zumo de manzana, y mezclar hasta que se unan. Reducir la potencia y añadir poco a poco el zumo de manzana hasta que la mezcla adquiera la consistencia deseada. Enfriar en una jarra y servir en vasos altos helados adornados con las fresas. Para 4 personas.

Nota: Se pueden hacer otros kefirs de fruta empleando combinaciones de miel/yogur/zumos.

STREGA FLIP

4 partes de Strega (60 ml)
2 partes de brandy (30 ml)
2 partes de zumo natural de limón (30 ml)
3 partes de zumo natural de naranja (45 ml)
1 parte de almíbar (15 ml)
1 huevo
Nuez moscada, recién rallada

Poner todos los ingredientes, menos la nuez moscada, en la batidora con hielo picado. Mezclar hasta que se unan y verter en un vaso alto helado. Espolvorear con la nuez moscada.

STREGA SOUR

4 partes de ginebra (60 ml)
2 partes de Strega (30 ml)
2 partes de zumo natural de limón (30 ml)
1 rodaja de limón

Mezclar todos los ingredientes, menos la rodaja de limón, en la coctelera con hielo picado. Agitar bien y colar en una copa sour helada. Adornar con la rodaja de limón.

SUBMARINO

4 partes de tequila blanco (60 ml)
Cerveza

Llenar tres cuartas partes de una jarra helada con la cerveza. Verter el tequila en un vaso de chupito. Dejar caer el chupito dentro de la cerveza.

SUBMARINO

SUBWAY COOLER

4 partes de mosto de cereza (60 ml)
8 partes de zumo natural de naranja (120 ml)
Ginger ale
1 guinda

Mezclar todos los ingredientes, menos el ginger ale, en la coctelera con hielo picado. Colar en un vaso alto helado lleno de cubitos. Acabar de llenar con ginger ale y remover despacio. Adornar con la guinda.

SUFFERING BASTARD

4 partes de ginebra (60 ml)
3 partes de brandy (45 ml)
1 parte de zumo natural de lima (15 ml)
1 cdta. de almíbar
1 Cda. de angostura
Cerveza de jengibre
1 rodaja de pepino
1 ramita de menta
1 rodaja de lima

Verter la angostura en un vaso collins helado y hacerlo girar de modo que su interior quede bien cubierto. Desechar la sobrante. Llenar el vaso con cubitos y añadir la ginebra, el brandy, el zumo de lima y el almíbar. Remover bien y acabar de llenar con la cerveza de jengibre. Remover despacio y adornar con el pepino, la lima y la menta.

SUFFERING BASTARD

SUISSESSE COCKTAIL

4 partes de Pernod (60 ml)
1 parte de half-and-half (15 ml)
1 clara de huevo

Mezclar los ingredientes en la coctelera con hielo picado. Agitar enérgicamente y colar en una copa de cóctel helada.

SUN TEA

2 Cdas. de té de su elección
1 l escaso de agua
La piel de 1 limón
Azúcar, al gusto
Rodajas de limón

Mezclar el té, el agua y la piel de limón en una jarra de cristal y cubrir. Dejarla al sol al menos 4 horas. Colar en una jarra y enfriar. Servir en vasos collins con cubitos y azúcar al gusto, adornados con las rodajas de limón.

SWAMP WATER

SUNDOWNER

4 partes de ron dorado (60 ml)
2 partes de zumo natural de lima (30 ml)
1/4 cdta. de licor de marrasquino
1/4 cdta. de Curaçao blanco
Tónica
1 rodaja de lima

Mezclar todos los ingredientes, menos la tónica y la rodaja de lima, en la coctelera con hielo picado. Colar en un vaso alto helado lleno de cubitos y acabar de llenar con tónica. Remover despacio y adornar con la lima.

SWAMP WATER

4 partes de ron añejo (60 ml)
1 parte de Curaçao azul (15 ml)
3 partes de zumo natural de naranja (45 ml)
1 parte de zumo natural de limón (15 ml)

Mezclar todos los ingredientes en la coctelera con hielo picado. Agitar bien y colar en un vaso bajo helado lleno de cubitos.

SWEET AND SOUR BOURBON

4 partes de bourbon (60 ml)
2 partes de zumo natural de limón (30 ml)
6 partes de zumo natural de naranja (90 ml)
1 pellizco de sal
1/4 cdta. de azúcar
1 guinda

Mezclar todos los ingredientes, menos la guinda, en la coctelera con hielo picado. Agitar bien y colar en una copa sour helada. Adornar con la guinda.

SWEET JANE

4 partes de zumo natural de naranja (60 ml)
4 partes de zumo natural de lima (60 ml)
2 partes de crema de coco (30 ml)
1 parte de jarabe de almendra (15 ml)

Poner todos los ingredientes en la batidora con hielo picado. Mezclar a velocidad mínima hasta que se unan. Verter en una copa balón helada.

SWEET MARTINI

6 partes de ginebra (90 ml)
1 parte de vermut dulce (15 ml)
1 chorrito de orange bitter
1 espiral de piel de naranja

Poner todos los ingredientes, excepto la espiral de naranja, en el vaso mezclador con cubitos. Remover bien y colar en una copa de cóctel helada. Adornar con la espiral.

T

TAHITI CLUB

6 partes de ron dorado (90 ml)
1 parte de licor de marrasquino (15 ml)
2 partes de zumo de piña (30 ml)
1 parte de zumo natural de limón (15 ml)
1 parte de zumo natural de lima (15 ml)
1 rodaja de naranja

Mezclar todos los ingredientes, menos la rodaja de naranja, en la coctelera con hielo picado. Servir en un vaso bajo helado y adornar con la rodaja de naranja.

TAHOE JULIUS

4 partes de vodka (60 ml)
8 partes de zumo natural de naranja (120 ml)
2 partes de half-and-half (30 ml)
1 cdta. de almíbar
1 huevo

Poner todos los ingredientes en la batidora y mezclar hasta que se unan. Servir en una copa de cóctel helada.

TAILSPIN

4 partes de ginebra (60 ml)
3 partes de Chartreuse verde (45 ml)
3 partes de vermut dulce (45 ml)
1 chorrito de orange bitter
1 espiral de piel de limón
1 guinda

Poner todos los ingredientes, menos la guinda y la espiral de limón, en el vaso mezclador con cubitos. Remover bien y colar en una copa de cóctel helada. Adornar con la guinda y el limón.

TAMARINDO

4 partes de jarabe de tamarindo (60 ml)
2 partes de granadina (30 ml)
Zumo de pomelo

Mezclar todos los ingredientes, menos el zumo, en la coctelera con hielo picado. Agitar bien y verter en un vaso collins helado lleno de cubitos. Acabar de llenar con zumo de pomelo y remover.

TANGO COCKTAIL

4 partes de ginebra (60 ml)
2 partes de vermut seco (30 ml)
2 partes de vermut dulce (30 ml)
1 parte de Triple Sec (15 ml)

Mezclar todos los ingredientes en la coctelera con hielo picado. Agitar bien y colar en una copa de cóctel helada.

TEA SANDWICH

8 partes de zumo de piña sin azúcar (120 ml)
1/2 taza de pepino, pelado, sin semillas y cortado
4 ramas de berro
1 ramita de menta fresca
1 ramita de perejil
1/2 cdta. de zumo natural de lima

Poner los ingredientes en la batidora con hielo picado y mezclar hasta que se unan. Servir en un vaso collins helado.

TEMPTATION COCKTAIL

4 partes de whisky blended (60 ml)
1 parte de Cointreau (15 ml)
1 parte de Dubonnet tinto (15 ml)
1 cdta. de Pernod
1 espiral de piel de limón

Mezclar todos los ingredientes, menos la espiral de limón, en la coctelera con hielo picado. Agitar bien y colar en una copa de cóctel helada. Adornar con la espiral de limón.

TEMPTER COCKTAIL

4 partes de oporto ruby (60 ml)
3 partes de brandy de albaricoque (45 ml)

Poner los ingredientes en el vaso mezclador y remover con cubitos. Colar en una copa de cóctel helada.

TEN-GALLON COCKTAIL

TEN-GALLON COCKTAIL

2 partes de ginebra (30 ml)
2 partes de licor de café (30 ml)
2 partes de vermut dulce (30 ml)
1 yema de huevo

Mezclar todos los ingredientes en la batidora o en la coctelera. Servir en un vaso bajo helado.

TENNESSEE

4 partes de whisky rye (60 ml)
2 partes de licor de marrasquino (30 ml)
2 partes de zumo natural de limón (30 ml)

Mezclar todos los ingredientes en la coctelera con hielo picado. Agitar bien y colar en una copa de cóctel helada.

TEQUILA COCKTAIL

6 partes de tequila oro (90 ml)
2 partes de zumo natural de lima (30 ml)
1/4 cdta. de granadina
1 chorrito de angostura

Mezclar todos los ingredientes en la coctelera con hielo picado. Agitar bien y colar en una copa de cóctel helada.

TEQUILA COLLINS

4 partes de tequila plata (60 ml)
2 partes de zumo natural de limón (30 ml)
1 cdta. de almíbar
Soda
1 guinda

Verter el tequila en un vaso collins lleno de cubitos. Añadir el zumo de limón y el almíbar. Remover bien y añadir soda. Remover despacio y adornar con la guinda.

TEQUILA FIZZ

6 partes de tequila blanco (90 ml)
2 partes de zumo natural de lima (30 ml)
2 partes de granadina (30 ml)
1 clara de huevo
Ginger ale

Agitar todos los ingredientes, menos el ginger ale, en la coctelera con hielo picado. Colar en un vaso collins helado lleno de cubitos y acabar de llenar con ginger ale. Remover despacio.

TEQUILA GHOST

4 partes de tequila plata (60 ml)
2 partes de Pernod (30 ml)
1 parte de zumo natural de limón (15 ml)

Mezclar todos los ingredientes en la coctelera con hielo picado. Agitar bien y colar en una copa de cóctel helada.

TEQUILA GIMLET

6 partes de tequila plata (90 ml)
2 partes de zumo de lima (30 ml)
1 rodaja de lima

Verter el tequila y el zumo de lima en un vaso bajo helado lleno de cubitos. Remover y adornar con la rodaja de lima.

TEQUILA MANHATTAN

6 partes de tequila oro (90 ml)
2 partes de vermut seco (30 ml)
1 cdta. de zumo natural de lima
1 guinda
1 rodaja de naranja

Mezclar todos los ingredientes, menos la fruta, en la coctelera con hielo picado. Agitar bien y colar en un vaso bajo helado lleno de cubitos. Adornar con la fruta.

TEQUILA MOCKINGBIRD

TEQUILA MARIA

4 partes de tequila blanco (60 ml)
8 partes de zumo de tomate (120 ml)
1 parte de zumo natural de lima (15 ml)
1 cdta. de rábano picante blanco
Tabasco, al gusto
3-5 chorritos de salsa Worcester
Pimienta negra recién molida, al gusto
Sal de apio, al gusto
1 pellizco de cilantro
1 rodaja de lima

Mezclar todos los ingredientes, excepto la rodaja de lima, en el vaso mezclador con hielo picado. Verter en un vaso bajo helado y adornar con la lima.

TEQUILA MOCKINGBIRD

4 partes de tequila plata (60 ml)
2 partes de crema de menta blanca (30 ml)
2 partes de zumo natural de lima (30 ml)

Mezclar todos los ingredientes en la coctelera con hielo picado. Agitar bien y colar en una copa de cóctel helada.

TEQUILA SHOT

TEQUILA OLD-FASHIONED

4 partes de tequila oro (60 ml)
1 cdta. de azúcar
3-5 chorritos de angostura
Soda
1 guinda

Mezclar el azúcar, la soda y la angostura en un vaso bajo helado. Llenarlo de cubitos y añadir el tequila. Remover bien y adornar con la guinda.

TEQUILA SHOT

4 partes de tequila de su elección (60 ml)
1 rodaja de limón
Sal

Verter el tequila en un vaso de chupito. Humedezca el espacio entre el índice y el pulgar de su mano y cúbralo con sal. Chupe la sal, beba el chupito de un trago y muerda el limón.

TEQUILA SOUR

4 partes de tequila blanco (60 ml)
3 partes de zumo natural de limón (45 ml)
1 cdta. de azúcar
1 rodaja de limón
1 guinda

Mezclar todos los ingredientes, menos la fruta, en la coctelera con hielo picado. Agitar bien y colar en una copa sour helada. Adornar con la fruta.

TEQUILA STINGER

4 partes de tequila oro (60 ml)
2 partes de crema de menta blanca (30 ml)

Mezclar los ingredientes en la coctelera con hielo picado. Agitar bien y colar en una copa de cóctel helada.

TEQUILA SUNRISE

TEQUILA SUNRISE

4 partes de tequila plata (60 ml)
Zumo natural de naranja
2 partes de granadina (30 ml)

Verter el tequila en un vaso alto helado lleno de cubitos. Añadir el zumo de naranja, dejando un par de dedos y remover. Verter despacio la granadina.

TEQUINI

6 partes de tequila plata (90 ml)
1 parte de vermut seco (15 ml)
1 chorrito de angostura
1 espiral de piel de limón

Remover todos los ingredientes, excepto la espiral, en el vaso mezclador con cubitos. Colar en una copa de cóctel helada y adornar con la espiral.

TEQUONIC

4 partes de tequila plata (60 ml)
3 partes de zumo natural de lima (45 ml)
Tónica
1 rodaja de lima

Verter el tequila en un vaso alto helado lleno de cubitos. Añadir el zumo y remover. Acabar de llenar con tónica y adornar con la lima.

TEXAS VIRGIN

2 partes de zumo natural de lima (30 ml)
2 partes de salsa barbacoa (30 ml)
Tabasco, al gusto
3-5 chorritos de salsa Worcester
Pimienta recién molida
Zumo de tomate
1 jalapeño
1 rodaja de lima

Agitar todos los ingredientes, menos el zumo de tomate, el jalapeño y la rodaja de lima, en la coctelera con hielo picado. Verter en un vaso alto helado. Llenar con zumo de tomate y remover. Adornar con el jalapeño y la lima.

THANKSGIVING SPECIAL COCKTAIL

4 partes de ginebra (60 ml)
3 partes de brandy de albaricoque (45 ml)
2 partes de vermut seco (30 ml)
1 parte de zumo natural de limón (15 ml)
1 guinda

Mezclar todos los ingredientes, menos la guinda, en la coctelera con hielo picado. Agitar bien y colar en una copa de cóctel helada. Adornar con la guinda.

THIRD DEGREE COCKTAIL

6 partes de ginebra (90 ml)
2 partes de vermut seco (30 ml)
1 parte de Pernod (15 ml)

Poner los ingredientes en el vaso mezclador con cubitos. Remover y colar en una copa de cóctel helada.

THIRD RAIL COCKTAIL

4 partes de brandy de manzana (60 ml)
4 partes de brandy (60 ml)
1 parte de ron blanco (15 ml)
1/4 cdta. de Pernod

Mezclar todos los ingredientes en la coctelera con hielo picado. Agitar bien y colar en una copa de cóctel helada.

THISTLE COCKTAIL

4 partes de Scotch (60 ml)
3 partes de vermut dulce (45 ml)
3 chorritos de angostura

Poner los ingredientes en el vaso mezclador con cubitos. Remover y colar en una copa de cóctel helada.

THREE MILLER COCKTAIL

4 partes de ron blanco (60 ml)
2 partes de brandy (30 ml)
1 parte de granadina (15 ml)
1 parte de zumo natural de limón (15 ml)

Mezclar todos los ingredientes en la coctelera con hielo. Agitar bien y colar en una copa de cóctel helada.

THREE STRIPES COCKTAIL

4 partes de ginebra (60 ml)
2 partes de vermut seco (30 ml)
2 partes de zumo natural de naranja (30 ml)

Mezclar todos los ingredientes en la coctelera con hielo picado y agitar bien. Colar en una copa de cóctel helada.

THUNDER COCKTAIL

4 partes de brandy (60 ml)
1 cdta. de azúcar
1/4 cdta. de pimienta de Cayena
1 yema de huevo

Mezclar los ingredientes en la coctelera con hielo picado. Agitar enérgicamente y servir en una copa de cóctel helada.

THIRD RAIL COCKTAIL

THUNDERCLAP

4 partes de whisky blended (60 ml)
2 partes de brandy (30 ml)
2 partes de ginebra (30 ml)

Mezclar los ingredientes en la coctelera con hielo picado. Agitar bien y colar en una copa de cóctel helada.

TIDBIT

4 partes de ginebra (60 ml)
1 parte de fino (15 ml)
1 bola de helado de vainilla

Poner los ingredientes en la batidora y mezclar hasta que se unan. Servir en un vaso alto helado.

TIGER TAIL

4 partes de Pernod (60 ml)
8 partes de zumo natural de naranja (120 ml)
1/4 cdta. de Cointreau
1 rodaja de lima

Poner todos los ingredientes, menos la rodaja de lima, en la batidora con hielo picado. Mezclar hasta que se unan y verter en una copa de vino helada. Adornar con la lima.

TIGER'S MILK

4 partes de ron dorado (60 ml)
3 partes de coñac (45 ml)
10 partes de leche (150 ml)
1 cdta. de almíbar
Canela molida

Poner todos los ingredientes, excepto la canela, en la batidora con hielo picado. Mezclar hasta que se unan y verter en una copa de vino helada. Espolvorear con canela.

TINTORETTO

4 partes de Poire William (60 ml)
1/4 taza de puré de pera de Anjou madura
Champaña o cava

Hacer un puré con la pera y verterlo en una copa de vino helada. Añadir el brandy y acabar de llenar con champaña. Remover despacio.

TIPPERARY COCKTAIL

4 partes de whiskey irlandés (60 ml)
2 partes de Chartreuse verde (30 ml)
1 parte de vermut dulce (15 ml)

Mezclar todos los ingredientes en la coctelera con hielo picado. Agitar bien y colar en una copa de cóctel helada.

TOASTED ALMOND

4 partes de licor de café (60 ml)
3 partes de amaretto (45 ml)
4 partes de half-and-half (60 ml)

Mezclar los ingredientes en la coctelera con hielo picado. Agitar bien y colar en un vaso bajo helado lleno de cubitos.

TOM AND JERRY

4 partes de ron blanco (60 ml)
2 partes de brandy (30 ml)
12 partes de leche caliente (180 ml)
1 clara y 1 yema
Azúcar
Nuez moscada, recién rallada

Batir la clara y la yema por separado. Mezclarlas en una taza de café. Añadir el azúcar y volver a batir. Añadir el ron, el brandy y la leche caliente y remover despacio. Espolvorear con nuez moscada.

TOM COLLINS

6 partes de ginebra (90 ml)
4 partes de zumo natural de limón (60 ml)
1 parte de almíbar (15 ml)
Soda
1 guinda
1 rodaja de naranja

Mezclar todos los ingredientes, excepto la fruta y la soda, en un vaso collins lleno de cubitos. Acabar de llenar con soda y remover despacio. Adornar con la fruta.

TOMATO COCKTAIL

32 partes de zumo de tomate (480 ml)
2 partes de vinagre de vino tinto (30 ml)
1/2 cdta. de sal
1/8 cdta. de pimentón
1/2 cdta. de albahaca
1/2 cdta. de pimienta recién molida
1 pepino pelado, hecho puré
4 rodajas de lima

Mezclar todos los ingredientes, menos la lima, en una jarra y remover bien. Enfriar y servir con cubitos en vasos altos helados adornados con rodajas de lima.

TOREADOR

4 partes de tequila blanco (30 ml)
2 partes de crema de cacao oscura (30 ml)
2 partes de half-and-half (30 ml)
Nata montada
Cacao en polvo

Poner todos los ingredientes, menos la nata y el cacao, en la batidora con hielo picado. Mezclar hasta que se unan y verter en una copa de vino helada. Coronar con nata montada y espolvorear con cacao.

TORPEDO

4 partes de brandy de manzana (60 ml)
2 partes de brandy (30 ml)
1/4 cdta. de ginebra

Mezclar los ingredientes en la coctelera con hielo picado. Agitar bien y colar en una copa de cóctel helada.

TORRIDORA COCKTAIL

4 partes de ron blanco (60 ml)
1 Cda. de ron de 80% vol. alcohol
2 partes de licor de café (30 ml)
1 parte de half-and-half (15 ml)

Mezclar todos los ingredientes, excepto el ron de mayor graduación, en la coctelera con hielo picado. Agitar bien y colar en una copa de cóctel helada. Agregar el ron.

TOVARISCH COCKTAIL

6 partes de vodka (90 ml)
3 partes de Jägermeister (45 ml)
2 partes de zumo natural de lima (30 ml)

Mezclar los ingredientes en la coctelera con hielo picado. Agitar bien y colar en una copa de cóctel helada.

TRADE WINDS

4 partes de ron dorado (60 ml)
2 partes de Slivovitz (30 ml)
2 partes de zumo natural de lima (30 ml)
1 parte de Falernum (15 ml)

Mezclar todos los ingredientes en la coctelera con hielo picado. Agitar bien y colar en una copa de cóctel helada.

TRILBY COCKTAIL

6 partes de bourbon (90 ml)
2 partes de vermut dulce (30 ml)
3 chorritos de angostura

Mezclar todos los ingredientes en la coctelera con hielo picado. Agitar bien y colar en una copa de cóctel helada.

TROIS RIVIERES

4 partes de whisky canadiense (60 ml)
1 parte de Dubonnet tinto (15 ml)
1 Cda. de Cointreau
1 espiral de piel de naranja

Mezclar todos los ingredientes, menos la espiral de naranja, en la coctelera con hielo picado. Agitar bien y colar en una copa de cóctel helada. Adornar con la espiral.

TROLLEY COOLER

6 partes de bourbon (90 ml)
Zumo de arándanos
Zumo de pomelo

Verter el bourbon en un vaso collins helado lleno de cubitos. Añadir partes iguales de cada zumo. Remover bien.

TROPICAL COCKTAIL

4 partes de crema de cacao blanca (60 ml)
3 partes de licor de marrasquino (45 ml)
2 partes de vermut seco (30 ml)
1 chorrito de angostura

Mezclar todos los ingredientes en la coctelera con hielo picado. Agitar bien y colar en una copa de cóctel helada.

TROPICAL STORM

4 partes de zumo de piña (60 ml)
4 partes de zumo natural de lima (60 ml)
2 partes de zumo de fruta de la pasión (30 ml)
1/2 cdta. de jarabe de almendra
1 trozo de piña

Mezclar todos los ingredientes, menos la piña natural, en la coctelera con hielo picado. Agitar bien. Verter en un vaso bajo helado. Adornar con la piña.

TULIP COCKTAIL

4 partes de brandy de manzana (60 ml)
3 partes de vermut dulce (45 ml)
1 parte de brandy de albaricoque (15 ml)
1 parte de zumo natural de limón (15 ml)

Mezclar todos los ingredientes en la coctelera con hielo picado. Agitar bien y colar en una copa de cóctel helada.

TURF COCKTAIL

4 partes de ginebra (60 ml)
2 partes de vermut seco (30 ml)
1 parte de Pernod (15 ml)
1 parte de zumo natural de limón (15 ml)
3 chorritos de angostura

Mezclar todos los ingredientes en la coctelera con hielo picado. Agitar bien y colar en una copa de cóctel helada.

TUTTI-FRUTTI

6 partes de ginebra (90 ml)
2 partes de amaretto (30 ml)
2 partes de licor de cereza (30 ml)
Manzana troceada
Pera troceada
Melocotón troceado

Poner todos los ingredientes en la batidora con hielo picado. Mezclar hasta que se unan y servir en un vaso alto helado lleno de cubitos.
Nota: Si la fruta es en lata, que no lleve azúcar añadido.

TUXEDO COCKTAIL

4 partes de ginebra (60 ml)
3 partes de vermut seco (45 ml)
1/2 cdta. de licor de marrasquino
3 chorritos de orange bitter
1 guinda

Poner todos los ingredientes, excepto la guinda, en el vaso mezclador con cubitos. Remover y colar en una copa de cóctel helada. Adornar con la guinda.

TWIN HILLS

4 partes de bourbon (60 ml)
1 parte de Bénédictine (15 ml)
1 parte de zumo natural de limón (15 ml)
1 parte de zumo natural de lima (15 ml)
1 cdta. de almíbar
1 rodaja de limón
1 rodaja de lima

Mezclar todos los ingredientes, menos la fruta, en la coctelera con hielo picado. Colar en una copa sour helada y adornar con la fruta.

TWIN SIX COCKTAIL

4 partes de ginebra (60 ml)
2 partes de vermut dulce (30 ml)
1 chorrito de granadina
1 clara de huevo

Mezclar los ingredientes en la coctelera con hielo picado. Agitar enérgicamente y colar en una copa de cóctel helada.

U, V

ULANDA COCKTAIL

4 partes de ginebra (60 ml)
2 partes de Triple Sec (30 ml)
1 cdta. de Pernod

Poner los ingredientes en el vaso mezclador con cubitos y remover. Colar en una copa de cóctel helada.

UNDER THE BOARDWALK

4 partes de zumo natural de limón (60 ml)
1/2 cdta. de azúcar
1/2 melocotón pelado y en dados
Frambuesas frescas
Soda

Poner todos los ingredientes, menos las frambuesas y la soda, en la batidora con hielo picado. Mezclar hasta que se unan y verter en un vaso alto helado. Acabar de llenar con soda y remover despacio. Adornar con las frambuesas.

UNION JACK

4 partes de ginebra (60 ml)
2 partes de Sloe Gin (30 ml)
1 cdta. de granadina

Mezclar todos los ingredientes en la coctelera con hielo picado. Agitar bien y colar en una copa de cóctel helada.

UNION LEAGUE CLUB

4 partes de ginebra (60 ml)
2 partes de oporto ruby (30 ml)
3-5 chorritos orange bitter
1 espiral de piel de naranja

Mezclar todos los ingredientes, menos la espiral de naranja, en la coctelera con hielo picado. Agitar bien y colar en una copa de cóctel helada. Adornar con la espiral.

VALENCIA COCKTAIL

4 partes de ginebra (60 ml)
2 partes de amontillado (30 ml)
1 espiral de piel de limón

Poner los ingredientes, menos la espiral de limón, en el vaso mezclador con cubitos. Remover y colar en una copa de cóctel helada. Adornar con la espiral.

VANDERBILT COCKTAIL

4 partes de brandy (60 ml)
2 partes de brandy de cereza (30 ml)
1/2 cdta. de azúcar
3 chorritos de angostura

Mezclar todos los ingredientes en la coctelera con hielo picado. Agitar bien y colar en una copa de cóctel helada.

VANITY FAIR

4 partes de brandy de manzana (60 ml)
2 partes de kirschwasser (30 ml)
1 parte de licor de marrasquino (15 ml)
1 Cda. de amaretto

Mezclar todos los ingredientes, excepto el amaretto, en la coctelera con hielo picado. Colar en una copa de cóctel helada y agregar el amaretto.

VELVET HAMMER

6 partes de vodka (90 ml)
2 partes de crema de cacao oscura (30 ml)
2 partes de half-and-half (30 ml)

Mezclar los ingredientes en la coctelera con hielo picado y agitar bien. Colar en una copa de cóctel helada.

VELVET HAMMER

VELVET KISS

4 partes de ginebra (60 ml)
1 parte de crema de plátano (15 ml)
2 partes de zumo de piña (30 ml)
2 partes de half-and-half (30 ml)
1 chorrito de granadina

Mezclar todos los ingredientes en la coctelera con hielo picado. Agitar bien y colar en una copa de cóctel helada.

VERMOUTH CASSIS

4 partes de vermut seco (60 ml)
2 partes de crema de Cassis (30 ml)
Soda

Verter el vermut y el Cassis en un vaso alto helado lleno de cubitos y remover. Acabar de llenar con soda y remover despacio.

VERMOUTH COCKTAIL

3 partes de vermut seco (45 ml)
3 partes de vermut dulce (45 ml)
1 chorrito de angostura
1 guinda

Poner todos los ingredientes, menos la guinda, en el vaso mezclador con cubitos. Remover y colar en una copa de cóctel helada. Adornar con la guinda.

VERONA COCKTAIL

4 partes de ginebra (60 ml)
2 partes de amaretto (30 ml)
1 parte de vermut dulce (15 ml)
1/4 cdta. de zumo natural de limón
1 rodaja de naranja

Mezclar todos los ingredientes, menos la naranja, en la coctelera con hielo picado. Agitar bien y colar en un vaso bajo helado lleno de cubitos. Adornar con la rodaja de naranja.

VIA VENETO

4 partes de brandy (60 ml)
2 partes de Sambuca blanco (30 ml)
2 partes de zumo natural de limón (30 ml)
1/2 cdta. de azúcar
1 clara de huevo

Mezclar todos los ingredientes en la coctelera con hielo picado. Agitar enérgicamente y servir en un vaso bajo helado.

VICTOR

4 partes de ginebra (60 ml)
2 partes de brandy (30 ml)
1 parte de vermut dulce (15 ml)

Mezclar todos los ingredientes en la coctelera con hielo picado. Agitar bien y colar en una copa de cóctel helada.

VICTORY

4 partes de Pernod (60 ml)
2 partes de granadina (30 ml)
Soda

Mezclar todos los ingredientes, menos la soda, en la coctelera con hielo picado. Colar en un vaso alto helado y acabar de llenar con soda. Remover despacio.

VIRGIN ISLAND

6 partes de zumo de piña (90 ml)
2 partes de crema de coco (30 ml)
2 partes de zumo natural de lima (30 ml)
1/2 cdta. de jarabe de almendra
1 trozo de piña

Poner todos los ingredientes, menos la piña natural, en la batidora con hielo picado. Mezclar hasta que se unan y verter en un vaso alto helado. Adornar con la piña.

VIRGIN MARY

8 partes de zumo de tomate (120 ml)
2 partes de zumo natural de lima (30 ml)
1/4 cdta. de rábano picante blanco
3-5 chorritos de tabasco
3-5 chorritos de salsa Worcester
Pimienta recién molida, al gusto
Sal, al gusto
1 rodaja de lima

Mezclar todos los ingredientes, menos la rodaja de lima, en la coctelera con hielo picado. Agitar bien y verter en un vaso alto helado. Adornar con la lima.

VIVA VILLA

4 partes de tequila plata (60 ml)
4 partes de zumo natural de lima (60 ml)
1 cdta. de azúcar
1 rodaja de lima
Sal gruesa

Decorar el borde de un vaso bajo helado humedeciéndolo con la rodaja de lima y cubriéndolo con sal. Desechar la lima. Mezclar los demás ingredientes en la coctelera con hielo picado. Agitar bien y colar en el vaso bajo lleno de cubitos.

VODKA AND TONIC

6 partes de vodka (90 ml)
Tónica
1 rodaja de lima

Verter el vodka en un vaso collins helado lleno de cubitos. Acabar de llenar con tónica y adornar con la lima.

VODKA COLLINS

6 partes de vodka (90 ml)
4 partes de zumo natural de limón (60 ml)
1 parte de almíbar (15 ml)
Soda
1 guinda
1 rodaja de naranja

Mezclar todos los ingredientes, menos la fruta y la soda, en un vaso collins helado lleno de cubitos. Acabar de llenar con soda y remover despacio. Adornar con la fruta.

VODKA COOLER

4 partes de vodka (60 ml)
1/2 cdta. de azúcar
Soda
Piel de limón

Mezclar el vodka y el azúcar en un vaso collins helado. Añadir cubitos y acabar de llenar con soda. Remover despacio y adornar con la piel de limón.

VODKA DAISY

6 partes de vodka (90 ml)
2 partes de zumo natural de limón (30 ml)
1 Cda. de granadina
1 cdta. de almíbar
Soda
1 rodaja de naranja

Mezclar todos los ingredientes, menos la rodaja de naranja y la soda, en la coctelera con hielo picado. Agitar bien. Verter en un vaso alto helado. Acabar de llenar con soda, remover despacio y adornar con la naranja.

VODKA GIMLET

6 partes de vodka (90 ml)
2 partes de zumo de lima (30 ml)
1 rodaja de lima

Verter el vodka y el zumo en un vaso bajo helado lleno de cubitos. Remover y adornar con la lima.

VODKA GRASSHOPPER

4 partes de vodka (60 ml)
4 partes de crema de menta verde (60 ml)
4 partes de crema de cacao blanca (60 ml)

Mezclar todos los ingredientes en la coctelera con hielo picado y agitar bien. Colar en una copa de cóctel helada.

VODKA MARTINI

6 partes de vodka helado (90 ml)
1/4-1/8 cdta. de vermut seco
1 aceituna de cóctel

Poner el vodka y el vermut en el vaso mezclador con hielo picado. Remover bien y colar en una copa de cóctel helada. Adornar con la aceituna.

VODKA SLING

4 partes de vodka (60 ml)
1 parte de zumo natural de limón (15 ml)
1 cdta. de agua
1 cdta. de azúcar
1 espiral de piel de naranja

Disolver el azúcar con el agua y el zumo de limón en el vaso mezclador. Añadir el vodka y remover. Verter en un vaso bajo helado lleno de cubitos y adornar con la espiral.

VODKA SOUR

4 partes de vodka (60 ml)
3 partes de zumo natural de limón (45 ml)
1 cdta. de azúcar
1 rodaja de limón
1 guinda

Mezclar todos los ingredientes, menos la fruta, en la coctelera con hielo picado. Agitar bien y colar en una copa sour helada. Adornar con la fruta.

VODKA STINGER

4 partes de vodka (60 ml)
2 partes de crema de menta blanca (30 ml)

Mezclar los ingredientes en la coctelera con hielo picado. Agitar bien y colar en una copa de cóctel helada.

VOLGA BOATMAN

4 partes de vodka (60 ml)
2 partes de kirschwasser (30 ml)
2 partes de zumo natural de naranja (30 ml)
1 guinda

Mezclar todos los ingredientes, menos la guinda, en la coctelera con hielo picado. Colar en una copa de cóctel helada y adornar con la guinda.

W

WAIKIKI BEACHCOMBER

4 partes de vodka (60 ml)
1 parte de licor de frambuesa (15 ml)
2 partes de zumo natural de lima (30 ml)
10 partes de zumo de guayaba (150 ml)

Mezclar todos los ingredientes, menos el licor, en la coctelera con hielo picado. Servir en un vaso collins helado y agregar el licor.

WALDORF COCKTAIL

4 partes de bourbon (60 ml)
2 partes de Pernod (30 ml)
1 parte de vermut dulce (15 ml)
1 chorrito de angostura

Mezclar todos los ingredientes en la coctelera con hielo picado. Agitar bien y colar en una copa de cóctel helada.

WALKING ZOMBIE

4 partes de zumo natural de lima (60 ml)
4 partes de zumo natural de naranja (60 ml)
4 partes de zumo de piña (60 ml)
4 partes de néctar de guayaba (60 ml)
2 partes de granadina (30 ml)
1 parte de jarabe de almendra (15 ml)
1 ramita de menta
1 trozo de piña

Poner todos los ingredientes, menos la menta y la piña natural, en la batidora con hielo picado. Mezclar hasta que se unan. Verter en un vaso collins helado y adornar con la piña y la menta.

WALTERS

6 partes de Scotch (90 ml)
1 parte de zumo natural de limón (15 ml)
1 parte de zumo natural de naranja (15 ml)

Mezclar los ingredientes en la coctelera con hielo picado. Agitar bien y colar en una copa de cóctel helada.

WARD EIGHT

4 partes de whisky blended (60 ml)
3 partes de zumo natural de limón (45 ml)
1 cdta. de granadina
1 cdta. de azúcar

Mezclar los ingredientes en la coctelera con hielo picado. Agitar bien y colar en una copa de vino helada llena de hielo picado.

WARDAY'S COCKTAIL

3 partes de ginebra (45 ml)
2 partes de brandy de manzana (30 ml)
2 partes de vermut dulce (30 ml)
1 Cda. de Chartreuse amarillo

Mezclar todos los ingredientes en la coctelera con hielo picado y agitar bien. Colar en una copa de cóctel helada.

WARSAW COCKTAIL

4 partes de vodka (60 ml)
2 partes de brandy de mora (30 ml)
1 parte de vermut seco (15 ml)
1 Cda. de zumo natural de limón

Mezclar los ingredientes en la coctelera con hielo picado. Agitar bien y colar en una copa de cóctel helada.

WASHINGTON COCKTAIL

4 partes de vermut seco (60 ml)
2 partes de brandy (30 ml)
1/2 cdta. de almíbar
1 chorrito de angostura

Mezclar los ingredientes en la coctelera con hielo picado. Agitar bien y colar en una copa de cóctel helada.

WASSAIL BOWL

2 l de cerveza ale (6 botellas de 0,33l.)
16 partes de jerez cream (240 ml)
8 partes de azúcar (120 ml)
1/2 cdta. de pimienta de Jamaica
1 cdta. de canela molida
2 cdta. de nuez moscada rallada
1/4 cdta. de jengibre molido
1 rodaja de limón

En un cazo grande calentar el jerez y una botella de ale. No dejar hervir. Añadir el azúcar y las especias y remover hasta que se disuelvan. Añadir la cerveza restante y remover. Dejar reposar a temperatura ambiente unas 3 horas. Verter en una ponchera y adornar con las rodajas de limón. Para 10 personas.

WATERBURY COCKTAIL

4 partes de brandy (60 ml)
2 partes de zumo natural de lima (30 ml)
1 cdta. de granadina
1 cdta. de almíbar
1 clara de huevo

Mezclar los ingredientes en la coctelera con hielo picado. Agitar enérgicamente y colar en una copa de cóctel helada.

WEDDING BELLE COCKTAIL

4 partes de ginebra (60 ml)
3 partes de Dubonnet tinto (45 ml)
1 parte de kirschwasser (15 ml)
1 parte de zumo natural de naranja (15 ml)

Mezclar los ingredientes en la coctelera con hielo picado. Agitar bien y colar en una copa de cóctel helada.

WEEP-NO-MORE

4 partes de Dubonnet tinto (60 ml)
3 partes de brandy (45 ml)
1 cdta. de licor de marrasquino
2 partes de zumo natural de lima (30 ml)

Mezclar los ingredientes en la coctelera con hielo picado. Agitar bien y colar en una copa de cóctel helada.

WEMBLY COCKTAIL

4 partes de ginebra (60 ml)
1 parte de vermut seco (15 ml)
1 cdta. de brandy de albaricoque
1 cdta. de brandy de manzana

Mezclar todos los ingredientes en la coctelera con hielo picado. Agitar bien y colar en una copa de cóctel helada.

WHIRLAWAY

4 partes de bourbon (60 ml)
2 partes de Triple Sec (30 ml)
3-5 chorritos de angostura
Soda

Mezclar todos los ingredientes, menos la soda, en la coctelera con hielo picado. Agitar bien y verter en un vaso bajo helado. Acabar de llenar con soda.

WHISKEY COCKTAIL

6 partes de whisky blended (90 ml)
1 cdta. de almíbar
1 chorrito de angostura

Mezclar los ingredientes en la coctelera con hielo picado. Agitar bien y colar en una copa de cóctel helada.

WHISKEY COLLINS

6 partes de whisky (90 ml)
4 partes de zumo natural de limón (60 ml)
1 parte de almíbar (15 ml)
Soda
1 guinda
1 rodaja de naranja

Mezclar todos los ingredientes, menos la fruta y la soda, en un vaso collins helado lleno de cubitos. Acabar de llenar con soda y remover despacio. Adornar con la fruta.

WHISKEY COOLER

4 partes de whisky blended (60 ml)
1/2 cdta. de azúcar
Soda
Piel de limón

Mezclar el azúcar con el whisky en un vaso collins helado. Añadir cubitos y acabar de llenar con soda. Remover despacio y adornar con la piel de limón.

WHISKEY DAISY

6 partes de whisky (90 ml)
2 partes de zumo natural de limón (30 ml)
1 Cda. de granadina
1 cdta. de almíbar
Soda
1 rodaja de naranja

Mezclar todos los ingredientes, menos la rodaja de naranja y la soda, en la coctelera con hielo picado. Agitar bien. Verter en un vaso alto helado. Acabar de llenar con soda, remover despacio y adornar con la naranja.

WHISKEY FIX

4 partes de whisky blended (90 ml)
2 partes de zumo natural de limón (30 ml)
1/2 cdta. de azúcar
1 espiral de piel de naranja

Mezclar todos los ingredientes, menos la espiral de naranja, en la coctelera con hielo picado. Agitar bien y colar en un vaso alto helado lleno de cubitos. Adornar con la espiral de naranja.

WHISKEY FLIP

4 partes de whisky blended (60 ml)
2 partes de half-and-half (30 ml)
1/2 cdta. de azúcar
1 huevo
Nuez moscada, recién rallada

Mezclar todos los ingredientes, menos la nuez moscada, en la coctelera con hielo picado. Agitar enérgicamente y colar en una copa sour helada. Espolvorear con nuez moscada.

WHISKEY MILK PUNCH

6 partes de whisky blended (90 ml)
16 partes de leche (240 ml)
1 cdta. de almíbar
Nuez moscada, recién rallada

Mezclar todos los ingredientes, menos la nuez moscada, en la coctelera con hielo picado. Agitar bien y colar en un vaso collins helado. Espolvorear con nuez moscada.

WHISKEY RICKEY

4 partes de whisky (60 ml)
2 partes de zumo natural de lima (30 ml)
Soda
1 rodaja de lima

Verter el whisky y el zumo de lima en un vaso alto helado lleno de cubitos. Acabar de llenar con soda y remover despacio. Adornar con la lima.

WHISKEY SANGAREE

4 partes de whisky blended (60 ml)
1 Cda. de oporto ruby
1/2 cdta. de azúcar
1 cdta. de agua
2 partes de soda (30 ml)

Disolver el azúcar con el agua en un vaso bajo helado, añadir el whisky y remover. Acabar de llenar con cubitos y soda. Agregar el oporto.

WHISKEY SLING

4 partes de whisky blended (60 ml)
1 parte de zumo natural de limón (15 ml)
1 cdta. de agua
1 cdta. de azúcar
1 espiral de piel de naranja

Disolver el azúcar con el agua y el zumo de limón en el vaso mezclado. Añadir el whisky y remover. Verter en un vaso bajo helado lleno de cubitos y adornar con la espiral.

WHISKEY SOUR

4 partes de whisky blended (60 ml)
2 partes de zumo natural de limón (30 ml)
1 cdta. de almíbar
1 guinda
1 rodaja de naranja

Mezclar los ingredientes líquidos en la coctelera con hielo picado. Agitar bien y colar en una copa sour helada. Adornar con la fruta.

WHITE WAY COCKTAIL

WHISPERS OF THE FROST

2 partes de oporto ruby (30 ml)
2 partes de fino (30 ml)
2 partes de bourbon (30 ml)
1/2 cdta. de almíbar
1 espiral de piel de limón

Mezclar todos los ingredientes en la coctelera con hielo picado. Agitar bien y colar en una copa de cóctel helada.

WHITE LILY

4 partes de ginebra (60 ml)
3 partes de Triple Sec (45 ml)
3 partes de ron blanco (45 ml)
1/4 cdta. de Pernod

Mezclar todos los ingredientes en la coctelera con hielo picado. Agitar bien y colar en una copa de cóctel helada.

WHITE LION

4 partes de ron añejo (60 ml)
2 partes de zumo natural de limón (30 ml)
1 parte de jarabe de almendra (15 ml)
1/4 cdta. de jarabe de frambuesa

Mezclar todos los ingredientes en la coctelera con hielo picado. Agitar bien y colar en una copa de cóctel helada.

WHITE ROSE

4 partes de ginebra (60 ml)
2 partes de licor de marrasquino (30 ml)
4 partes de zumo natural de naranja (60 ml)
2 partes de zumo natural de lima (30 ml)
1 cdta. de almíbar
1 clara de huevo

Mezclar todos los ingredientes en la coctelera con hielo picado. Agitar bien y colar en una copa de cóctel helada.

WHITE RUSSIAN

4 partes de vodka (60 ml)
2 partes de licor de café (30 ml)
2 partes de half-and-half (30 ml)

Mezclar todos los ingredientes en la coctelera con hielo picado. Agitar bien y servir en un vaso bajo helado.

WHITE WAY COCKTAIL

4 partes de ginebra (60 ml)
2 partes de crema de menta blanca (30 ml)

Mezclar todos los ingredientes en la coctelera con hielo picado. Agitar bien y colar en una copa de cóctel helada.

WHITE SPIDER

4 partes de vodka (60 ml)
2 partes de crema de menta blanca (30 ml)

Mezclar todos los ingredientes en la coctelera con hielo picado. Agitar bien y colar en una copa de cóctel helada.

WHY NOT?

4 partes de ginebra (60 ml)
2 partes de brandy de albaricoque (30 ml)
2 partes de vermut seco (30 ml)
1/4 cdta. de zumo natural de limón

Mezclar todos los ingredientes en la coctelera con hielo picado y agitar bien. Colar en una copa de cóctel helada.

WOMAN WARRIOR

6 partes de vodka (90 ml)
2 partes de Curaçao azul (30 ml)
2 partes de zumo natural de lima (30 ml)

Mezclar todos los ingredientes en la coctelera con hielo picado. Agitar bien y colar en una copa de cóctel helada.

WONDERFUL TOWN

4 partes de jarabe de peppermint (60 ml)
2 partes de jarabe de chocolate (30 ml)
Soda
1 ramita de menta fresca

Mezclar los jarabes en un vaso alto helado. Llenarlo con cubitos y añadir la soda. Remover despacio y adornar con la menta.

Nota: usar un jarabe de chocolate poco denso.

WOO-WOO

4 partes de vodka (60 ml)
4 partes de schnapps de melocotón (60 ml)
8 partes de zumo de arándanos (120 ml)

Verter los ingredientes en un vaso alto helado lleno de cubitos. Remover.

WOODSTOCK

4 partes de ginebra (60 ml)
2 partes de zumo natural de limón (30 ml)
1 Cda. de jarabe de arce
1 chorrito de orange bitter

Mezclar todos los ingredientes en la coctelera con hielo picado. Agitar bien y colar en una copa de cóctel helada.

WOODWARD

4 partes de Scotch (60 ml)
1 parte de vermut seco (15 ml)
1 parte de zumo de pomelo (15 ml)

Mezclar todos los ingredientes en la coctelera con hielo picado. Agitar bien y colar en una copa de cóctel helada.

X, Y, Z

X.Y.Z. COCKTAIL

4 partes de ron blanco (60 ml)
2 partes de Curaçao blanco (30 ml)
1 parte de zumo natural de limón (15 ml)

Mezclar todos los ingredientes en la coctelera con hielo picado. Agitar bien y colar en una copa de cóctel helada.

XANADU

4 partes de néctar de guayaba (60 ml)
4 partes de zumo natural de lima (60 ml)
2 partes de Falernum (30 ml)
2 partes de half-and-half (30 ml)

Poner los ingredientes en la batidora con hielo picado. Mezclar a velocidad mínima hasta que se unan. Servir en una copa flauta helada.

XANTHIA

4 partes de ginebra (60 ml)
3 partes de brandy de cereza (45 ml)
3 partes de Chartreuse amarillo (45 ml)

Mezclar todos los ingredientes en la coctelera con hielo picado. Agitar bien y colar en una copa de cóctel helada.

XERES COCKTAIL

6 partes de jerez manzanilla (90 ml)
1 chorrito de orange bitter
1 espiral de piel de naranja

Poner los ingredientes, excepto la espiral de naranja, en el vaso mezclador con hielo picado y colar en una copa de cóctel helada. Adornar con la naranja.

YALE COCKTAIL

4 partes de ginebra (60 ml)
1 parte de vermut seco (15 ml)
1/4 cdta. de licor de marrasquino
3-5 chorritos de orange bitter

Mezclar todos los ingredientes en la coctelera con hielo picado. Agitar bien y colar en una copa de cóctel helada.

YELLOW FINGERS

4 partes de ginebra (60 ml)
2 partes de brandy de mora (30 ml)
2 partes de crema de plátano (30 ml)
2 partes de half-and-half (30 ml)

Mezclar todos los ingredientes en la coctelera con hielo picado. Agitar bien y colar en una copa de cóctel helada.

YELLOW PARROT

4 partes de brandy (60 ml)
4 partes de Pernod (60 ml)
4 partes de Chartreuse amarillo (60 ml)

Mezclar todos los ingredientes en la coctelera con hielo picado. Colar en una copa de cóctel helada.

YODEL

6 partes de Fernet Branca (90 ml)
8 partes de zumo natural de naranja (120 ml)
Soda

Verter el licor y el zumo en un vaso alto helado lleno de cubitos. Remover y acabar de llenar con soda.

YORSH

4 partes de vodka (60 ml)
Cerveza

Llenar 3/4 partes de una jarra con cerveza. Verter el vodka en la cerveza y beber.

ZAZA COCKTAIL

4 partes de Dubonnet tinto (60 ml)
2 partes de ginebra (30 ml)
1 chorrito de orange bitter
1 espiral de piel de naranja

Mezclar todos los ingredientes, menos la espiral, en la coctelera con hielo picado. Agitar bien y colar en una copa de cóctel helada. Adornar con la espiral de naranja.

ZOMBIE

ZESTY COOLER

2 partes de zumo natural de lima (30 ml)
Cerveza de jengibre
1 rodaja de lima

Verter el zumo de lima en una jarra de cerveza helada llena de cubitos. Añadir la cerveza de jengibre y remover despacio. Adornar con la rodaja de lima.

ZOMBIE

4 partes de ron añejo (60 ml)
4 partes de ron blanco (60 ml)
2 partes de ron de 80% vol. alcohol (30 ml)
2 partes de Triple Sec (30 ml)
1 cdta. de Pernod
2 partes de zumo natural de lima (30 ml)
2 partes de zumo natural de naranja (30 ml)
2 partes de zumo de piña (30 ml)
2 partes de néctar de guayaba (30 ml)
1 Cda. de granadina
1 Cda. de jarabe de almendra
1 ramita de menta fresca
1 trozo de piña

Poner todos los ingredientes, menos la menta y la piña natural, en la batidora con hielo picado. Mezclar hasta que se unan. Verter en un vaso collins helado y adornar con la piña y la menta.

ÍNDICE

Agua, 54, 65, 127, 131, 146, 149, 166, 192, 223
Aguacate, 110, 122
Aguardiente, 41
Ajo, 110, 122
Albahaca, 232
Almendras peladas, 116
Amaretto, 29, 32, 33, 48, 57, 75, 103, 106, 117, 123, 170, 182, 195, 220, 232, 234, 235, 236
Amaretto al coco, 170
Amer Picon, 34, 65, 166, 179, 190, 200
Anisette, 42, 52, 178
Applejack, 29, 36, 38, 135
Aquavit, 104, 116, 160, 187
Arándanos, 57
Azúcar, 64, 65, 77, 116, 166, 171, 192, 200, 240
Azúcar moreno, 127, 183, 196
B & B, Bénédictine y brandy, 65
Bénédictine, 35, 36, 57, 84, 106, 126, 141, 165, 171, 187, 190, 194, 199, 203, 234
Berro, 225
Bourbon, 29, 31, 35, 40, 51, 53, 55, 59, 60, 61, 65, 78, 87, 88, 92, 97, 105, 106, 109, 118, 125, 130, 134, 136, 140, 141, 145, 150, 154, 161, 166, 167, 171, 185, 188, 195, 199, 203, 216, 217, 220, 224, 233, 234, 239, 240, 242
Brandy (véase Coñac), 33, 35, 36, 37, 42, 48, 51, 53, 57, 59, 61, 62, 63, 64, 65, 68, 70, 73, 76, 77, 78, 80, 81, 83, 84, 85, 87, 89, 90. 93, 94, 95, 97, 98, 102, 104, 105, 106, 107, 110, 111, 116, 117, 119, 121, 123, 126, 127, 136, 140, 143, 145, 147, 150, 159, 160, 162, 163, 164, 165, 166, 168, 171, 175, 179, 185, 186, 187, 189, 190, 200, 202, 203, 210, 212, 214, 216, 218, 220, 222, 230, 231, 232, 235, 237, 239, 240, 244
Brandy de albaricoque, 29, 35, 38, 39, 40, 41, 43, 47, 48, 59, 61, 65, 68, 78, 84, 90, 93, 94, 96, 102, 103, 104, 105, 118, 119, 127, 141, 145, 147, 150, 160, 165, 166, 170, 175, 177, 189, 192, 194, 202, 206, 218, 225, 230, 233, 240, 243
Brandy de cereza (véase Kirsch y Kirschwasser), 35, 67, 72, 81, 112, 129, 130, 168, 173, 175, 185, 211, 220, 235, 244
Brandy de jengibre, 78, 116, 217
Brandy de manzana (véase Applejack, y Calvados), 33, 35, 36, 37, 38, 43, 47, 48, 58, 67, 72, 89, 94, 95, 106, 123, 126, 131, 132, 135, 136, 138, 146, 150, 154, 163, 165, 175, 189, 191, 195, 202, 209, 212, 218, 219, 230, 232, 233, 235, 240
Brandy de melocotón, 31, 35, 60, 64, 104, 111, 117, 139, 176
Brandy de mora, 31, 51, 69, 72, 81, 140, 185, 186, 239, 244
Byrrh, 68
Cacao en polvo, 232
Cachaça, 70
Café, 33, 34, 51, 65, 69, 70, 86, 132, 135, 160, 218
Caldo de carne, 53, 67, 82, 85, 92, 103, 212, 220
Caldo de pollo, 82, 85
Calvados, 29, 37, 43, 47, 57, 119, 170
Campari, 33, 72, 110, 134, 166, 171, 192, 195
Canela, 116, 117, 165, 166, 240
Cava (véase Champaña), 33, 52, 57, 67, 75, 77, 78, 81, 96, 135, 149, 161, 217, 232
Cerezas, 142
Cerveza, 45, 53, 57, 95, 116, 207, 222, 244
Cerveza ale, 197, 240
Cerveza de jengibre, 51, 105, 135, 164, 222, 245
Cerveza Porter, 52

Cerveza Stout, 52
Chalote, 110
Chambord, 77
Champaña (véase cava), 33, 45, 52, 57, 67, 75, 77, 78, 81, 96, 106, 135, 137, 141, 142, 149, 161, 189, 192, 217, 232
Chartreuse amarillo, 78, 83, 85, 117, 118, 239, 244
Chartreuse verde, 30, 48, 101, 136, 148, 158, 174, 194, 207, 225, 232
Cherry Heering, 80, 94, 97, 121, 204, 220
Chile verde, 122
Chocolate, 34, 65, 83, 163
Chocolate caliente, 31
Clara de huevo, 29, 36, 40, 41, 42, 48, 49, 59, 66, 69, 71, 76, 78, 82, 85, 89, 96, 99, 102, 106, 117, 125, 136, 140, 143, 145, 150, 161, 164, 167, 175, 178, 182, 183, 187, 191, 195 207, 211, 223, 227, 237, 240, 243
Clavos, 116, 117, 128, 129, 165, 166, 197
Coco, 85
Cointreau, 29, 37, 41, 43, 47, 52, 55, 62, 69, 75, 84, 87, 90, 94, 95, 97, 101, 102, 104, 117, 118, 126, 141, 174, 179, 225, 231, 233
Cola, 58, 81, 85, 93, 152, 160, 170
Combinados sin alcohol, 37, 39, 41, 44, 50, 51, 57, 65, 69, 71, 75, 76, 79, 81, 82, 84, 85, 88, 90, 94, 98, 101, 102, 103, 109, 110, 122, 125, 129, 131, 134, 139, 140, 144, 146, 148, 152, 153, 155, 158, 161, 163, 164, 165, 170, 172, 175, 176, 177, 182, 186, 189, 190, 191, 192, 195, 199, 200, 201, 210, 212, 215, 218, 222, 223, 224, 225, 230, 232, 233, 235, 237, 239, 243, 244, 245
Confitura de melocotón, 111
Coñac, 31, 34, 48, 69, 77, 78, 86, 87, 90, 96, 104, 106, 119, 132, 141, 145, 150, 187, 192, 194, 203, 231
Crema de cacao, 30, 83, 144
Crema de cacao blanca, 35, 42, 43, 55, 61, 75, 87, 90, 101, 106, 117, 118, 119, 120, 135, 136, 144, 147, 150, 162, 169, 175, 177, 187, 197, 210, 233, 238
Crema de cacao oscura, 59, 62, 83, 88, 103, 105, 183, 194, 197, 203, 232, 235
Crema de Cassis, 62, 68, 80, 113, 122, 140, 141, 142, 162, 173, 175, 182, 236
Crema de coco, 55, 77, 90, 103, 134, 174, 180, 195, 215, 220, 224, 237
Crema de menta blanca, 31, 33, 62, 68, 83, 87, 96, 97, 102, 104, 144, 145, 149, 162, 174, 177, 204, 206, 214, 220, 227, 228, 238, 243
Crema de menta verde, 31, 76, 88, 91, 100, 101, 104, 120, 121, 136, 171, 187, 207, 217, 238
Crema de noisette, 170
Crema de noyaux, 160, 170, 182, 183
Crema de plátano, 42, 75, 111, 139, 145, 148, 164, 174, 179, 180, 191, 236, 244
Crème de violette, 139
Curaçao, 151, 162
Curaçao azul, 53, 54, 55, 56, 78, 106, 135, 220, 224, 243
Curaçao blanco, 39, 40, 48, 52, 69, 77, 78, 84, 89, 93, 119, 123, 131, 143, 151, 158, 163, 164, 166, 171, 173, 177, 183, 187, 189, 193, 195, 204, 209, 210, 212, 224, 244
Dátiles, 71
Drambuie, 58, 137, 189, 198
Dubonnet, 36, 37, 41, 47, 57, 68, 69, 97, 145, 156, 159, 166, 172, 177, 179, 189, 195, 196, 200, 216, 225, 233, 240, 244
Extracto de almendra, 116
Extracto de vainilla, 145, 164, 175
Falernum, 72, 135, 141, 171, 186, 233, 244

Fernet Branca, 244
Forbidden fruit, 50
Framboise, 195
Frambuesas, 36, 43, 65, 218, 235
Frangélico, 34, 106, 197
Fresas, 53, 71, 153, 176, 215, 220, 221, 222
Galliano, 42, 59, 68, 110, 117, 118, 122, 123, 137
Ginebra, 29, 30, 31, 35, 36, 39, 40, 41, 43, 45, 46, 47, 48, 49, 50, 53, 54, 56, 58, 59, 65, 66, 67, 69, 75, 76, 77, 78, 79, 80, 84, 85, 87, 88, 89, 90, 93, 94, 95, 96, 97, 98, 100, 102, 103, 104, 105, 106, 110, 112, 113, 114, 115, 116, 117, 118, 119, 120, 121, 122, 123, 124, 125, 126, 127, 129, 130, 131, 135, 136, 138, 139, 141, 144, 145, 146, 148, 149, 150, 151, 156, 158, 161, 162, 163, 164, 165, 166, 167, 168, 169, 170, 171, 172, 175, 176, 177, 178, 179, 182, 184, 185, 186, 189, 190, 191, 192, 193, 194, 195, 197, 199, 200, 205, 206, 207, 211, 214, 217, 218, 219, 220, 222, 224, 225, 226, 230, 231, 232, 233, 234, 235, 236, 237, 239, 240, 242, 243, 244
Ginger ale, 36, 51, 69, 78, 113, 122, 126, 127, 139, 140, 144, 146, 152, 167, 168, 171, 172, 173, 176, 188, 195, 196, 207, 210, 212, 217, 218, 222, 227
Granadina, 33, 34, 35, 36, 38, 47, 49, 59, 61, 63, 64, 75, 78, 80, 82, 85, 90, 92, 93, 94, 95, 96, 97, 98, 99, 102, 103, 104, 106, 114, 123, 124, 125, 134, 135, 139, 146, 151, 152, 157, 160, 161, 165, 167, 170, 171, 175, 176, 179, 182, 187, 191, 193, 194, 196, 197, 207, 209, 210, 212, 225, 227, 229, 230, 237, 238, 239, 241, 245
Grand Marnier, 42, 88, 119, 146
Granos de café, 194
Grappa, 110
Half-and-half, 30, 31, 32, 35, 41, 42, 43, 45, 53, 55, 61, 62, 63, 65, 69, 70, 75, 76, 81, 83, 85, 86, 87, 90, 103, 106, 117, 120, 125, 130, 131, 135, 136, 144, 147, 167, 170, 171, 172, 174, 175, 176, 177, 178, 180, 182, 183, 187, 191, 192, 194, 197, 210, 212, 214, 215, 220, 223, 225, 232,.233, 235, 236, 241, 243, 244
Helado, 32, 149, 171, 211
Helado de vainilla, 118, 217, 231
Hojas de menta, 88, 109, 115, 134, 136, 139, 146, 161, 162, 163, 183, 192, 199, 205, 212, 225
Huevo, 39, 42, 63, 86, 95, 98, 110, 127, 148, 150, 178, 187, 195, 198, 207, 209, 210, 212, 222, 225, 232, 241
Irish mist, 132, 133
Jägermeister, 31, 121, 207, 211, 233
Jalapeño, 200, 201, 214, 230
Jarabe de almendra, 39, 40, 41, 50, 75, 83, 88, 105, 118, 134, 136, 140, 141, 151, 160, 166, 170, 177, 178, 183, 185, 186, 189, 203, 224, 233, 237, 239, 242, 245
Jarabe de arce, 67, 123, 165, 243
Jarabe de avellana, 125, 170
Jarabe de azúcar, 37, 109, 128, 133, 146, 148, 178, 182, 187, 200, 210, 222, 232, 237, 240
Jarabe de café, 163
Jarabe de cerezas, 39
Jarabe de chocolate, 98, 163, 243
Jarabe de coco, 32, 150, 170
Jarabe de frambuesa, 33, 43, 44, 45, 73, 102, 103, 139, 144, 150, 190
Jarabe de fruta de la pasión, 39, 71, 94, 101, 106, 110, 119, 130, 151, 162, 175, 218, 233
Jarabe de mora, 140
Jarabe de peppermint, 122, 190, 243
Jarabe de piña, 109, 144
Jarabe de tamarindo, 166, 170, 225
Jarabe de vainilla, 172
Jarabe italiano, 134

Jengibre, 165
Jerez amontillado, 118, 209, 220, 235
Jerez cream, 90, 190, 210, 240
Jerez dulce, 105
Jerez fino, 104, 141, 192, 197, 207, 210, 231, 242
Jerez manzanilla, 209, 217, 244
Jerez seco, 29, 35, 42, 57, 65, 69, 119, 131, 185, 187
Jugo de almejas, 29, 164
Kahlua, 140
Ketchup, 187
Kirsch, 31
Kirschwasser, 42, 51, 53, 57, 68, 80, 81, 94, 104, 121, 141, 142, 145, 148, 169, 173, 182, 192, 235, 238, 240
Kümmel, 31
Leche, 57, 61, 64, 68, 69, 86, 98, 114, 127, 132, 139, 161, 163, 164, 168, 186, 210, 231, 241
Leche de coco, 85, 158, 170, 175, 200
Licor de albaricoque, 106, 117, 173, 191
Licor de café, 34, 48, 56, 58, 65, 70, 75, 85, 87, 111, 118, 125, 134, 135, 140, 141, 160, 162, 165, 171, 186, 197, 215, 217, 226, 232, 233, 243
Licor de cereza, 35, 68, 6, 77, 81, 105, 130, 234
Licor de coco, 41
Licor de crema de ron, 32
Licor de crema irlandesa, 165, 197, 212
Licor de frambuesa, 36, 64, 117, 132, 239
Licor de fresa, 46, 105
Licor de lima, 148
Licor de melocotón, 88, 168, 176
Licor de melón, 135, 144, 158, 207
Licor de naranja, 191
Licor de plátano, 42, 83
Licor de su elección, 128, 148
Licor de vainilla, 53, 90
Licor marrasquino, 40, 43, 54, 55, 57, 62, 74, 77, 84, 87, 89, 96, 100, 102, 119, 123, 131, 145, 148, 149, 157, 158, 164, 165, 172, 182, 187, 190, 202, 207, 211, 217, 224, 225, 226, 233, 234, 235, 240, 243, 244
Lillet, 29, 90, 93, 121, 126, 189, 206
Lima, 40, 200
Limeade, 67
Limón, 36, 40, 106, 165, 166, 200, 223
Limonada, 90, 125, 182, 208, 218
Madeira, 42, 59, 62, 92, 151, 163, 168, 189, 192
Mango, 153
Manzana, 36, 88, 234
Melaza, 51
Melocotón, 33, 88, 109, 111, 134, 146, 176, 234, 235
Melón cantaloupe, 74, 158
Mescal, 214
Miel, 36, 48, 61, 71, 117, 126, 128, 129, 132, 148, 149, 164, 165, 175, 180, 204, 205, 222
Moras, 185
Mosto de cereza, 222
Naranja, 36, 43, 185, 200, 218
Nata ligera, 32
Nata montada, 34, 83, 98, 132, 135, 145, 160, 232
Néctar de albaricoque, 39, 144, 148
Néctar de guayaba, 44, 171, 186, 239, 244, 245
Néctar de melocotón, 41, 45, 175, 199, 218
Nuez moscada, 166, 240
Oporto, 33, 48, 68, 72, 82, 83, 87, 96, 136
Oporto ruby, 85, 86, 93, 95, 99, 114, 147, 163, 165, 166, 183, 186, 187, 189, 207, 210, 214, 225, 235, 241, 242
Papaya, 175
Pasas, 116
Pepino, 110, 225, 232
Pera, 88, 232, 234
Perejil, 225

Pernod, 42, 52, 68, 69, 87, 94, 95, 96, 97, 98, 101, 104, 116, 124, 125, 132, 136, 143, 144, 145, 148, 149, 150, 152, 158, 161, 163, 164, 167, 169, 177, 178, 179, 184, 189, 191, 193, 194, 195, 202, 206, 208, 214, 218, 223, 227, 230, 231, 233, 235, 237, 239, 244, 245

Pimentón, 232

Pimienta de Cayena, 186, 230

Pimienta de Jamaica, 166

Pimm's Cup No. 1, 179

Piña, 43, 76, 109, 180, 181, 185, 195

Plátano, 36, 42, 43, 71, 83, 124, 140, 175, 202, 222

Poire William, 232

Ponche sueco, 48

Punt e Mes, 194

Rábano picante blanco, 29, 53, 67, 84, 237

Rock and rye, 123, 194

Ron, 80% vol. alcohol, 35, 83, 118, 129, 135, 146, 151, 165, 209, 233, 245

Ron añejo, 32, 37, 39, 40, 41, 42, 51, 56, 59, 68, 77, 82, 93, 103, 104, 105, 118, 125, 127, 130, 132, 135, 136, 140, 141, 148, 149, 150, 151, 152, 162, 163, 164, 166, 170, 171, 174, 179, 180, 183, 186, 190, 192, 193, 196, 197, 208, 209, 212, 224, 242, 245

Ron blanco, 29, 33, 35, 37, 38, 39, 41, 42, 43, 44, 45, 48, 50, 51, 55, 57, 59, 67, 68, 71, 74, 75, 76, 77, 81, 83, 85, 88, 92, 93, 94, 95, 101, 102, 103, 105, 106, 107, 109, 110, 118, 119, 124, 125, 126, 127, 130, 131, 134, 135, 137, 139, 140, 144, 145, 146, 148, 149, 151, 152, 157, 160, 163, 166, 167, 174, 175, 176, 180, 181, 182, 183, 185, 186, 188, 189, 190, 191, 195, 196, 197, 200, 202, 203, 207, 214, 217, 221, 230, 232, 233, 242, 244, 245

Ron Demerara, 166, 196

Ron dorado, 41, 43, 45, 46, 58, 72, 82, 123, 137, 150, 154, 165, 170, 173, 174, 183, 186, 196, 203, 212, 220, 224, 225, 231, 233

Sake, 116, 199

Sal gruesa, 55, 155, 176, 199, 200, 221, 237

Salsa barbacoa, 214, 230

Salsa de soja, 116

Salsa Worcester, 53, 187, 201, 212, 214, 227, 230, 237

Sambuca blanco, 36, 43, 70, 110, 194, 212, 237

Schnapps, 95

Schnapps de melocotón, 109, 123, 207, 243

Schnapps de peppermint, 61, 88, 116, 128, 134, 160, 199

Scotch, whisky, 29, 41, 43, 45, 53, 57, 78, 95, 104, 116, 117, 118, 126, 133, 137, 148, 152, 160, 162, 163, 164, 174, 189, 192, 193, 198, 204, 205, 206, 220, 230, 239, 243

Semillas de cardamomo, 116, 165

7-up, 207

Sidra, 41, 79, 81, 84, 88, 103, 110, 123, 132, 165, 170, 220

Slivovitz, 163, 175, 185, 233

Sloe Gin, 29, 35, 51, 61, 75, 78, 98, 110, 134, 136, 143, 146, 150, 158, 163, 164, 178, 187, 195, 200, 210, 212, 213, 214, 235

Soda, 33, 36, 37, 38, 43, 48, 49, 57, 62, 63, 64, 68, 72, 84, 88, 98, 105, 109, 111, 114, 115, 116, 118, 123, 125, 126, 131, 134, 136, 137, 140, 142, 144, 159, 167, 173, 176, 179, 181, 182, 185, 186, 88, 191, 195, 196, 199, 211, 212, 218, 226, 238, 241

Soda de frambuesa, 65, 144

Soda de lima-limón, 36, 179

Soda de limón, 101, 124, 140, 146, 194

Sorbete de frambuesa, 81

Sorbete de limón, 78

Southern Comfort, bourbon, 53, 60, 61, 88, 95, 123, 183, 191, 193, 203, 214

Strega, 71, 118

Tabasco, 201

Té, 40, 88, 129, 131, 170, 190, 192, 223

Tequila, 29, 48, 67, 228

Tequila blanco, 40, 55, 57, 68, 106, 110, 111, 149, 160, 171, 195, 217, 220, 222, 227, 228, 232

Tequila oro, 76, 78, 90, 108, 119, 155, 157, 160, 163, 180, 195, 202, 226, 227, 228

Tequila plata, 65, 78, 85, 122, 128, 134, 160, 176, 187, 200, 207, 210, 214, 221, 226, 227, 229, 230, 237

Tónica, 113, 119, 224, 237

Triple Sec, 29, 35, 42, 44, 48, 55, 57, 59, 61, 67, 69, 72, 73, 75, 76, 77, 78, 79, 80, 84, 89, 93, 94, 95, 97, 98, 103, 105, 108, 113, 114, 125, 126, 130, 132, 136, 138, 140, 144, 145, 148, 150, 151, 154, 155, 157, 160, 161, 168, 171, 176, 181, 183, 188, 192, 200, 205, 210, 217, 225, 235, 240, 242, 245

Vermut dulce, 29, 33, 37, 38, 39, 45, 48, 50, 53, 57, 64, 65, 76, 78, 87, 88, 89, 94, 95, 96, 97, 100, 102, 104, 105, 106, 110, 113, 122, 123, 125, 126, 127, 131, 132, 134, 136, 138, 144, 145, 146, 148, 149, 150, 153, 154, 158, 159, 161, 163, 164, 166, 169, 171, 173, 174, 175, 177, 179, 184, 185, 187, 189, 192, 193, 194, 195, 200, 204, 207, 212, 214, 219, 224, 225, 226, 227, 230, 232, 233, 234, 236, 237, 239

Vermut seco, 29, 31, 33, 35, 42, 45, 48, 50, 51, 52, 53, 57, 58, 62, 65, 66, 67, 70, 72, 76, 84, 87, 88, 94, 95, 96, 97, 102, 103, 105, 110, 112, 116, 118, 119, 121, 124, 125, 126, 127, 131, 138, 139, 140, 144, 145, 153, 156, 158, 160, 163, 164, 169, 174, 175, 177, 179, 182, 184, 186, 188, 189, 190, 191, 193, 194, 195, 196, 200, 207, 210, 211, 212, 214, 216, 217, 225, 229, 230, 233, 234, 236, 238, 239, 240, 243, 244

Vinagre de vino tinto, 187, 232

Vino blanco, 58, 67, 141, 180, 192, 218

Vino blanco de postre, 78

Vino de jengibre, 116

Vino tinto, 36, 40, 50, 68, 84, 110, 116, 117, 135, 148, 149, 154, 165, 167, 200, 218

Vodka, 31, 36, 38, 39, 45, 46, 51, 53, 55, 56, 57, 67, 75, 83, 85, 87, 89, 90, 91, 96, 104, 109, 110, 111, 112, 116, 117, 118, 123, 125, 130, 131, 132, 139, 140, 144, 146, 149, 151, 158, 164, 165, 169, 175, 176, 182, 185, 186, 189, 192, 194, 197, 199, 205, 207, 208, 214, 216, 217, 218, 225, 233, 235, 237, 238, 239, 243, 244

Vodka a la pimienta, 70

Whiskey irlandés, 41, 52, 101, 125, 132, 133, 134, 141, 146, 171, 174, 207, 232

Whisky blended, 31, 51, 54, 57, 59, 69, 71, 86, 95, 96, 97, 98, 102, 117, 125, 127, 131, 132, 136, 141, 144, 145, 150, 151, 161, 164, 167, 171, 173, 182, 187, 191, 199, 205, 207, 225, 231, 239, 240, 241

Whisky canadiense, 42, 72, 73, 74, 88, 123, 132, 171, 190, 233

Whisky rye, 40, 53, 90, 97, 99, 105, 130, 132, 150, 153, 154, 171, 174, 177, 198, 203, 209, 226

Wishniak, 145

Yema de huevo, 59, 83, 85, 91, 101, 107, 118, 131, 147, 163, 187, 197, 226, 230

Yogur, 222

Zanahoria, 76

Zumo de arándanos, 53, 75, 89, 90, 151, 152, 161, 165, 183, 199, 203, 205, 207, 233, 243

Zumo de fruta, 109

Zumo de fruta de la pasión, 59, 158, 175, 190

Zumo de guayaba, 166, 239

Zumo de guinda, 31, 35, 125

Zumo de lima, 29, 31, 32, 34, 35, 36, 38, 39, 40, 41, 42, 43, 44, 45, 46, 48, 49, 50, 53, 54, 55, 57, 59, 60, 64, 66, 67, 70, 71, 74, 75, 76, 78, 79, 81, 83, 84, 85, 88, 90, 93, 94, 95, 96, 99, 100, 101, 102, 103, 104, 105, 106, 107, 108, 109, 110, 113, 114, 116, 117, 118, 121, 122, 124, 126, 127, 130, 132, 134, 135, 136, 137, 138, 139, 140, 141, 142, 144, 146, 147, 148, 151, 152, 153, 154, 155, 157, 158, 160, 163, 164, 165, 166, 167, 170, 171, 172, 173, 174, 175, 176, 177, 179, 180, 181, 182, 183, 185, 186, 187, 189, 191, 193, 194, 195, 196, 197, 199, 200, 201, 202, 203, 207, 209, 211, 212, 213, 214, 218, 220. 221, 222, 224, 225, 226, 227, 230, 233, 234, 237, 238, 239, 240, 241, 243, 244, 245

Zumo de limón, 30, 33, 36, 37, 38, 39, 40, 41, 45, 47, 48, 49, 50, 53, 55, 57, 59, 60, 61, 62, 63, 64, 65, 67, 68, 69, 71, 72, 73, 77, 78, 79, 80, 81, 82, 84, 85, 87, 88, 90, 92, 93, 94, 95, 96, 97, 98, 99, 103, 104, 105, 106, 107, 109, 110, 111, 112, 113, 114, 115, 116, 117, 118, 119, 120, 121, 123, 125, 126, 128, 129, 131, 132, 133, 134, 135, 136, 138, 139, 140, 141, 143, 144, 145, 146, 148, 149, 150, 151, 154, 158, 159, 160, 161, 162, 163, 164, 166, 167, 169, 170, 173, 176, 177, 180, 182, 183, 185, 186, 187, 190, 191, 192, 193, 194, 195, 196, 197, 199, 200, 202, 203, 204, 205, 207, 208, 209, 210, 211, 212, 214, 216, 217, 218, 219, 220, 222, 224, 225, 226, 227, 228, 230, 232, 233, 234, 235, 236, 237, 238, 239, 240, 241, 242, 243, 244

Zumo de loganberry, 101

Zumo de manzana, 29, 36, 37, 48, 50, 90, 191, 222

Zumo de naranja, 29, 32, 33, 36, 38, 40, 41, 42, 45, 47, 50, 53, 56, 57, 59, 65, 66, 67, 68, 71, 72, 74, 78, 90, 91, 94, 95, 96, 97, 103, 104, 105, 109, 110, 113, 117, 118, 119, 122, 123, 125, 126, 129, 130, 131, 132, 134, 135, 139, 141, 144, 145, 148, 151, 155, 158, 159, 161, 162, 163, 164, 167, 168, 170, 171, 172, 173, 174, 175, 182, 185, 186, 189, 191, 192, 193, 195, 197, 200, 201, 202, 203, 205, 207, 209, 213, 214, 216, 218, 222, 224, 225, 229, 230, 231, 238, 239, 240, 243, 244, 245

Zumo de papaya, 134

Zumo de piña, 31, 32, 39, 41, 55, 58, 72, 74, 76, 77, 81, 85, 89, 93, 98, 99, 101, 108, 113, 122, 123, 124, 125, 126, 133, 134, 135, 137, 140, 148, 157, 158, 160, 161, 164, 166, 170, 174, 175, 177, 180, 181, 182, 186, 199, 202, 207, 214, 215, 216, 220, 225, 233, 236, 237, 239, 245

Zumo de pomelo, 29, 36, 40, 53, 85, 87, 119, 128, 132, 152, 160, 166, 170, 174, 178, 186, 189, 190, 191, 199, 200, 205, 207, 217, 225, 233, 243

Zumo de tomate y almeja, 84, 87

Zumo de tomate, 29, 31, 53, 103, 110, 116, 122, 192, 200, 201, 212, 214, 220, 227, 230, 232, 237

Zumo de uva, 120, 151, 155, 189

Zumo de uva blanca, 102, 119, 190

Zumo de vegetales, 67